倫理史観による大汗建国物語

# ボルテ・チノ

（蒼き狼）

## 真・義経記

七海晧奘

歴史春秋社

しずやしず　賤の苧環

繰り返し　昔を今に

成すよしもかな


静御前
文治二年四月八日
鎌倉・鶴岡八幡宮


この歌に秘められたエロチシズムと法華経の奥義は、
一人の男を世界の王者へと導いた。

源　義経像（中尊寺 蔵）

静御前演舞の舞の図（浅井忠 画）

**CHINGGIS KHAN**

Photo by Ya. Narmand
(Ulaanbaatar. MONGOLIA)

# 序

　13世紀の初頭、春まだ浅い北東アジアの大草原。その明けやらぬ深い霧の中から、突如、蒼き鎧に身を包んだ精悍な騎馬軍団が現われた。彼らは、瞬く間に、その恐るべき戦略とスピードを持って、この地球上における最大の大陸ユーラシアを舞台に、次々と多くの国々を手中に収め、人類史上空前の大帝国を築いて征ったのである。その王の名を、人は「成吉思汗」と呼んだ。

　果たしてこの英雄は、いったい何者であったのだろうか。来たる西暦2006年（当著は2004年上梓）、世界史が明らかにするこの年は、彼の即位から数えて丁度800年の慶節にあたる。この不思議ともいえる時の巡りの訪れは、現代の私たちに何かを語りかけて来ているかのようである。

東海の　小島の磯の　白砂に<br>
われ　泣き濡れて　蟹と戯る

　ユーラシアの東遙か耀ける「東海」、その海原に浮かぶ小さな島「日本」、そして、その島の美しい海岸線に点在する「磯辺」。やがて、その一角の「白砂」へとカメラアングルは迫り、遂には、泣き濡れた主人公の 掌 の上の、一匹の赤き甲羅の「蟹」を映し出す。

　岩手県が生んだ詩人・石川啄木の詩集『一握の砂』は、その情景を広い世界から俯瞰しつつ、美しくつきつめながら、ある悲しみを蟹に託して詠っている。しかし、当の蟹にとっては、

序

戯れるどころではなかったに違いない。

　これは一つの比喩ではあるが、この「蟹」こそが810余年の昔、赤地錦の鎧を身に纏い、奥州へと悲壮のうちに辿り着いた、未だ若き「義経」の姿だったのである。


　本書は、義経が再びその遥かなる道を遡り、鉄木真を経て、成吉思汗となって行く壮大なロマンを述べるものであるが、そこに至る決定的な要因は、「静御前」の魂魄にあったことを、まず宣言しなければならない。これまでも２人の辿った道は謎に包まれながらも、幾多の文献からその足跡はある程度読み取ることができた。幼児期からの数々のエピソードを含め、それらを時系列的に追って調べるうちに、驚くべき幾つかの真実が明らかになって来たのである。そして、やはり「義経は成吉思汗なり」と自信を深めた私は、北海道を５度往復し、モンゴルへと飛んだ。これまでも、これをテーマとした説は、幾人かの学者によって提言されては来たが、いずれも荒唐無稽な話として一笑に付され、相手にしてはもらえなかった経緯がある。１人の人間がその当時、日本から世界へと進出し、巨大帝国を建設するなどとは、とても考えられないとする、ただそれだけの理由で葬られて来たのであった。しかし、時間的合理性、移動に伴う地理的条件の容易さ、そして何よりも、彼に与えられた試練と境遇（運命的と言ってもよい）によって、培われたその精神と天才的技能は、次なる動機を生み王道のすべてを習得すべき宿命を背負ったのである。そして、幾多の苦難を乗り越え、その経験と実績を踏まえた「義経」なればこそ、成し得ることのできた壮挙であり偉業であったことを、ここでは改めて明らかにするのである。

その前に本書が、左開きの装丁としたのは、主人公である「義経＝成吉思汗」が、日本国の枠を遥かに越えた世界的存在としての位置付けから、諸外国語も併用できる「横書き」の形態が最も相応しく利便性もあると考えたからに他ならない。現代はまたインターネットの時代であり、多国籍語が混在する環境は、ある意味で本書の主人公が創りあげようとした世界の先見性を今に証明しているかにも思えるのである。これはまた、なぜこの時期にという点にも重なる課題であるが、それには以下に述べる顛末をまずご覧頂きたい。

## 義経と静、814年ぶりの再会

1999年6月17日

　北海道平取町にある義経神社において義経・静「再会の儀」が厳粛に執り行われたことからこの物語は始まる。福島県郡山市にある静御前堂奉賛会によって「静御前の御分霊」が、源義経を祀る神社に奉納され、対面式は大きな感動のうちにその幕を閉じた。それは2人が雪の吉野で別れて以来、実に814年ぶりの再会となったものである。　　　（本書1999年の項参照：317頁）

　この年は当地の「義経神社建立200年祭」にあたり、また「平取町の開基100年」の慶節と重なっていた。さらに開基年と同じ1899年のその日は、東北（日本）の誇る新渡戸稲造がアメリカにあって世界的名著『武士道』を病床で執筆をしていた時でもある。一方奥州花輪の里（郡山市）では、「静御前御入滅810年・御堂建立600年」の深い縁の年となっていた。また、この6月17日は、大予言者とされるノストラダムスが「世界終末の日？」と称した7の月の僅か2週間前という日でもあった（この件は、一見奇異に思われるかも知れないが、これも大変重要な意義を持つこ

序

とになるのである）。

　わが国最初（ファースト・サムライ）の武士道を極めた「義経」が北海道へ渡ったことと、「静御前」が奥州で入滅したことの前提がなければ、この再会はあり得ないことになるが、両者にはそれぞれの地において遠い昔から大切に護り伝えて来た人々の篤い支えがあった。この日の慶事は、その方々の尽力によってなされたのである。

　もし口碑による神話を軽んじ、伝説を疎んじるなら『古事記』や『日本書紀』も同じ類に属することになるだろう。地方に生き続けた伝承や古文書もまた、当然蘇るべき一つの真実の姿なのである。特に東北地方で掘り起こされた新たな資料や研究は、その後の義経の生存性をより確かなものとし、一方これまでの中央主導による所謂（いわゆる）勝者側に立った歴史観の中には、少なからぬ疑問点もあり、正しく論議されるべきとする動きも出てきている昨今である。

　このような折、先のミレニアム（千年紀）のうちに2人の再会はなり、新世紀を迎えることができた訳であるが、この特筆すべき歓びは、あたかも混迷する今日の私たちに「大きな夢」を呼び起こさせ、また「新しい世界秩序への啓示」となって語りかけているのである。


概　　略

　静御前は、源義経にとって永遠の恋人であった。2人は奥州で再び巡り逢い、ある約束を交わしたと陸奥花輪に残る秘記は伝える。2人を貫いた愛の糸は、今一条の光となって800年の眠りから覚め、ここに新世紀の日本及び世界秩序のあり方を啓示する。果たして義経は成吉思汗となり得たのであろうか。そして歴史は今、汗即位・元建国800年の慶節をここに迎えよう

としているのである。

　鞍馬山での幼少時代、兄頼朝との黄瀬川での会見から、源平合戦での数々の大功、そして遂には追われる身となって平泉へ辿るまでの義経の歩んだ悲運の歴史は、誰もがよく知るところである。しかし、ここで明らかにされることは、彼にとって最も重要な静御前との陸奥花輪での再会であり、青春時代を送り、その後の生涯に決定的な運命をもたらした奥州藤原氏とその平泉文化の興亡である。その舞台となった奥州・陸奥の国は、太古より蝦夷・俘囚などと蔑まれて来たにもかかわらず、黄金の国ジパングとして遥か大陸の果てまでその名は知られることとなるが、それはやがてかのコロンブスを勇躍させ、新たな世界史を刻む原点の地として意義付けられるものとなる。だが悲しいことに、その奥州平泉は、金色堂のみを残して滅亡する。しかし、ひそかに陸奥並びに静の魂魄を胸に秘めた義経は、北海を越えて、遥かなる大陸の天地を舞台に、大いなる復活を果たしていたのである。


## ふたりの生涯

　保元・平治の乱の頃、この世に生を受けた１人の天才的な武将がいた。その名を源義経という。また、彼の最愛にして永遠の恋人であった静御前は、都一の白拍子として名高く、その舞の美しさは天龍をも動かし、さらにその声は鈴のように清らかにして、聴き入る者たちは水を打ったように鎮まり、その舞姿に我を忘れたといわれている。

　ところで義経は、わが国始まって以来の大戦、紅白合い交えた「源平合戦」における最大の功労者でありながら兄・頼朝から疎まれ謀反人として追われる身となってしまった。逃亡の末、

奇跡的に奥州復帰を果たすが、惜しむらくは1189年（文治5年）4月晦日、藤原秀衡の子・泰衡によって急襲され、彼は30歳の若さで平泉の「衣川の戦い」で自害して果てるのである。

　一方静御前は、雪の吉野山で義経と別れた後に捕らえられ、1186年（文治2年）鎌倉へと送られた。頼朝から義経の行方を詰問されるが、それには一切応えず、鶴岡八幡宮での春4月、歴史的な「賤の苧環」の舞を納めると、頼朝の妻・政子らの特別のはからいによって、その年の秋、京へと戻された。しかし、その後の消息は判っていない。　　　　　　　（『吾妻鏡』『玉葉集』）

　以上が、わが国の歴史において、これまでに扱われた2人の結末である。2人は本当にそのまま地上から永遠に去ってしまったのだろうか。人々は納得しなかった。納得できなかったのである。その後、それぞれの時代毎に多くの疑問点が繰り返し指摘されながらこの課題は今日まで続いている。これが「判官びいき」と呼ばれるものの一つとなっているが、それは単なる「弱者や敗者に同情する感情」と解するだけの世界ではすまされない面があるようだ。

## 義経は生きていた

　この疑惑は室町時代の『お伽草子』による「御曹司島渡り」として早くから語られており、安土桃山時代においては、豊臣秀吉が伊達政宗の小田原参陣の遅れにつけこみ平泉に残る「文献宝物のほとんど」を持ち去り、大陸への情報を得ていた。これを後年、宮沢賢治は詩「中尊寺」で「七重の舎利の小塔に、蓋なすや緑の燐光、大盗は銀のかたびら、おろがむとまづ膝だてば、楮のまなこ（中略）……義経の彩ある像をゆびさして」

などと記している。　　　　　　　　　　　（中尊寺境内石碑、昭和34年）

　江戸時代に入ると水戸光圀編纂の『大日本史』(1657)、林羅山による歴史書『本朝通鑑』(1670)や新井白石の『蝦夷志』(1709)、間宮林蔵『窮髪紀譚』(1799) など多くの書籍で義経北行の生存性が記された。また幕末に再来日したシーボルトの『日本誌』には「韃靼（タタール）に義経を祀った祠が現存する」(1823) と伝え、明治期に入ると『義経再興記』(1885) を伊藤博文の娘婿・末松謙澄が英文で発表、時代は日清・日露戦争を経て、明治38年に夏目漱石が小説『吾輩は猫である』(1905) でこれを話題とし、大正13年遂に小谷部全一郎著『成吉思汗ハ源義経也』(1924) という、いわば決定版が登場し、大論争を巻き起こした。

　第2次世界大戦後の昭和33年高木彬光著『成吉思汗の秘密』(1958)や同61年佐々木勝三氏らによる『義経伝説の謎』(1986)などが出版、これらは相当の説得力のあるもので、多くの理解者を得ることになるが、なぜか、この説は未だに正論とは認められてはいない。しかし、これらの書物の言わんとするものは畢竟「義経」は「成吉思汗」の可能性大なることを述べているのである。

　考えてもみよう。現在は日本に亡命中であるが、かつてのペルー大統領アルベルト・フジモリ氏はまさしく日本人であるし、山田長政も外国（シャム）において首領となっている。また政治家ではないが、フランス人企業家のカルロス・ゴーン氏は日産を再生させ、サッカーにおけるジーコ監督や、なによりも縁深きモンゴル出身の朝青龍（この名にはあまりにも偶然とは言え意味深いものを感じるが）はわが国の国技である相撲界の王となっているのである。海外で活躍する松井選手やイチローの例を引

くまでもなく、言葉の壁など何ら問題ではないのだ。そのための通詞（通訳）という存在もあるし、郷に入れば会話も可能となる。さらに根源的な史観からいっても、天皇家自体が外来者であったとする説は、今や定着しているではないか。今も昔も、実力ある者でさえあれば、世界のいずこに行こうと指導者になれるのである。ましてや「義経」が「成吉思汗」になったとして何の不思議があるだろう。

　最近特に歴史の見直しを求める声が大きくなってきている。というのも、これまでの正史と言われるものは、そのほとんどが勝者側による解釈と定義によって編纂、発表されて来たものであり、そこには敗者の歴史はほとんど省みられることはなかった。日韓日朝歴史協議を待つまでもなく、お互いが過去に関連した事象一つにも、それぞれの立場での認識に大きな違いを生じている。今日でも原発疑惑（プルサーマル以前の問題）においてさえ、国のとる情報開示の姿勢は、実に信頼に足るものとは言い難いものがあった。

## 世界史の起点は陸奥の国

　ところで、この東北・北海道の地は、ある必然性から「世界史の起点」として位置付けられることに、読者は驚かれるに違いない。後述するが具体的には北日本における３つの町がその核となる。

　その頃「平泉」を都とした広大なこの地方は、文献上からは都から遠く離れた僻地として「奥州」「奥羽」または「陸奥」などと記され、これだけでも差別化されているのだが、さらに畿内大和朝廷以来、西国の中央政府は「東夷」「蝦夷」「夷狄」

「俘囚」などと名付け、虫やけものの類で扱いまた罪深き者たる「囚」の意の侮蔑的な名称で呼び続けて来たのである。

　冗談か本気かは知らないが、ごく最近までそのように語った人もいたと聞く。しかもその時代には意味合いまでも厳密に定義されていた。つまり「蝦夷」とは、中央政府と対立関係にあって、本来の独立形態をとっている地を言い、「俘囚」とは蝦夷のうちでも政府の支配下に立つようになったもの、そして、その中間にあるものを「夷俘」というように区別されていたのである。よくも細かく分類し整理していたものであるが、大和朝廷とまつろわぬ者たちへの表現は、貧しく卑しく凶暴で親兄弟も殺し合い、オスメスの区別もつかぬ有様であるとの悪口罵詈の限りを尽くした表現で扱われていた。この地に住む者たちを、所謂都人は人間としてみてはいなかったという訳である。

（『陸奥話記』現代思潮社）

## 奥州藤原氏について

　しかし実際はそのようなところではなかった。その頃「奥州」は独自の理想国家「日高見乃国（今日の北上川は日高見川が訛ったもの言われている）」を築き上げ、法華経（妙法蓮華経）を基本理念とした仏教国として平和に暮らし、住民は平等に生活していたのである。

　貿易による文化交流は驚くほどの国際色に富み、その都である「平泉」は壮麗な建物が軒を連ね、華やかな町並みは活気に溢れていた。遥かな大地は豊かにして緑に溢れ、自然は輝き、それはまさに仏法の真髄とも言うべき「山川草木悉皆成仏」がこの世に出現した浄土そのものであり、野も里も四季の花々に囲まれ、白雪に覆われる季節でさえも、格別の美しさであっ

たと言う。

　吹く風枝をならさず、雨 壌 を砕かず、代は義農の世となりて……と

　経文にみえる現実がそこには存在していたのである。そして、何よりも驚くべき点は、まさに仏土にふさわしくすべてが眩いばかりの黄金に満ち溢れていたことである。何とした世界であろう、人はこの地を「母なる地・根拠地」の意も込めて『わが地盤なる黄金の国』と呼んだ。その情報はやがて「黄金の国ジパング」と囁かれ、いつしか全世界・地球的規模へと伝えられて行ったのである。

　ところで、このような国を治めていた王とは、どのような人だったのだろうか。その名を藤原秀衡と言い、鎮守府将軍・陸奥守、奥州藤原氏三代の盟主その人であった。傘下の兵17万騎、治める集落1万余村、北は津軽の外ヶ浜から南は白河の関まで、その行程20日を要すという広大な領域で、今日の東北地方全域6万8000km²はオーストリアに匹敵する国土である。この地を「蝦夷は蝦夷人によって治めてよい」と言うことを、西国朝廷が初めて公式に認めたのがこの人であった。これは後にも先にも例のないことである。まさに「陸奥の国」は、日本国を2分するほどに確立された実質自治領として存在し、その理念は「侵さず侵されず」の徹底した平和主義によって、100年に渡り貫かれたのである。それは「武力」によるバランスではなく、経済と文化、交易と貢献物による平和外交にあった。仏法を基調とした政治理念は勿論対中央（西国）のみではなく、奥州国内の隅々まで行き渡っていたのである。

## 時代の谷間へ

　ところが、一方の西日本（平安京を都とする朝廷）は穏やかならぬ状況にあった。天皇家を取り巻く権力闘争は、京の都を舞台に執拗に繰り返され、その下にあった民衆は塗炭の苦しみに喘いでいたのである。時代はすでに釈迦仏教に言う「末法の闘諍堅固（正しい教えが隠没し争いが起こる時期）」に入っており、憂うべき時代への転換期はすでに始まっていた。

　これまでの「律令制」という刑法と民法による一種のシビリアンコントロールは破れ、武力による実力行使、意を通すためには殺戮もやむなしと言う、恐ろしい時代の到来である。驚くべきことに、また情けないことに、現代においてもなお軍事力で意を通そうとする国が存在するのだから、人類の愚かさにはあきれて物が言えないが、わが国における本格的な武家政治（軍事政権）の台頭は、ここに始まったとされている。

　天皇の権限を、摂関という形の政治として藤原氏が織り成して来た平安文化は、道長が亡くなる頃から衰退し始めると、院政という名での天皇家が直接権力を掌握したいとの意向が示されてきた。そこに登場するのが武門である。天皇家から降臣枝分かれした「平氏と源氏」姓の２つの武家が複雑に絡み合い、朝廷内での新たな権力闘争へと進展して行ったのである。

　都から遠く離れた「北東の地域」からみれば、西国に起こる権力闘争ではあったが、これまでもそうであったように、その争いの「はけ口」は常に蝦夷（東北）侵攻に向けられて来た経緯があり、奥州にとっても予断を許さぬ状況が迫りつつあることを憂慮しない訳にはいかなかった。時代は12世紀初頭から13世紀にかけて、島国日本の西南及び北東日本の関係は、次の新たな段階を迎えようとしていたのである。

ここに物語の主人公である義経と静は、大きな歴史の谷間に生まれ育ったことが判る。わが国においては平安王朝時代から武家鎌倉時代への転換期にあり、西洋暦上からは12世紀から13世紀への世紀の谷間にあった。また空間的には中央と地方が拮抗した時期（地方の時代：京と平泉或いは鎌倉）であり、それはさらに日本と世界（大陸）間の新しい道に繋がる時代にもなっていた。

ある意味では、価値観が大きく変わりつつある現代（20世紀から21世紀への移行した今日）と酷似しているともいえよう。それは「日本史」と「世界史」とが融合しようとする鳴動の瞬間であり、この時に義経と静は、その「大いなる橋」を渡った訳である。あたかも、わが国伝統の能舞台で、その「橋がかり」から登場する義経・静のシテ・ワキの魂魄の中に、2人の宇宙観を窺い識ることができるのも、一つの象徴といえるかも知れない。

静御前の魂は、常に義経と伴にあったが、物理的な見地からいえば、静の肉体は「奥州・花輪の地」に眠った。陸奥の国・安積の里花輪に残る伝説、縁起古文書類には、それらのことが詳しく記され、遺跡もまた地名と共に数多く残されているのである。しかるに静の魂魄を秘めた義経は、天の啓示によって偉大なる汗（王）となり、空前絶後の大帝国をこの地上に建設することになるのである。

## 義経4つの人生

この物語での義経は、幼名の「牛若丸」から「九郎判官義経」、さらに「鉄木真」、そして「成吉思汗」とまるで昆虫の四態、卵から幼虫さなぎを経て成虫になって行くように、4つの名に

即して辿って行く。その人生の凄まじさは、まさに目眩くパノ
ラマとして、島国日本から大陸世界へと広がり、当時を考えれ
ばとてつもないスケールとそのダイナミックな展開に、人々は
言葉を失い、そのジェットコースター的激動の連続であるロ
ケーションの変転には、ただ目を奪われるばかりであったろう。

　京の都、鞍馬山から始まり、奥州平泉へ、そして奥州全土を
駆け巡ると、時を待って関東を横切り近畿に入り、瀬戸内に出、
四国から九州へと移る。この時期、わが国始まって以来の大き
な戦い「源平合戦」を治めながらも、その運命は、再び京から
畿内へと戻され、そして「奥州」へと導かれた。

　ここから問題の、第2の舞台が開かれるのだが、彼は「天の
命により」陸奥の国（東北）を北上、当時はまだ異民族国家
であったアイヌの大地・北海道を巻き込みながら、やがて樺太
を経てユーラシア大陸へと進んで行く。そして、黒竜江（アムー
ル河）を遡り、バイカル湖の畔へと辿り着く。

　そこで彼は、モンゴル国を治め、第4の宣言「成吉思汗」を
名乗るのである。やがて中国大陸を西夏（タングート）へと南下、
北京から南京へと侵攻、金国を討ち、西のホラズム（ウズベク
共和国）カスピ海へと侵攻する。そして黒海をかすめてはウズ
ベクはサマルカンドへと立ち戻る。1225年（乙酉）ひとまずモ
ンゴルに帰還した成吉思汗は、一族を集めて「これまでのこと・
これからのこと」を詳しく語り遺す機会を得るのであるが、こ
れが後年『元朝秘史』として纏められるものである。語り終え
ると間もなく、彼は再び西夏遠征へと出発した。ところが1227
年（丁亥）、西夏討伐後の帰途落馬し病を得、それがもとで秦
州の六盤山においてその数奇なる生涯を終えるのである。享年
68歳であった。彼の死は堅く秘められたが、そこに遺したもの

は人類史上空前の「大帝国」であり、そして最後に語ったもの
は次のような懐かしくも美しい望郷の思いであった。

　　　故山（ふるさとの山）に帰りたし　と。

　ところがここで、まだ物語は終わらない。成吉思汗の意思は、
孫フビライ汗に引き継がれた。彼は祖父の遺言を忠実に実行に
移してゆく。これには大変興味深いものがあって、彼が遥かベ
ネチア（ベニス）から訪れた商人マルコ・ポーロに語った「黄
金の国ジパング」の情報は、誰から伝えられたものであったの
だろうか。高麗人の趙彝なるものが進言したと『元史』（日本伝）
にはあるが、その程度で日本へのあれほど執拗な興味と、不可
解極まりない「元寇の役」を抱くとは思われないからである。
　ところでこの件は、かの有名な『東方見聞録』として纏めら
れ、後年この書は「コロンブス」の胸を熱くした。それがアメ
リカ大陸の発見へと繋がって行くのである。まさにこの物語の
流れこそは地球的規模へと連動しており、そこに「世界史の起
点」たるべき地とした所以がある。
　そこで、冒頭に記した蝦夷地における3つの場所であるが、
その第1は、東北地方南端に近い福島県郡山市の「静御前堂」
である。その昔、奥州下りをした義経を追って、静御前と2人
の従者がこの地までやって来るが、すでに義経は平泉を発ち、
さらに遥かな北へと旅立った（或いは亡くなった）ということを
耳にして、静は悲しみに沈んだ。結局、静は義経の武運を心願
し、乳母と伴に里の池（郡山市、美女池）に身を投じて果てるの
である。里人はそれを哀れに思い、この地に「静御前堂」を建
てその霊を祀ったとされている。第2は北海道平取町にある「義
経神社」である。この社の由来は江戸時代、近藤重蔵という役

人がこの地へ検使として訪れた際、そこに「ホンカンカムイ」なる神が祀られていることを知った。よく聞くと昔この地へ落ち延びた義経が、アイヌの民に色々な技術を授けて、大陸へ渡って行ったと言うのである。重蔵は一旦江戸に戻り、仏師に義経の像を彫らせ、改めて本尊としてその像を奉納したことによる。残る３番目は、上記の２地点から丁度中央に位置する岩手県平泉・奥州藤原氏四代の霊が眠る「中尊寺・金色堂」である。ここは説明するまでもない。

　以上で２人が心からその拠りどころとした、奥州・蝦夷の要点と言うことになるが、北東日本におけるこの３地点セットは、これまでほとんど話題にすら上ることはなかった。『吾妻鏡』や『玉葉集』から一歩も出ることのない史観からは、想像もできなかった論拠だろう。この北東日本が世界史の扉を開いた「起点」の地であったなどとは、思いもよらなかったに違いない。

　東北地方と北海道を含むこの北日本は、やがてその後の２人の魂が溶け合った「約束と報恩の地」となるが、それはまた本来の「黄金の国」の復活を予感させるものがある。

　義経がわが身のうちに「静の魂」を刻んだ名こそ「成吉思汗」であり、その思いは遥か世界の果てまでも広がって行った。

　そして時代はここに西暦2006年を迎えた。それは「成吉思汗即位800年」の慶節と共に「元建国ユーラシア800年祭」ともなるのである。「ふたりの一大叙事詩」は、今こそ甦るべき時を迎えたと言えるだろう。

　静の切なる願いは生涯、義経（成吉思汗）の耳朶から消えることはなかった。それは繰り返し聞こえてくる次の歌である。

序

しずやしず　賤<sub>しず</sub>のおだまき　繰り返し
　昔を……今に　なすよしもかな

　貧しく悲しい日を繰り返した懐かしい昔、だが良きことはすべてを、

「今に、成すことである」

これは、「成吉思汗」の名の由来とされる。「今に成す」何と素晴らしい言葉であろうか。これほど要約された言葉を私は他に見い出すことはできない。だからこそ、義経＝成吉思汗は、心底から、

「ボルテ・チノー（蒼き狼：静）！」

と、叫んだのであろうか。つまり「成吉思汗」も「蒼き狼」も『静』を思う義経のみが呼ぶことが出来た名称であった。

　それは全世界へと響きわたる、未来への雄叫びでもあったのである。


　　　　　　西暦2004年８月15日（義経忌及びオボー祭の日に）著者

# 目　　次

## 序 ⋯⋯⋯⋯⋯⋯⋯⋯⋯⋯⋯⋯⋯⋯⋯⋯⋯⋯⋯⋯⋯⋯⋯1

義経と静、814年ぶりの再会／概略／ふたりの生涯／義経は生き
ていた／世界史の起点は陸奥の国／奥州藤原氏について／時代
の谷間へ／義経4つの人生

## 表題解説 ⋯⋯⋯⋯⋯⋯⋯⋯⋯⋯⋯⋯⋯⋯⋯⋯⋯⋯⋯23

5つの鍵／凡例

## プロローグ　白鳥は北へ ⋯⋯⋯⋯⋯⋯⋯⋯⋯⋯⋯29

## 第1章　鴻基<ruby>鴻<rt>こう</rt></ruby><ruby>基<rt>き</rt></ruby> ⋯⋯⋯⋯⋯⋯⋯⋯⋯⋯⋯⋯⋯⋯⋯⋯⋯33

聖徳太子、暦・憲法十七条制定／大化の改新、元号使用始まる／
阿倍比羅夫蝦夷を討つ／白村江の敗戦　倭国から日本へ／日高
見乃国「陸奥の国」と呼ばれる／大宝律令制定／『古事記』、太
安万侶編纂により成る／陸奥より岩城、岩代を分割／『日本書紀
（日本紀）』上梓／多賀城構築、大野東人／陸奥の国から黄金900
両を献上／東大寺大仏開眼供養／坂上田村麻呂誕生／『万葉集』
4500首20巻上梓／蝦夷反乱「阿弓流為・母禮」／都、奈良から
平安京に／坂上田村麻呂、征夷大将軍に任命／阿弓流為と母禮、
平安京にて謀殺される／日本中央の碑、奥州北辺の地に建つ／
最澄（伝教大師）天台法華宗を立てる／平将門の乱起こる／中
国大陸では大宗国が興る

## 第2章　　千年紀のはじまり …………………………51

清少納言『枕草子』上梓／紫式部『源氏物語』上梓　源氏11家／道長全盛期／平忠常の乱／前九年の役起こる／虎丸長者、源頼義に滅ぼされる／仏教末法に入る／平等院鳳凰堂落成（現世界遺産）／奥州平泉、初代藤原清衡生まれる／前九年の役、膠着状態に入る／前九年の役終わる／衣川の由来？／再び奥州は「後三年の役」に／奥州清衡、鎮守府将軍に／清衡地盤を固める／奥州藤原氏、平泉に居城／全奥州に笠卒都婆を建てる／静の教科書『今昔物語』／奥州藤原2代基衡生まれる／清盛・西行の誕生／奥州藤原3代秀衡誕生／義経の父・義朝生まれる／平泉中尊寺「金色堂」建立／毛越寺落慶法要／初代・藤原清衡、波乱の生涯を終える／白河法皇没76歳／基衡、亡父供養に妙法蓮華経を書写／またも奥州への圧力が画策／西行出家／朝廷不穏／西行陸奥の国へ、秀衡と会う／待賢門院璋子死す45歳／基衡、金字・法華経千部書写／保元の乱／奥州藤原2代基衡死す


## 牛若時代　１１５９〜１１７３

## 第3章　　牛若誕生 ………………………………79

人生の始まり／平治の乱／常盤御前／一条大蔵卿／鉄木真誕生の意味するもの／兼房／山科から嵯峨野へ／鞍馬寺／朝夕のおつとめ／牛若丸／鹿野苑について／静誕生／遮那王宣言／聖門坊鎌田三郎／己の出生を自覚／鞍馬天狗／幼い静との出会い／五条大橋／義父・奥州へ便り／金売吉次

# 義経時代　1174〜1189

## 第4章　　源義経 ………………………………… 105

陸奥の国へ／熊坂長範／元服／白河の関／黄金の鳩・白き大鷹／奥州平泉／藤原秀衡とその一族／奥州全土を駆け巡る／吉次の死／青春謳歌／大鳥城／京都探索／六韜三略／皆鶴姫の悲劇／慧日寺にて／十三湊の凄さ／源氏旗揚げ／頼朝挙兵／頼朝窮地

## 第5章　　義経出陣 ……………………………… 131

いざ、鎌倉／矢吹ヶ原と庄司返し／庄司返しの桜／美しき虹／富士川の戦い／黄瀬川の対面／奈良大仏殿焼失／頼朝追討の宣旨／清盛死す／平家討伐の命を待つ義経／静御前、神仙苑で舞う／木曽義仲京入り／宇治川の戦い／源平合戦／鵯越／義経検非違使を拝命／連理の契り／屋島の戦い／扇の的と継信討ち死にはセットの事件／義経狙撃のために考え出された秘策／継信の最後／壇ノ浦海戦／六条義経の館での祝勝の宴／腰越状／大天狗・後白河法皇／義経暗殺未遂　静の機知で救われる／頼朝追討院宣／義経都落ち／船弁慶

## 第6章　　静の舞 ………………………………… 157

吉野の別れ／初音の鼓・増鏡／蔵王堂の祭り／義経一行、山伏姿となる／静、鎌倉へ送られる／義経、伊勢に現れるとの噂が流れる／鶴岡八幡宮／賤の歌はエロチシズムの極致／西行再度奥州へ／頼朝、西行に銀の猫を与える／静、男子を出産／政子の悩み／静、京へ戻る／佐藤忠信の死／安宅の関／義経遂に奥州へ帰還／静、みちのくへ／秀衡・西行・義経、極秘の会談／関の小六／花輪長者屋敷／旅の疲れ／秀衡、月見の宴をひらく／

奥州秀衡逝く／義経、静と再会す雪の安積郡花輪の里にて／風雲急を告げる平泉政庁／義経一行、蝦夷へ出発／長者屋敷で回想の1年／すべてはこの年に起こった／静御前、花輪にて入滅／嗚呼、衣川の変／腰越に運ばれたのは、影武者の首／頼朝、28万騎を率いて奥州へ出陣／阿津賀志山の戦い／平泉炎上／泰衡の最後／悲しき終焉／義経慟哭／精霊供養写経奉納／運命の文治五年は終わり、そして……／灰の中から、義経は蘇る

## 鉄木真時代　1189〜1205

**第7章**　衣川からバイカル湖の畔まで ………… 215

笛吹峠／西行の死／鈴ヶ神社／鈴木三郎重家／不行道と畠山重忠／頼朝鎌倉幕府を開く／後白河法皇、波乱の生涯を閉じる／秀衡の遺言／義経「誓願を起て」／蝦夷ヶ島（北海道）へ／ピラトウルの1年／静かなる大地よさらば／最後の海峡を渡る

**第8章**　天命のままに ………………………… 231

大陸に立つ／極寒のアムール河を遡る／頼朝の死／バイカル湖の辺まで／悲嘆に暮れるボルチギン一族／運命の出会い／新世紀を迎え、名を鉄木真とする／見晴るかすモンゴルの大地、33の部族／父子の盟を結ぶ／十三翼の戦い／力が付けば敵となる／鉄木真、モンゴル文字を作らせる／文字と暦／鉄木真　全モンゴルを統一／暦の発布

# 成吉思汗時代　１２０６〜１２２７

## 第9章　成吉思汗即位 ················ 249

九尾の白旗／ボルテ・チノ！　声を限りに／法律ヤサの制定／nam妙法蓮華経／成吉思汗　西夏遠征へ／抜擢幕僚体制を構築／万里の長城を越える／耶律楚材／金国制覇／金国を陥落／ホラズムへの怒り／長春真人／成吉思汗、真人と会見・日蓮誕生／モンゴルへの帰還／旅人成吉思汗／六磐山にて／成吉思汗の意志を引き継ぐ一族／日蓮大聖人立宗宣言

## 第10章　フビライ汗とマルコ・ポーロ ··········· 273

成吉思汗の孫フビライハン即位　世界で初の紙幣発行／日蓮「立正安国論」を鎌倉幕府に提出／暦に拘るフビライの思惑／文永の役の怪／侵略、それとも？／不思議な行動／蒙古、元国を宣言／日蓮大聖人、竜ノ口法難／文永の役／マルコ・ポーロ一行歓迎される／国書／日蓮、本門戒壇を顕す／弘安の役起こる／日蓮大聖人入滅／悲壮の執権　時宗死す／成吉思汗即位80年記念事業？／報恩寺の謎／世界の中心・大都／フビライ死す／マルコ・ベネチアに帰る／『東方見聞録』なる／元国の終焉／黄金の国とは

## 第11章　甦るふたり ····················· 297

大槻城主・伊藤高行、静御前堂建立／『大日本史』編纂／平泉滅亡500年、松尾芭蕉、おくの細道へ／新井白石『蝦夷史』／静御前堂再建／仮静像の入仏開扉法要／仏師右門／静御前像、花輪に奉納される／平取に義経像奉納／花輪だった日本列島／欧州でのナポレオン時代の終焉／シーボルト、義経成吉思汗説を

主張／奥州連合再び破れる／暦がかわる／大日本帝国憲法発布／
新渡戸稲造『武士道』を著す／武士道の要約／日本国敗戦／8
月15日の意味するもの／二十八日の妙／戦争前後の日高見（東
北）国は／金色堂須弥壇へ学術調査入る／昭和天皇崩御・日高
見滅亡800年忌／芭蕉・おくの細道300年祭／成吉思汗復活／歴
史的な2人の再会／北海道より義経公を迎える／静像の掛け軸
発見さる／著者モンゴルを征く／義経・弁慶ロマンの会開催／
薪能・船弁慶／義経復活／成吉思汗即位800年祭／日本・モンゴ
ル共和国の設立を／21世紀世界は大航空時代となり　その時地球
の中央となるモンゴル

# エピローグ ……………………………………………… 331
新しい世界史の枠組み・新しい暦／コスミック・カレンダーとは

# あとがき ……………………………………………… 335
法華経の極意／東北と言う国土世間

# 付録 …………………………………………………………… 343
『清和源氏の系図』『藤原氏略系図』『桓武平氏の系図』『天皇系図』
『元朝秘史』成吉思汗系図及び関連地図「東北」「日本」「ユーラ
シア大陸」

# 復刊に寄せて ……………………………………………… 354

# 参考文献一覧 ……………………………………………… 356

## 表題解説　5つの鍵

### その1　倫理史観による大汗建国物語

　倫理史観（歴史倫理学とも言う）とは、歴史の事象及び文献などの観察からあるべき人間社会の法則を推論し、もって真実の歴史の流れを求める学説とされる。本書は、その客観性と物語の主人公が求めたであろう「生きる目的とその精神」が時の経過と共に昇華され、遂には真の王道たる「建国」へと進化する、その主観的意思を加えた二重構成でなる「大汗建国物語」である。

　また本書は（初版表紙のタイトルから）西暦年譜（グレゴリオ暦）に添って進められる一「義経記」となっているが、年表には義経（或いは成吉思汗）が、該当したと思われる当時の年齢を配し、全期では「元号」と「天皇御宇」を、そしてある時点からは「十二支十干暦」を併記している。これには、必要な理由があり《第1の鍵》となっている。

### その2　表題「ボルテ・チノ」について

　ボルテ・チノとは、モンゴル語音で「蒼き狼」の意である。それは同時に「世界的英雄成吉思汗（ジンギスカン）」の代名詞であることは周知の通りであるが、当書ではさらに別解釈を付している。本論（1206年）で詳述する「蒼き狼」とは「青き争い＝静」の意であり「成吉思汗と静（ボルテ）は同義」であって当固有名詞は、主人公が広漠たる天地に向って絶叫誓約宣言したであろう「感嘆詞」としている点である。これは義経が永遠の恋人とした「静御前」のことを指していて、その静が、義経を慕い詠んだとされる。（253頁）

しずやしず　賤のおだまき　くりかえし　昔を今に

（成）なす　（吉）よし　（思）も　（汗）かな

この最後の句として高木彬光著『成吉思汗の秘密』に示す仁科
東子女史の発見があり、この説と裏付けともなっている。

　また「真・義経記」はまことの意味もさることながら、本論
で詳述する「鉄木真（テムジン）」の意も込められている。こ
れが《第2の鍵》である。


## その3　成吉思汗はやはり義経だった

　義経の人生は、僅か30歳と日本史には記録されているが、そ
の3分の1にあたる10年間を、彼は奥州（東北）に滞在してい
る。ところが、その間のことはほとんど、これまで語られるこ
とはなかった。ここではその10年を明らかにすると共に、その
後の「鉄木真時代」と言われる謎の期間、即ち、北海道を経て
樺太に入り、遂には大陸へ渡りモンゴルに至る。所謂成吉思汗
として即位するまでの17年間を加えた歳月を、ここでは《第3
の鍵》として述べる。


## その4　「黄金の国ジパング」は陸奥の国

　マルコ・ポーロによって一躍世界の注目を集めた「黄金の国
ジパング」それは、蝦夷、戎 などと蔑まれた奥州平泉を都と
する「東北地方」にあった。

　なぜそれが、成吉思汗の孫・フビライによって語られ、西国
日本を襲う「元寇の役」を招いたか、その驚くべき真相とは？
それが《第4の鍵》である。

## その5　義経・静の21世紀への啓示

　この物語は、源義経と静御前の生涯を、これまでとは異なった視点、つまり、北東日本と北東アジア側からの史観であり、吾人が拠るべき故郷からの「央地方史論」とも言えるが、この観点はまた「何のための、誰のための歴史か？」にも言及する。そのため、学術的な歴史学としての検証は当然必要ではあるが、重点は、より未来に傾く。ここでの義経（或いは成吉思汗）と静は、未来に何を託したかったのか。その思いを、本書では夢ならぬ「啓示」として捉え、《第5の鍵》としている。

凡　例

凡　例　1　※印は、本文関連の参考資料・論説などを載せた。
　　　　2　（　）は前文に必要と思われる、年号、意味、参
　　　　　　照項などを付した。
　　　　3　各ページ右上の小数字は、該当ページ内容の西暦
　　　　　　年（場合により複数年含む）を重記載したもの。関
　　　　　　連する項目検索の際の「索引」としてご利用下さ
　　　　　　い。
　　　　4　巻末の「日本」「東北・北海道」及び「ユーラシ
　　　　　　ア大陸」の３種の地図には、物語の主人公が時の
　　　　　　移りと共に、通過、或いは在所したと思われる位
　　　　　　置を示したものである。本文と照合してご覧頂け
　　　　　　れば幸いである。

ボルテ・チノ

## プロローグ…白鳥は北へ


　私はいったい何者なのだろう。男なのか女なのか、死んでいるのか生きているのかさえ判らない。ただ不思議なことに、私の胸奥にはとても懐かしい愛惜の念が蘇って来るのを感じていることだ。私は今永い眠りから醒めようとしているのだろうか。心もち頬が冷たい、濃い霧の中にいるような気がする。ここは何処なのだろう。私は誰なのか？　すると「ここは陸奥の国である」と応える者があった。それは遥か高いところからの声のように思われた。すると深い霧は瞬く間に晴れて、眼下には緑に輝く大地がどこまでも広がっているではないか。

　ああ、私は今、白鳥となって飛んでいるのだ。

　それにしても何と豊かな、素晴らしい景観だろう。そうだここは遠い縄文の時代から、平和で穏やかな郷土として栄えていた。ところが弥生文化を持ち込んだ西南の一部族であったわが祖先が、「建国」と言う名の下に、大和朝廷なるものを打ち立て、全国統一へとその野心（権益）を広げて行った。和暦でいう古墳時代（西暦350年）の頃からと言うが。


　第12代景行天皇の子であった私、倭建命（ヤマトタケルノミコト）は父から熊襲（くまそ）、出雲（いずも）の平定を命ぜられ、知力を駆使してその任務を果たして都へ戻ったが、休む間もなく、今度は東郷12ヶ国を征伐せよと言い渡された。父・景行天皇は、私をどういう訳か嫌っていた。

　それには遥か北辺に位置する蝦夷について、大臣である竹内宿禰（たけのうちすくね）が、蝦夷巡視後の報告として「土地沃穣（こえ）て曠（ひろし）、撃ちて

プロローグ…白鳥は北へ

獲るべし」と侵略遂行を奏上していたことによるものでもあったが、命令を受けた私にとっては心ならずも出陣しない訳にはいかなかった。同情した叔母のヤマト姫が、草薙剣を贈り励ましてくれたお陰で、私は九死に一生を得ることになるが、この遠征には大変な難儀を伴うものとなった。この時、私を慕う妃のオトタチバナ姫が、我が苦境を察するあまり「竜神のご加護あらんことを」と自らその生贄となって、浦賀海峡に入水して果てたのである。私は大いに悲しんだが、苦難の末にどうにか蝦夷を征し（実際は和解したのであるが）帰路に就くことができた。ところが、途中近江の伊吹山の賊を征伐して、都を目前とした伊勢・能褒野（三重県）に差し掛かったところで、私は急に病が重くなり、あっという間に息絶えてしまった。しかしこの身は不思議なことに八尋もあるという大きな「白鳥」となって、私は誰かに導かれるように、北の空たかく飛んでいたのだ。

（『古事記』より）

---

※　草薙剣は天照大神の弟・スサノオノミコトが八股の大蛇退治の折、その尾から出てきたという剣である。

　ところでヤマトタケルノミコトの読み名は変わらなかったが、記載上では、倭建命から日本武尊へと書き改められている。なぜ「倭」が「日本」と改められたのか、またなぜその身が白鳥になったのか。そして、あれほど強健であったはずのミコトが、都へあと一歩というところで急死するというのも何とも不自然な話である。倭と日本の間に「大和」と書くヤマトがある。第43代元明天皇の時「倭から大和」に改められたとされる記載がある。しかし、ヤマトタケルノミコトには「大和」と記されることはない。さらに不思議なことには5代前の天智天皇の御宇、中国の史書『唐史』に「倭国」を「大和」ではなく「日本」と記されている点である。国際的名称である「日本」という名の興りがここに始まるが、これは誰がもたらしたものなのであろう。実はこの「日本名」こそ蝦夷などと蔑まれ、侵略され続けた地域（東

北地方）における、古来からの名称「日高見乃国」即ち「日ノ本」が起源であることに由来していたのである。

（佐治芳彦著『古代東北王朝』外参照）

　ヤマトタケルノミコトはこの地に至って、住む人々のまさに「白鳥のように」広く優しい心根に触れ、東征という名の不条理を知らされたのであった。さらに決定的な悲劇となったのは、ミコトの凱旋帰京を内心恐れ、望まなかった帝が迎撃軍をもって彼を誅滅したのである。しかし、物語は美化された。当時の朝廷とはそのような権力機構であったのである。ともあれミコト自身の心の故郷は、すでに征したはずの東北の民の心となっていた。「白鳥」になる身にとっては、畿内大和の故郷もさることながら、より優しく豊かで広大なヤマトこそ本来の「日本国（日高見乃国）」であるとして、その情景を俯瞰して詠まれたのが次の歌である。

やまとは国の真秀ろば　畳なづく青垣
山籠れるやまとしうるわし　と

　本当のヤマトとは、奈良盆地における限られた地域をさすのではない。東北或いは全土の、美しき幾重にも重なる山並と野や里や湖や川を含め、そして何よりもそこに住む人々の、豊かな優しい心根こそが、文字通り「うるわしく」と込められた切なる思いなのである。また、今日の「日本国国旗（日の丸）」も、実は蝦夷が用いていた「日ノ本の紋章」であったことは、坂上田村麻呂ゆかりの寺「清水寺縁起絵巻」に明確に残されている。安藤真氏が指摘する「清水寺縁起絵巻・蝦夷軍の紋章」（大和絵土佐光信作）をご覧いただきたい。まさに蝦夷の旗印こそ「日

プロローグ…白鳥は北へ

の丸」であったことが判る。

　やがて、白鳥となったヤマトタケルノミコトの魂魄は、次の時代、征夷大将軍となった坂上田村麻呂の精神を浄化させ「日本中央の碑」を、本州北端とされる津軽（青森県野辺地）に建てさせるに至る。まさしく「日本中央はここである」という宣言である。それは奥州藤原氏四代の祖となった藤原経清によっても、その心は引き継がれた。そして、遂に本題である「源義経と静御前の奥羽復帰」へと連なるが、さらに義経は自ら「鴻雁（大なる白鳥）」となって、大陸へと羽ばたいて行くのである。それは同時に「日高見：陸奥の国」の秘めた美しい自然が織り成す「悲劇と大いなる復活」の物語となって行く。

---

　※　福島市飯坂にある「大鳥城」は、白鳥となった日本武尊がこの丸山に飛来し、ここに眠ったとされる故事から、人々は白鳥をその山頂に祀り、築かれたのがこの大鳥城であるとしている。(1176年の項参照)

　　また、郡山市大槻町の「美女池」は、静御前が入水したところとして知られるが、この池には毎冬シベリア（バイカル湖畔・モンゴル地方の沼湖など）から美しい白鳥が飛来している。2人の魂が行き来していることを今に伝える姿である。

# 第1章　鴻基

　鴻基とは「大事業の基礎」という意味である。鴻は、白鳥に代表される大型の渡り鳥をいい、基は磐石な礎のことである。この2文字をもって大事業の基礎としたのは、実に興味深い言葉である。そして歴史上、成吉思汗ほどの大事業をなした者を私は知らない。ところがこの人物は霧の中を飛ぶ白鳥のように、その実像は未だに謎のままである。果たしてその出発点はどこにあったのだろうか。

　舞台は突然古代日本から始まる。この章では主に大和朝廷と蝦夷に関わる時代の概略を述べながら、この物語が生まれる必然性とも宿命的ともいえる経緯をまず一通り述べなければならない。というのもわが国の歴史を語る時、その是非の如何を問わず「建国者」とされた「天皇家」を軸として織り成して来た歴史的事実は、何人もこれを否定することは難しいからである。

　ここに物語の主人公「源義経」が登場するのだが、彼自身また第56代清和天皇の子孫であり、その血がもたらした系譜としても避ける訳にはいかないのである。

　ここでは、その深縁なる天皇家の中にあって帝（天皇）とはならず、実質的建国統治を確立したとされる偉大なる縁戚、聖徳太子の頃からこの物語の霧は晴れて行くということにしたい。それはまた、義経自らが学び習得したはずの王道の歴史であり、東北地方(蝦夷)の忍耐の記録とも連動している。そして、遂にその後半生において、大いなる偉業をもたらすこととなるその歴史の重みこそが「鴻基」であり、義経の魂となって行く。

第1章　鴻　基

# ６０４　この頃元号なし（最初の女帝第33代推古天皇）
## 聖徳太子、暦・憲法十七条制定

　この年わが国初の「暦」の使用が始まるが、中国の「元嘉暦」を借用したものであった。国家体制にとって暦は人民管理上欠かすことができない最重要制度であり、特に農耕国家としての年、月、日の管理は、あらゆる国家計画の基本となるものである（それまでは巫女などの呪術による、場当たり的な指示管理で行われていた）。しかし、この時点ではまだ独自の「元号」を用いるまでには至らなかった。

　聖徳太子は「憲法十七条」を制定し、その第一条には、「和を以って貴しと為す……」と記され、そして第二条には「篤く三寶を敬へ、三寶とは仏法僧なり。則ち四の生の終の帰、萬の国の極の宗なり。……」（これは治世の基である）と宣言した。

　この頃、天皇家と拮抗する大豪族蘇我氏の存在は太子を大いに悩ませていた。太子は前年に「冠位十二階」を制定し、天皇家の絶対化を図りつつ、他豪族支配を牽制する一方、広く能力ある人材を登用して国力を安定させようと努力していたのである。

　特に仏法興隆には尽力し法華経を軸とした『三経義疏』を著し、法隆寺、四天王寺などを建てる一方、外交面では任那回復のため再度新羅征討を試みたりするが果たせず、小野妹子を大陸に派遣し対隋国交を開き、大陸文化の摂取を図っている。そして、最後はやはり仏教を基本とした文化をもって国政、国際交流を進めようとしたのであるが621年の春、太子は斑鳩宮で亡くなられた。49歳であられた（殺されたとの説もある）。さらに悲しむべきは、太子の家系はその23年後（644）にして、蘇我氏によってこの地上から抹殺されてしまうのである。

34

※　この物語が聖徳太子から始まったことには、別に大きな理由がある。1094年の項でも触れるが、静御前の魂の根幹には「昔を今」があり、静は母・磯禅尼から一流の白拍子としての教養として「男語り」とされる『今昔物語』の多くの説話を学んでいた。この特異な物語は東洋版の『千一夜物語』として位置付けられるものとされるが、まさしく1000余話の説話集となっていて、静はかつて義経にその幾つかを語って聞かせたことがあった。その『今昔物語』の本朝部の冒頭こそ「聖徳太子、此朝にして始めて仏法を広めたる話第一（巻第11・本朝付仏法）」なのである。また「巻第11」の意味する数字は清和天皇から11代目にあたる義経にとっては縁深き巻として心に留められたものとなっていた。後年、義経は暦を軍事面に活用するのである。

※　1206年成吉思汗が即位と同時に暦と法律ヤサを発布している。これは聖徳太子の例に即した布令である。義経が検非違使であった時期、所謂「御所出仕」の折毎（おりごと）に宮廷内で多くの文献に触れ深く研究していた。その時の成果である王道の極意の数々を彼は実践して行ったのである。

（1184年の項参照）

# ６４５　大化元年　（第36代孝徳天皇）

## 大化の改新、元号使用始まる

中大兄皇子（なかのおおえのおうじ）（後の天智天皇）は忠臣・中臣鎌足（なかとみのかまたり）と共にクーデターを企て、実の兄・古人大兄皇子（ふるひとおおえのおうじ）及びその重臣・蘇我氏を滅ぼすという大事件が起こった。はからずも聖徳太子の復権がこれでなされたのである。権力闘争にはその後も容赦のない死闘が繰り広げられることになるが、国政は改新以降、律令国家として定着して行くことになる。中臣は後に「藤原家（ふじわらけ）」の祖となり天皇家の外戚として権勢を得て行く歴史を辿る（奥州藤原氏はこの血を引く系の一つである）。この年から「大化元年」とする元号が使用された。中国の「元嘉暦（げんかれき）」を参考としたもので、最近奈良県明日香村の石神遺跡から太陰暦の木簡が出土し第1

第1章　鴻　基

級史料と認定されている（暦には他に干支暦が後年用いられるが詳細は720年の項参照）。

## ６５８　斉明４年　（第37代斉明天皇）
### 阿倍比羅夫蝦夷を討つ

　斉明天皇の命により、阿倍比羅夫は軍船180艘を率いて蝦夷に侵攻した。秋田能代の主・恩荷は「われわれは猟をするために弓矢を持っているのであって、反抗するために弓矢を持っているのではありません。誓って帝に忠誠を尽くしましょう」と彼は不戦降伏した。比羅夫は恩荷に「小乙上の位」を授け、能代・津軽の郡領を改めて任じたとされる。ともあれ朝廷という権力機構はその軍事力を背景に侵略を企て、時には制度を示し冠位を与えて下臣とし植民地化を進めて行ったのである。その後北日本の海岸線沿いに支配はさらに進んで行く。

> ※　現地の将が不戦降伏した場合は、そのままその任をまかせる方式は、ユーラシア大陸では原則あり得ない政策であるが、成吉思汗やその孫フビライなどは度々それを採用しているのである。

## ６６３　天智２年　（第38代天智天皇）
### 白村江の敗戦　倭国から日本へ

　百済の要請を受け、大和は大量の水軍を派遣したが唐・新羅の大軍に白村江の戦いでわが軍は敗れた。百済は滅亡、多くの亡命者が大和に移住してきた。この時『唐書』にわが国の名は「倭国」より「日本」と記されたのである。この記載の意味するものは、その移住者の多くが西日本（畿内を含む）ではなく北日本（もとより日ノ本と名乗っていた）に入ったことを中国・

唐では把握したのかも知れない。「東北学」の創始者・高橋富雄氏の論によれば、中国側での認識では日本列島には「倭国」と「日本」の２国あり、としていたのではないかとしている。またこの頃から「帝（みかど）」から「天皇」の名称になったとも言われる。

## ６７６　天武５年　（第40代天武天皇）
### 日高見乃国（ひだかみのくに）「陸奥の国（むつのくに）」と呼ばれる

天武天皇五年正月の条に初めて今日の東北地方が「陸奥」と明記された。都から見て「道のおく」と言う意味の中華思想に基づく名称である。

（『日本書紀』）

---

※　大和朝廷が勝手につけた国名であるが、当地域住民は自らを「日高見乃国」と呼ぶ独立国であった。さらに蝦夷ヶ島（北海道）南部は「日高乃国」といつの頃からか呼ばれ、津軽海峡をはさむ両国は古くから平和的な同盟国だったのである。

※　ここに『東日流外三郡誌（つがるそとさんぐんし）』という東北地方唯一の古代史書とされる本がある。福島県田村郡三春町に残る「奥州三春藩舞鶴城々主・秋田家の家史」で、原本は天明５年の大火で焼失、本領であった津軽秋田に分散して残っていた底本をもとに近年再編されているものであるが、その内容が中央の史観とかなり異なるためか特に西国の研究者たちからは多く無視、或いは偽書扱いされている特異な史書となっている。ともかくその一端を引用してみると、

日高見国とは坂東及び奥州を曰ふなり。奥州六国五十三郡、坂東八国七十二郡なり。荒吐族の勢、是を掌握せるに依りて、倭国にては征討の軍をさしむけり。依て、荒吐族是に応戦す。倭国王の討伐軍、都度の戦いに敗れて退き、亦、大挙して攻め来るなり。

当時は関東を含む地域まで「日高見乃国」であったとされている。景行27年紀ヤマトタケルノミコトの東征時から「東夷の中、日高見国あり、その国人……云々」とすでに朝廷は以前から「ヤマトとまつろわぬ国」としての「日高見国」を認めていたことは確かであった点を

第1章　鴻　基

考えると、北側からみた史観としてあながち無視できるものではない
かも知れない。

# ７０１　大宝元年　（第42代文武天皇）
### 大宝律令制定

　朝廷最初の律令法典発布。律令国家確立の記念碑的事業、律
6巻・刑法令11巻からなる。ともあれ朝廷の頭脳は凄い。

# ７１２　和銅５年　（第43代元明天皇）
### 『古事記』、太安万侶編纂により成る

　わが国最古の説話的歴史書。稗田阿礼が誦習し太安万侶が撰
録。天皇家が他の豪族たちの追随を許さぬ国家管理の理論武装
を徹底するため纏めた代表著書である。この年、朝廷は越後国
出羽郡を母体にその権域を北西日本全体に広げるため「出羽国」
を設置している。

　※　『古事記』第10代崇神天皇の条には「所知初国御真木天皇（初め
の国知らしし、みまきのすめらみこと）」と記し、ここに初めて正式
の「国家づくりを宣言した天皇」としての位置付けがなされたのである。
　※　これは義経が成吉思汗即位の前、「鉄木真」と称したことと深い
関係がある。ここでの「鉄」とは東北地方の守護神である荒吐が「製
鉄」を意味することから来ているもので「鉄木真」とは即ち「祖：建
国天皇と日高見の主アラハバキとの融合名」として用いられた名称で
ある。　　　　　　　　　　　　　　　　（1189、1197、1201年の項関連）
　また第10代というところにも不思議な縁があり、義経の父・義朝は
清和天皇から10代目の源氏の棟梁であったことから「初国しらしし＝
建国」天皇と父への敬慕と汲み取ることもできる。
　※　天皇家の特質として、武力もさることながら文字（記録）の徹底
した駆使こそが他のあらゆる豪族を従える力となったのである。文字

701-720

> の持つ力は剣と双璧をなすものであった。
>
> 　余談になるが頼朝も徳川家康も文（手紙）を徹底して活用し天下を治めている。「ペンは剣よりも強し」ともいうが、まさに武力のみでは天下は治められない真理の一つといえよう。このことは義経も充分承知していた。幼い頃から徹底的に教え込まれていた「かな、漢字、梵語」などから、彼は文字の持つ力を充分に理解していたのである。後年、成吉思汗による口述は『元朝秘史』として編まれるが、その構成、形式はわが国の『古事記』並びに『日本書紀』を参考にした形跡が垣間見ることができる。また、彼は独自のモンゴル文字を作らせるが日本と同じ縦書きの上、50音訓で綴らせていたのである。
>
> （丘秀夫著『新ジンギスカンの謎』叢文社刊、詳しくは1204年の項参照）

　『元朝秘史』にはいくつかの暗号めいた箇所があり、その不思議な系譜と逸話には、義経のみの知る歴史と経験がなければ織り込めないと思われる節が、各所に見い出すことができる。

## ７１８　養老２年　（第44代元正天皇）
### 陸奥より岩城、岩代を分割

　朝廷は陸奥国の南端（現福島県）を岩城の国・岩代の国として分割管理を企てる。『延喜式』（927年、藤原忠平ら編）にはすでに陸奥35郡ありと記す。記録・文字の力を背景に大和朝廷は次々と支配領域を確立・整理して行った。6年前の和銅5年には東北地方を大きく陸奥と出羽の2つに分け、陸奥を「蝦夷」と呼び出羽を「蝦狄」としている。

## ７２０　養老４年：癸酉　（第44代元正天皇）
### 『日本書紀（日本紀）』　上梓

　舎人親王、太安万侶らが『日本紀』を編纂、『常陸風土記』なども上梓。朝廷はこの時期ますます、北東日本に強い関心を

第1章　鴻　基

高めてゆき、１日も早い統治を望んでいた。

　是より先、一品舎人親王、勅を奉りて、日本記を修めたまう。是に至りて功成り、紀三十巻・系図一巻を奏上したまう

と、『続日本紀』養老四年五月 癸酉（みずのととり）の条に記される。暦の「干支（えと）」はこの『日本書紀』から始まっている。元嘉暦は690年までで終了。干は十干のことで、植物が生長する過程を10段階に分けて数える呼び名とされ、

　甲　乙　丙　丁　戊　己　庚　辛　壬　癸
　（きのえ）（きのと）（ひのえ）（ひのと）（つちのえ）（つちのと）（かのえ）（かのと）（みずのえ）（みずのと）

をいい、また支（し）とは十二支で、

　子　丑　寅　卯　辰　巳　午　未　申　酉　戌　亥
　（ね）（うし）（とら）（う）（たつ）（み）（うま）（ひつじ）（さる）（とり）（いぬ）（い）

この２種の組み合わせが「干支暦（えとこよみ）」と呼ばれるものであり、「60年周期」で一回りする。

---

※　後年、成吉思汗が即位と同時に使用した暦が、このわが国使用の「十干十二支暦」である。ここで驚くべきことは、汗の第１次即位が「1189己酉」であり、別説の「1201年もまた辛酉」であること、総じてモンゴルでは「めんどりの年」と言って特別な年とされている。さらに一つの深い縁と思われるのが、わが国今上（平成）天皇がこの「癸酉年生まれ」であられることである。『日本書紀』がわが国に編まれ癸酉年から1213年、文字通りわが国で「最初の時を告げた酉」と言う訳である。おそらく「鉄木真としての第１次即位」の意義付けも「時を告げる」宣言の年としたかったのであろうか。

※　またこの『日本書紀』には『古事記』同様第10代崇神天皇に関して「御肇国天皇（はつくにしらす、すめらみこと）」とあり、「東夷乃中有日高見国（今日の北関東を含む以北の地に日高見国がある）」とも記されているのである。これらの知識のうち義経は「暦」を鞍馬寺で仏典と共に学び、「歴史・治世学」となる諸般を検非違使任官の折、

御所にて当『日本書紀』を始め陰陽師の扱う五行なども含めて把握していた。時刻や日々の「六曜または六輝」と呼ばれる吉凶を占う暦（先勝・友引・先負・仏滅・大安・赤口）は、時代が下った室町時代に中国から入ってきたものとされているが、「時」に関する認識は、義経にとって生涯を貫く軍事戦略においては特に大きな要素となってその効果を高めたのである。　　　　　　　　　　　　（1184年の項参照）

この年はまた、大変重大なことが起こった。九州の隼人と蝦夷の叛乱があり、九州へは大伴旅人が、蝦夷には安福麻 河 伯なる者を派遣、藤原系の鹿島神社が朝廷の先兵として侵攻したとされている。　　　　　　　　（谷川健一著『白鳥伝説』より）

# ７２４　神亀元年　（第45代聖武天皇）
## 多賀城構築、大野東人

古代東北統治の拠点として、この年今日の宮城県多賀城市市川に構築。陸奥の国府を置き管理。大和朝廷はどうしても東北地方を支配下に置きたかったのである。この頃、後記759年の項にある「安積采女の悲劇」が安積の里（福島県郡山市）で起こる。

# ７４９　天平勝宝元年　（第46代孝謙天皇）
## 陸奥の国から黄金900両を献上

この年陸奥別名「みちのく（道の奥の意）」から黄金が初めて献上された。北日本の指導者の１人となっていた百済王敬福が、黄金900両を朝廷に納めたのである。

　　　　天皇の御代栄えむと
　　　　　東なる　陸奥山に　黄金花咲く　と

第1章　鴻基

　大伴家持（『万葉集』4097）は、帝のご機嫌をとる歌を奏上する。「本朝初めて黄金を出だし」に天皇は文武百官を率い「天平感宝」「天平勝宝」という四字元号を嚆矢するほどに喜んだ。よほど陸奥の国からの黄金が嬉しかったと思われるが、本来は天平を除く「感宝」「勝宝」「宝字」「神護」などの元号は、当の提供国、陸奥国「日高見乃国」に与えるべきものであったが結局それはなく、号はさらに「神護景雲」と続き、所謂西暦749～770年の21年間、この四字元号は用いられた。なぜかこの時期を除いた「四字元号」は史上、他には見当たらない。

---

※　「四字」で思い起こされるのが不可思議な「成吉思汗」と言う4文字名称である。通常中国でもわが国においても2字銘が普通であるのになぜか。しかも、当時のモンゴルには文字すら存在しなかったにもかかわらず、汗は自らそれを示し名乗ったと言うのである。

---

# ７５２　天平勝宝４年　（第46代孝謙天皇）
## 東大寺大仏開眼供養

　4月9日

　奈良の大仏で有名な「大毘盧舎那佛」は陸奥の国の黄金によって荘厳さを増し、国を挙げての大法要が営まれた。聖武太上天皇、光明皇太后、孝謙天皇が揃い1万人の僧侶・文武百官が参列10年の歳月をかけ延べ260万人以上の役夫をもってなした一大仏教伽藍である。実に想像を絶する凄さであったろう。義経は幼年時、この大仏にあやかって遮那王を名乗った時期があった。

（1167、1180年の項参照）

---

※　陸奥国の黄金は、後年豊臣秀吉の耳にも入り、当時小田原参陣に

遅れた伊達政宗の弱みに付け込み、奥州藤原氏の遺産のことごとくを没収した。夥しい経文や黄金である。経文は西国領下の寺社に与え、陸奥の黄金をもって秀吉は「黄金の茶室」をこしらえている。

# ７５８　天平宝字２年　（第47代淳仁天皇）
## 坂上田村麻呂誕生

　都からは蝦夷叛乱とされる阿弖流為たちの動乱は以後20年に及んだ。かなり永い歳月である。だが大和朝廷は繰り返し律令体制の下に征服地を組み込んで行こうと企てた。懐柔策と強硬策を弄しては有能な武将を次々と送り込んだのである。そして757年苅田麻呂なる将が送り込まれた。彼は熊にまたがり陸奥の最初の川を渡る、その川は後に大熊川（現：阿武隈川）と名付けられた。この折、木賊田村の豪族の娘との間に「坂上田村麻呂」が誕生したのである。

※　彼こそ蝦夷で生まれた蝦夷人であり、今の郡山市田村町徳定がその生誕地となっている。古代日本史上において最も有名な人物の１人であるが、以外に地元では大切に顕彰されてはいない。782年には例の歌を献上した大伴家持が東征将軍となり、幾度か戦いの準備が進められたが頓挫している。しかし東北（蝦夷）側から西国・都へ攻め入ることなどは１度たりともなかった。まさしく当時の蝦夷は、今日のわが国のように「専守防衛に徹した国」だったのである。

# ７５９　天平宝字３年　（第47代淳仁天皇）
## 『万葉集』4500首20巻上梓

　朝廷はまさしく知恵者であられた。天下のあらゆる階層の人々を巻き込み、『万葉集』を上梓したのである。文字の力をもっ

第1章　鴻　基

て、文化の面からも国民のすべてをその傘下に治めて行った。しかし、そこに収められた歌の中には、歴史の真実をいみじくも語り残すものもあったのである。　　　（『万葉集』巻16・3807）

　　　安積山影さえみゆる山の井の
　　　　浅き心を　わが思はなくに

　都から巡察使として来た葛城王は美しい安積の人妻の接待儀礼の歌を真に受けて、年貢減免と引き換えに帝の采女として連れ帰ってしまう。残された夫は悲嘆にくれ自殺、やっとの思いで逃げ帰った妻は、愛する夫の今は亡きことを知り、山の井の清水に身を投げてしまうという悲しい物語を秘めた歌となっている。この事件が起こったのは第45代聖武天皇の頃で、葛城王はその後、臣籍降下して 橘 諸兄（賜姓）となった。

---

　※　安積地方（郡山市片平町）に伝わる「安積采女伝説」は、大和朝廷の当時の非情な権力と搾取を今に物語っているのである。晩年、橘諸兄は深く反省したとも言われている。
　参考：橘諸兄の子孫に菊水を旗印の楠木正成、正行がいる。

---

# ７８０　宝亀11年　（第49代光仁天皇）
## 蝦夷反乱　「阿弖流為・母禮」

　「日高見乃国」と呼ばれた豊かな天地。それは奈良、京都の都人たちにとっては、あこがれの異境の国「蝦夷」であった。その豊饒なる東北に支配権を伸ばさんと、都の将軍・紀古佐美の率いる５万3000の大軍が派遣された。この時、民衆の抵抗戦を指揮したのが、胆沢の族長・阿弖流為と母禮が率いるわずか2000の兵である。しかし、その精鋭は神出鬼没の猛攻で、敵の

44

精鋭を蹴散らし、圧勝したのである。結果は朝廷軍の大敗に終わり「巣伏の戦い」といわれた。789年（延暦7年）のことである。都の奢れる貴族たちは、肝を冷やしたことだろう。

(聖教：随筆人間革命より)


## ７９４　延暦13年　（第50代桓武天皇）
### 都、奈良から平安京に

　奈良は怨霊が立ち込める都になったとの理由で、桓武天皇は都を平安京へと移した。政情が不安となり内政に問題が起きると悪政の常套手段は必ず外へと注がれる。この時も東征の命が下された。朝廷は百済王俊哲と坂上田村麻呂を蝦夷へと派遣する。

　また桓武天皇には多くの皇子がおり、すべての子を皇籍に置くことはいかに天皇と言えども経済的にもまかないきれなかったため処遇の一環として、彼らを「臣籍降下」させ、直系の武門家系として「平家」を興させた。同じように新たな武門「源氏」は桓武天皇から２代後の「嵯峨天皇」から始まるのである。

---

※　「平家」の名の由来は、都が奈良から「平安京」に移ったことによるものとされている。

---


## ７９７　延暦16年　（第50代桓武天皇）
### 坂上田村麻呂、征夷大将軍に任命

　征夷大将軍とは「東北を征する者」の意であり、古来より「東北は別国」であることを朝廷は認めていたが、この地は肥沃にして豊かな大地であったため、どうしても欲しかったのである。朝廷は征夷大将軍に据えた坂上田村麻呂を再び蝦夷に差し向け

第1章 鴻 基

る。蝦夷は否「日高見乃国」は好んで戦うつもりなど毛頭なかった。坂上田村麻呂には蝦夷の血が流れている、両者は心底から戦いは避けたいと思った。阿弖流為は大きく譲歩した。

## ８０２　延暦21年　（第50代桓武天皇）
### 　　　阿弖流為と母禮、平安京にて謀殺される

　阿弖流為、母禮と戦ったとされる坂上田村麻呂は、実は阿弖流為と「和議を結び」友好をもって２人（数十人の部下と共に）を平安京に招待したのである。ところが、卑怯にも都人は彼らを騙し討ちにする。坂上田村麻呂は英雄として祀られはしたが、生涯その阿弖流為・母禮の霊に悩まされた。

> ※　時は流れ、２人が処刑されてから1200年が過ぎた2002年（平成14年）現在、坂上田村麻呂の氏寺となっている京・清水寺には２人の立派な慰霊碑が建てられている。

46

802-806

### 日本中央の碑、奥州北辺の地に建つ

　再び征夷大将軍として赴任した坂上田村麻呂は、朝廷には知らせずひそかに日高・日高見の中央に位置する奥州北辺の地、都母村（現青森県東北町）に「日本中央」の碑を矢をもって刻み建立した。これには深い訳があった。実に阿弖流為・母禮に対する鎮魂の意が込められていたのである。

---

※　なぜこの地に「日本中央」の碑が建てられたか、陸奥の国はもとより「日高見・日ノ本」と称しており、この地こそ、その中央であったとの宣言碑であることは論をまたない。この碑に関しては今日なお、その真偽を含め多くの学説が論じられてはいるが、わが国を「日本」と呼ぶその起源がこの地域から発したこれまでの歴史の経緯を、坂上田村麻呂自身理解したからと思えてならない。そして健気に護り通した指導者・阿弖流為、母禮への報恩の意を込めた記念碑としたのである。「夷は、夷を以って夷を制せ」とは西国・朝廷の勝手な言い分であるが、この地を真に理解した指導者は、その優しさと豊かさに素直に脱帽せざるを得ないのである。

※　後世、この碑は「壺のいしぶみ」として歌人西行法師の歌に詠まれるが、同時期の歌学者・顕昭の袖中抄『日本後記』巻19「いしぶみ」が有名である。　　　　　　　　　　　　　　　（1143年の項参照）

---

　現在この碑は東北町の重要なシンボルとして、その記念館に厳粛に納められている。

## ８０６　大同元年　（第51代平城天皇）
### 最澄（伝教大師）天台法華宗を立てる

　最澄は「法華経」こそ仏法における最高の経典とする天台宗を、かねてより建立していた比叡山延暦寺・根本中堂に確立した。奈良を本拠とする南都仏教に対する大乗仏教の宣言である。その思想は『守護国界章』『顕戒論』『法華秀句』に著され、後

47

第1章　鴻　基

年日蓮を始めとするわが国での宗教界において、名をなす僧の
ことごとくがここに学んだ。その中に義経の忠臣・武蔵坊弁慶
（当時は鬼若丸）もいたのである。彼は熊野別当の湛増の子と
して生まれ比叡山の西塔に学び、出雲鰐淵山で顕蜜二教を習得
している。法華経はまた義経の母・常盤がそれを諳んじ、義経
自身鞍馬山において9年間学んだ教典である。そして奥州平泉
の中尊寺もまた天台宗の奥州における総本山であったから、彼
は一貫して「法華経」を体得したことになる。総じて言えばこ
の物語を貫く理念は、すべて法華経が根幹となっていると言っ
ても過言ではない。またこの年には真言密教の空海が帰国し、
わが国仏教界では最澄と並ぶ大師となっている。

---

※　朝廷側ではこの年をもって蝦夷はほぼ征服、その証として全国に
寺や神社が創祀されたとなっている。（柳田国男）

（1206、2006年との輪廻あり。参照）

---

## ９３９　天慶２年　（第61代朱雀天皇）
### 平将門の乱起こる

　下総（千葉県）から突如起こった「平将門の乱」に、朝廷は
大変な危機感を持った。そこでこれを治めたのが関東・南東北
に勢力を持っていた藤原秀郷である。彼は中臣鎌足から8代目
の末裔で、この乱を竜神の加護により平定したとして従四位
下・下野武蔵守に任じられた。彼は「俵藤太絵巻」三上山の大
百足退治としても有名であるが、奥州藤原秀衡はその秀郷から
9代目にあたる子孫となるのである。ここで当物語の重要な登
場人物の1人である西行法師（平安の歌僧）がいるが彼もまた、
同族の9代目となっており、これもまた不思議な縁である。

※ 史学上での「戦い」や「合戦」という本格的な戦争表現の他に「乱」「変」「役」がある。「乱」とは政権への反抗を意味し、「変」は事件としての扱い、「役」は外敵、他国との衝突として定義付けられると言われている。（井沢元彦著『逆説の日本史』より）だとすれば保元の乱、平治の乱、承久の乱などは、政権への反抗であり、衣川の変、本能寺の変などは事件としての扱いとなる。そして前九年の役、後三年の役、元寇の役などは、まさに外国、他国との戦いであったことをいみじくも語っていることは、蝦夷・陸奥出羽地方は、自国とは別の外国であったことの証明と言えよう。それは坂上田村麻呂も自ら「日本中央」と標し認めていた大和にとっての外国であり、独立した国の証でもあったのである。

# ９６０　天徳４年　（第62代村上天皇）
## 中国大陸では大宗国（だいそう）が興る

　趙匡胤（ちょうきょういん）（太祖：成吉思汗と同じ帝号）の建てた宋国は、中国大陸での歴史の中で唯一「文治主義」をとった平和文化国家であったとされている。司馬光の歴史書『資治通鑑』によれば、四書（論語・孟子・中庸・大学）と朱子学による国家理念のもと、その文化は洗練され、木版印刷による経文、磁器の数々、文人画など、その対貿易はわが国にも多くの好影響をもたらした。特に奥州藤原氏にとっては３代にわたり、貿易の相手国として文化的発展を遂げる礎となった国である。義経が生まれるおよそ200年前のことである。ところが、1127年頃になると大陸北東部の金国の興隆により、宗は南に撤退、都を杭州の臨安に移し南宗（なんそう）として生き残るのであるが、1279年金を滅ぼした「元」がそれを吸収し、中国は統一されるようになる。

※ 奥州平泉では特に宋国との交易実績が顕著で、中でも『黄紙宋版

第1章　鴻　基

一切経』5000巻の輸入は、平泉文化の精神的意義の重要さを示して余りあるもので代価10万5000両の黄金で求めたとされている。奥州藤原氏にとってはそれに勝る価値と認めていたのである。原本の宋開元寺版は、宋の1172年（乾道8年）になった一切経と言われており、当然のことながら大般若経（大般若波羅蜜多経）及び法華経（妙法蓮華経）を含む大乗仏教の根幹をなす集大成である。これを原本として藤原三代の伝統である写経「紺紙金銀交書経」や「紺紙金字一切経（秀衡経）」がなされたのである。一切経の写経は5312巻を原則としており、平泉の行政機構のなかに写経司（所）が置かれ用紙、染め上げ、装丁、金銀泥、いのししの牙で磨き上げる専門家、絵師等実に大掛かりな組織体を有していたとされている。　　　　　　　　　　　（1157年の項参照）

　これだけの経文が輸入される背景には、当然即物的な広範な文物はもとよりかなりの情報（大陸の）も同時に輸入されたことを物語っている。金色堂を荘厳した螺鈿の柱一つにも、当時としては地球的な規模で導入された宝物の集積で満ちているのである。

（遠山崇著『奥州藤原四代－蘇る秘宝』参照）

# 第2章　千年紀のはじまり

　西暦1000年、私たちが生きる現代から正に1000年前である。
　この章では、義経以前の源氏と奥州及び藤原氏の動きを主な
テーマとして述べるものであるが、歴史学的には色々な時代の
分け方がある。このミレニアム（千年紀）とする区分は、冒頭
でも述べた西欧キリスト教を起源とするグレゴリオ暦で、その
是非を今論じても始まらないが、地球上における先進国のほと
んどがこの暦を使用している以上、これを座標としなければ事
は進まない。だが、そのおかげでというべきか私たちは現在21
世紀をここに迎え、新たな千年紀に入ることができた。この時
期に私共が生まれ合わせているのも若干皮肉めいてはいるが、
仏教的にいう深い「縁」があるのかも知れない。さて1000年
前のわが国では平安時代にあって、王朝文化花開く時であった。

## １０００　長保２年　（第66代一条天皇）
### 清少納言『枕草子』上梓

　　**春はあけぼのようよう白うなりゆく山ぎは……**

　女流作家清少納言は「いみじうをかしけれ（たいそうすぐ
れた風情がある）」と、多くのことを讃えるほど王朝文化は夢見
る世界を造り上げていた。女性の発言権は大いに高まり、世は
まさに平安文化の全盛期を迎えていたのである。

----

※　新歌舞伎18番の「船弁慶」での義経・静の別れの場面はあまりに

第2章　千年紀のはじまり

> も有名であるが、ここで静はこの清少納言による「春は曙白々と……」
> の詠に託して義経と共に過ごした都の四季の思い出を語っている。
>
> （157 ～ 164頁　1185年の項参照）

　大化の改新以来、天皇家と中臣鎌足を祖とする藤原家の関係
は道長の娘・彰子が中宮となったことから、その権限は頂点に
達しつつあった。

# １０１１　寛弘８年　（第66代一条天皇）

## 紫式部『源氏物語』上梓　源氏11家

　この頃、道長の娘で皇后となっていた上東門彰子に仕えてい
た紫式部が『源氏物語』を上梓したのである。それは光源氏一
族の70年余に及ぶ宮廷物語で３部54巻（帖）からなる優雅な王
朝絵巻の世界であった。一条天皇はこの『源氏物語』を絶賛し
たといわれる。また天皇には２人の后が公認されていた。

　定子（権大納言・藤原道隆の娘）と彰子（道長の娘）である。し
かし幸せ過ぎて身が持たないとはこのことであろうか、帝は31
歳でこの年に亡くなるのである。

> ※　義経も日本史上では、一条天皇と同じ数え31歳で亡くなったとさ
> れるが？
> ※　『源氏物語』は世界最古の長編小説で藤原氏をモデルにしたフィ
> クションと言われている。しかしこの時点で現実に宮廷内には源氏と
> 平氏は存在しており、ノンフィクションとしての要素がかなり強い小
> 説となっている。なお、源氏姓は第52代嵯峨天皇から興り54代明仁、
> 55代文徳、56代清和、57代陽成、58代光孝、59代宇多、60代醍醐、62
> 代村上、63代冷泉、65代花山、67代三条、71代後三条、77代後白河、
> 84代順徳、88代後嵯峨、89代後深草、90代亀山、94代後二条、96代後
> 醍醐、106代正親町　と21流に上るが、この時点では源氏11流と言う

ことになる。

　一方平氏は第50代桓武天皇、△54代仁明、△55代文徳、△58代光孝の四流であり、△印は源氏姓と重複しての降臣処置となっている貴族である。　　　　　　　　　　　　　　（奥富敬之著『天皇家と源氏』より）

# １０１７　寛仁元年　（第68代後一条天皇）
## 道長全盛期

　　この世をば　我世とぞ思う望月の
　　　欠けたる事も　無しと思えば

　なんと満足な境涯ではないだろうか。まさしくこの世の春である。道長は太政大臣となり、藤原家の摂関政治は全盛期を迎えた。『源氏物語』はこの藤原氏がモデルと言われるが、その人気で宮廷内においての源氏一族もまんざらでない思いもあったろう。当然平家一門としてはやや不機嫌であったかも知れない。しかし、時の移りは無常である。その丁度10年後の1027年（万寿４年）全盛を誇った道長も遂に、病には勝てなかった。今日の糖尿病だったといわれている、中臣鎌足から12代目の道長は62年の生涯を閉じることとなる。

# １０２８　長元元年　（第68代後一条天皇）
## 平忠常の乱

　東国において桓武平氏・忠常の乱が起こるが、３年後の1031（長元４年）に源頼信（頼義の父・八幡太郎義家の祖父）がそれを平定し、以後東国での権益は、平氏から源氏が担うようになった。

第2章　千年紀のはじまり

# １０５１　永承６年　（第70代後冷泉天皇）

## 前九年の役起こる

　関東で地盤を固めた源氏の次の野望は、北に広がる大いなる天地「陸奥の国」の掌握であった。源頼義と陸奥の頭領安倍頼時との執念の戦いが、厨川の柵外７柵の砦を舞台に10年にわたり繰り広げられることになる。それは安倍一族、頼時の子・貞任、宗任が衣川にて反乱、という形で始まった。先の陸奥守藤原登任が関東の源氏軍を背景に、安倍一族に対して無理難題を押し付けたのである。我慢の限界を超えた奥州の心など西国は知る由もなく、朝廷は武門の源　頼義を鎮守府将軍として下向させた。

　頼義は嫡男・義家（12歳）を連れて多賀城入りする。安倍氏は当初恭順の姿勢を示したが、その後も容赦ない無理難題がかぶせられた。いいがかりの一つに、貞任が多賀城在住の都娘に恋文を出したことを嘲笑され憤慨した貞任が叛乱を起こしたというのである。ところが、安倍一族の軍は予想を遥かに超える強さであった。頼義軍は逆に陸奥の南端、岩代の国・安積の里まで追いやられる始末となったのである。

## 虎丸長者、源頼義に滅ぼされる

　そんなある日、源頼義・義家軍が土砂降りの雨の中、安倍氏に追われ無残な姿でやって来た。そして、頼義軍は安積郡幕内（現：郡山市桜木町）に陣を敷いた。

　当時この辺は安積郡と呼ばれ、奈良時代の初期においては、蝦夷に対する最前線基地として「安積軍衙（軍団）」が置かれていたところである。それから250年ほど経たこの地には「虎丸長者」と呼ばれる豪族が住んでいた。その屋敷は「上台」と

54

いう高台にあり、壮大な伽藍を構え、倉を並べ、楼閣には金銀の珠玉がちりばめられていた。多くの民百姓を支配して広大な田畑を有していたのである。その富と権力はこの地方では他に並ぶものもなかった。度重なる戦で水も食料も尽きていた頼義軍は、そこに目を付け物資調達を長者に要請したのである。長者は雨に濡れた兵士のために、とりあえず1000人分の笠を揃えて迎えたが、頼義軍は満足せずすべての倉を開放するよう強要したのである。長者は「しばしご猶予を」とこれを断ると、怒った頼義親子は屋敷に火矢を放たせた。広大な屋敷はみる間に劫火に包まれてしまった。長者は命からがら逃げ去る他はなかった。

　ところで長者は、ある離れたところにも大変な財宝を隠していたのである。それにしても長者としては、なぜこのような仕打ちに遭わねばならぬのか、怒るのは長者の方であったかも知れない。その時の財宝の行方は今も判らないが、その在りかを示すといわれる謎の歌が残されている。

　　　漆　千ばい、朱千ばい、黄金千両　朝日さし、
　　　夕日輝く、たんぽぽの　木の下にあり

（『相生集』）

---

※　虎丸長者が住んでいたとされるところが、郡山市の中心地、虎丸町と長者町にかけての広い地域である。今に残る虎丸長者の伝説である。

---

# 1052　永承7年　（第70代後冷泉天皇）
## 仏教末法に入る

末法とは正法千年・像法千年時を過ぎて「闘浄堅固」とな

第2章　千年紀のはじまり

ると法華玄論などに説かれ、釈迦滅後2000年以降1万年間をさすとあり、所謂「釈迦仏法の効力が失われる時期」に入ったとする重大な年にあたる。また「闘浄堅固」とは、比丘は戒律を修めず、争いばかりを起こし、邪見がはびこる憂うべき時代到来、と説かれるのである。すでにその兆しは現れていた。

　安積の里で陣を構えていた源頼義は、息子・義家が満13歳になったことから「元服の儀」を執り行うこととし、この地で最も霊峰といわれ『万葉集』にも詠まれた「安積（浅香）山」の頂きへ登り、義家の前髪を剃ってその儀を執り行った。後年この山は安積山とともに「額取山（ひたいとりやま）」とも呼ばれるようになったのは、そのためである。（郡山市中心より西北西にみえる三角形の頂の山）そこで、彼らは一旦京へ戻ったといわれている。

## 1053　天喜元年　（第70代後冷泉天皇）
### 平等院鳳凰堂落成（現世界遺産）

　京都宇治川の辺りには平等院阿弥陀堂（鳳凰堂）が落成した。藤原道長の子・頼通によって建てられたものである。

　末法に入ることを恐れた藤原家は、この世の極楽浄土を願い、財をつくして建立させたものといわれている。まさしくこの堂は世界遺産にふさわしい見事なものである。

---

※　宇治川の畔に建つ平等院をモデルに後年奥州平泉には、さらに一回り大きい「無量光院」が秀衡の手によって建設された。またこの宇治川を舞台に約130年後の元暦元年、義経が木曽義仲軍を破った最初の戦場となったところであり、その少し前には大叔父頼政の非業の死を遂げた場所としても有名である。

---

宇治の平等院 【写真提供：平等院】

## １０５５　天喜３年　（第70代後冷泉天皇）
### 奥州平泉、初代藤原清衡生まれる

　末法に入って３年後、この物語には欠かすことのできない、最も重要な人物がここに誕生する。奥州（黄金の国）藤原家の創始者・藤原清衡である。父は藤原清経と言い、かの平将門を鎮圧した藤原秀郷の末裔で、都から派遣された多賀城詰の「散位藤原朝臣経清」と呼ばれた貴族であり、政府軍の武将の位にあった者である。その彼が現地の豪族・安倍頼時の娘に恋をした。そして生まれたのが清衡である。父となった清経は朝廷側の武将ではあったが、同時に蝦夷の首長頼時の娘婿の立場にもあったのである。

第2章　千年紀のはじまり

## １０５６　天喜４年　（第70代後冷泉天皇）
### 前九年の役、膠着状態に入る

　1051年以来膠着状態に入っていた前九年の役に、朝廷は再び、源頼義、義家（18歳・後の八幡太郎義家）の父子に安倍氏追討の宣旨を下して来たのである。頼義は２万の兵を率いてやって来た。安倍氏としては、繰り返される朝廷のいわれなき理不尽さに、ただ黙って服従することはできなかった。この時である。朝廷側だった藤原経清（清衡の父）は「大義なき戦いには与すべきではない」として安倍氏側につくことを決意したのである。こうなると頼義にとって経清の裏切りは許せないものとなった。

## １０６２　康平５年　（第70代後冷泉天皇）
### 前九年の役終わる

　前九年の役は、源頼義の策謀による出羽の清原氏を買収することによって、安倍一族は窮地に追い込まれた。天下の険とされた衣川の柵も落城、逃れる貞任を追いつめて八幡太郎義家は、
　「衣のたては　ほころびにけり」
と詠みかけた。
　すると貞任はくつばみをやすらえ、兜のしころを向けて、
　「歳をへし　糸のみだれの　くるしさに」
と返した。
　義家はつかえた矢をはずして帰り、
　「さばかりの戦いの中にもやさしかりけぬかな」
と『古今著聞集』の一節には名文をもって記している。
　しかし、実際の戦いは実に醜いものであった。奥州藤原氏初代清衡の父・経清は頼義によって捕らえられ惨殺された。非業の死という他はない。母はその美貌故か敵将清原氏に再嫁する

こととなる。はからずも清衡は母と共に敵将の清原武則の子・武貞の家で成長することになった。後に母は武貞との子義弟家衡（いえひら）を生む運命を辿る。

---

※　後年、清衡の孫である秀衡は、その当時の祖父の立場が、義経の生い立ちとあまりにも酷似している点に思いを馳せ、同情の念深くし涙を流したという。

※　前九年の役は、国司藤原登任の奥州への理不尽な強要から端を発した戦であったが、その後ろ楯には常に源氏の軍事力があった。頼信、頼義、義家と代々源氏は奥州と深く関わってきたのである。そして、2代おいた頼朝の手によって遂に奥州は源氏の軍門に下ることとなるが、それは世の中すべてがまったくこれまでにない新しい「武家政治（軍事政権）」という時代に入ることを意味していた。

(1189年の項参照)

　ここで同じ源氏であっても、義経だけは奥州（側）の魂を最後まで貫いた武将であったこと。義経にとって祖々父である義家は奥羽（奥州藤原氏）からみれば微妙な立場となるが、それはこの後に起こる「後三年の役」後の話である。

(1083年の項参照)

---

### 衣川の由来？

　前九年の役での大きな舞台となった「衣川の柵」は後年、義経が自刃したとされる「衣川の変・高舘（1189年の項）」と重なる重要な場所である。この衣（ころも）の意味するものこそ、法華経に説く七譬の一つ五百弟子受記品第八「衣裏宝珠（えりほうじゅ）の喩（たとえ）」からきたもので、ここには実に不思議な深い意味が隠されている。

　「衣裏宝珠」とは、衣の裏に隠された宝の珠のことである。ある長者が大切な息子を修行のために遠い旅に出した。その折「もし困った時があったら、この衣の裏に宝珠を縫いこんであるから、それを使いなさい」と託した。息子は長い旅の間、ついそのことを忘れ去っていた。彼は疲れ果ていずことも知れぬ

第2章　千年紀のはじまり

地の屋敷の前で倒れた。屋敷から出てきた長者は驚いた。自分の大切な息子ではないか。調べてみるとその襟の裏には宝珠があった。なぜこんなになるまで気が付かなかったのだと嘆いたという。

　以上の話は「長者窮子の譬」と、「貧人繫珠の譬」を合わせたものであるが、義経は窮した時、この「衣裏宝珠」のことを思い起こしたのである。

# １０８３　永保３年　（第72代白河天皇）
### 再び奥州は「後三年の役」に

　後三年の役は４年間に及ぶ奥州清原氏の内訌である。奥州に縁の深い源義家は44歳になっていた。その彼が清原氏の内訌に乗じ鎮守府将軍となって多賀城へと再び下向して来たのである。

　義家は奥州に対して大きな野心があった。父・頼義の果たせなかった奥州統治を今度こそなしたいと思っていた。彼は弟・新羅三郎義光を呼んで援軍としたのもそのためである。

> ※　この時義家の弟・義光が都の官職を辞して駆けつけた逸話は、後年義経が兄・頼朝の源氏旗揚げに奥州より馳せ参じた折、頼朝の感激の言葉として語られている。　　　　　（1180年10月21日の項参照）

　当初清原家の一員として加わっていた清衡（28歳）は、その義兄弟の争いの中で、妻子を殺されるという、悲惨な目にあったりするが、賢く振る舞い、遂には清原氏一族（義弟・家衡を含め）のすべてを、義家・義光の援助のもとに滅ぼしていた。まさに天才的とも言える手腕である。

　当然のことながら、義家は奥州における全権を掌握したと思っていた。ところが朝廷は義家の今回の振る舞いを「私戦」

と認定、喉から手の出るほど欲しかった「陸奥守の認可」は取り消されたのである。おそらく朝廷としては、義家兄弟が奥州全土をわがものとする意思を見抜いていたからであろう。2人はむなしく都へと帰って行った。

> ※　義家は辰の年、辰の日、辰の刻生まれで、父・頼義もことのほか期待を寄せていたといわれる。「八幡太郎義家」と呼ばれるほどに人物としても優れていたためか、かえって朝廷からは敬遠されたのであろうか。

1人奥州に残された清衡は、早速朝廷に対し黄金を献上、全奥州の実質的管理者の立場を明らかにするとともに、藤原姓をここに復活させたのである。奥州藤原氏の歴史的起源である。この時、陸奥は54郡・出羽は12郡あり計66郡がこの1人の男の手に委ねられたのである。

# 1087　応徳4年　（白河上皇院政、第73代堀河天皇）
## 奥州清衡、鎮守府将軍に

藤原清衡（32歳）は、間もなく全奥羽の鎮守府将軍として正式に認定された。奥州藤原政権の実質的発足である。清衡はここで奥羽に所在する皇室領・藤原摂関家一族の所領・寺社領などのすべての預かり職としての任務は、律儀なまでにも最重要視すべきと考えた。そしてひそかに独自の経済基盤を吉次一族の実動部隊と連携しながら、確立する政策を進めたのである。

> ※　この頃、朝廷では好色で実力者の白河上皇が院政（院の庁）を敷き始めた。これまで道長の流れをくむ藤原家摂関下での　政　から、天皇家直々の政へとの強い意志が働いたのである。というのも幼い堀河天皇の母が、武門の1つ村上源氏・顕房の娘であったことから、宮

第2章　千年紀のはじまり

廷内での発言力を得た顕房がその大きな後ろ盾になったとされている。
同じ源氏であっても義家の方は清和源氏であり、その系図は異にして
いた。　　　　　　　　　　　　　　　　　　　　　（1011年の項参照）

# １０９１　寛治５年　（白河上皇院政、第73代堀河天皇）
## 清衡地盤を固める

　清衡は、関白藤原師実に馬２頭、黄金、鷹の羽などを献上し
て、朝廷・摂関家に対する政治工作を怠らなかった。中央政権
がどのように替わろうと、臨機にその対処を考えていたのであ
る。

# １０９４　嘉保元年　（白河上皇院政、第73代堀河天皇）
## 奥州藤原氏、平泉に居城

　藤原清衡（39歳）は、これまでの江刺を本拠としていた豊田
舘から、西に関山を背にし東に北上川（旧：日高見川）と衣川
が交わる「平泉」を、四神相応の要害地と定めて、新しい都の
建設に着手した。しかし、この地は軍事的というより、仏法を
基とした「黄金の都平泉」の建設にあったのである。この地に
はすでに850年（嘉祥３年）慈覚大師円仁によって天台宗の中尊
寺が建立されていた。清衡はその寺に「中尊寺供養願文」とし
て、次のように祈願奉納したのである。

　　高きによりて山を築き、窪きに就きて池を穿ち、竜虎宜し
　きに協う、即ち是れ　四神具足の地なり　二階鐘楼のこの鐘
　は、一音の及ぶごとに、千界どこにおいても、苦しみを抜き、
　楽しみを与え、あまねく平等、まったく差別することがない。

この衣関山では、官軍といわずエゾの民と言わず、戦死した者、昔から数え切れず、それはまた　人間だけではない。鳥・獣・魚介類にして屠殺されたもの昔から今に至るまで、これまた計り知れない。たしかに霊魂はあの世に行っているかも知れないが、その朽ち果てた遺骨は、今もこの世の塵となって彷徨っているのである。この鐘が大地を動かして鳴り響くのにつれて、この救いのない者たちの霊を、みな浄土へ導き給わんことを

※　上記の文に対し、高橋富雄氏は次のように記している。「東北の底辺の人たち、エゾの民にこれほど深切（ママ）に呼びかけたことばを、私たちは聞いたことがない。あの肉弾相撃った衣関山の古戦場に、武を偃せ、鉾を止める鎮魂の祈りなだけに、いっそう胸を打つ。それを生類すべてに及ぼして、この修繕を営むというのであれば、これは金輪聖王の最高政治になるのである」と、この政治哲学を義経は、平泉で骨髄から学んだのは確かである、と思われる。

全奥州に笠卒都婆を建てる

　清衡はまた全奥州に仏国土たる証としての標識を建てさせた。『吾妻鏡』（文治5年）の註文には次のように記されている。

　「白河の関から外が浜まで、二十余日の行程であるが、その路一丁ごとに笠卒都婆を建て、その面には黄金の阿弥陀像を図顕した。また、当国の中心を計りその山頂に一基の塔を建立した」（1174年の項参照）。これは後年、徳川家康が五街道を制定し1里ごとに「一里塚」を築いたその500年前に先駆する壮挙である。しかも1里（3927m）毎ではなく「一丁（109m）毎」なのである。塔に続いて造営はさらに進んだ「寺院中央に多宝

第2章　千年紀のはじまり

寺あり、釈迦多宝像を左右に安置す。その中間に閣路を開き、旅人往還の道となす」と記す。

## 静の教科書『今昔物語』

この頃都では『今昔物語（宇治）』が話題になる。源隆国の作ともいわれるが定かではない。後年（約80年後）静の母・磯禅尼は、静の幼少時によくこの物語を語って聞かせていた。宮廷でもてはやされた『枕草子』や『源氏物語』の優雅な「王朝女語り」とはまったく対照的な、上は仏や帝の世界から下は賤民、魑魅魍魎たる妖怪もののけに至るまで、その怪奇な世界を1040余話として語る「男語り」の草紙である。「男舞い」を旨とした舞踊一流の「白拍子」にとっては、対をなす教養の源泉となっていた。それはあたかもバグダットに展開された「アラビアンナイト」における才女シエラザードが、王に語って聞かせた「千一夜物語」の東洋版ともいえるものである。

# １０９８　承徳２年　（白河法皇院政、第73代堀河天皇）
## 奥州藤原２代基衡生まれる

けさも清衡は寝殿の簀の子に出て柱にもたれ、春の陽射しをあびている。みちのくの雪もようやく消えて、遅ればせながら鶯の声する季節がやって来た。

紅梅は軒端近くに咲き盛り、築山の上には連翹の黄花を根方にして、桜雲が庭の先までたなびいている。

左かたに低く見下ろされる北上川の辺には、柳の群れも芽ふいたようだ。淡い緑が川面に溶けこむように靡いている。ここ平泉の館を人は「柳の御所」という。

1098-1118

思えば、音に聞く都の景色さながらであった。

　上記の文は藤島亥治郎著『発掘された平泉─夢のあと』（岩手日報社版）の冒頭の一節である。そのような春の日に藤原基衡が生まれた。父・清衡43歳の時である。先に先妻と子を亡くしているとはいえ、当時としてはかなり遅い総領の誕生である。清衡にとっては、どれほど嬉しかったことであろうか。

　一方この年、京の朝廷では「源義家昇殿許される」とされ、朝廷の権限の強さのほどが改めて知らされたのである。義家如き者なれども、その地位の程度が窺えるのであるが、それほど、わが国の制度は堅牢で徹底していた。そして奇しくもこの年には、源氏一族にとって縁深い『源氏物語絵巻』が上梓された。ひょっとすると、この絵巻から朝廷では義家のことを思いだしたのかも知れない。

# 1118　元永元年　（白河法皇院政、第74代鳥羽天皇）
## 清盛・西行の誕生

　平清盛が、第50代恒武天皇の末裔として、刑部卿 平 忠盛の長子として誕生する。忠盛の長子とされたが実は白河法皇の後胤ともいわれ、母は祇園女御の妹となっている。
　西行（俗名藤原義清）は、父を検非違使左衛門尉康清、母を監物 源 清経の娘を両親に誕生した。西行は奥州藤原秀衡と同じ藤原秀郷（平将門の乱を鎮めた）を祖とする９代目の子孫である。また、同じ武門の子として生まれた清盛と西行であったが、武門を全うした清盛と、仏僧歌人に転向した西行の２人は、その後実に対照的な人生を歩み始めることになる。
　この年、権大納言藤原公実の娘・藤原璋子（18歳）が鳥羽天

65

皇の中宮として入内した。ところが白河法皇は中宮璋子があまりに魅惑的な女性であったことから、孫（鳥羽天皇）の妻であるにもかかわらず関係を持ち、後の崇徳天皇を璋子に生ませてしまうのである。その後、鳥羽天皇と璋子との間に後白河天皇が生まれるが、これが後年「保元の乱、平治の乱」を起こす原因となって行く。この物語の原点はと問われれば、ある意味でここから始まったともいえるから、まさに歴史とは、おぞましく不思議な生き物であると言わざるを得ないのである。

## １１２１　保安２年　（白河上皇院政、第74代鳥羽天皇）
### 奥州藤原３代秀衡誕生

　奥州藤原氏（第3代）秀衡生まれる。父は基衡（23歳）であり、祖父となった清衡（66歳）にとってはどれほどの慶びであったろう。しかし、清衡はますます謙虚に振舞って行った。奥六郡の押領使として「砂金・馬匹・漆・皮革・織物」などの陸奥ならではの特産品を推奨しつつ、自らは「東夷の遠酋・俘囚の上頭」と専ら遜った呼び名を称し、朝廷や京の摂関家には馬などを贈りながら、陸奥に対する言いがかりの口実を与えないよう腐心したのである。この平和外交は基衡・秀衡へと継承されて行った。

## １１２３　保安４年　（白河上皇院政、第74代鳥羽天皇）
### 義経の父・義朝生まれる

　源氏の棟梁・義朝生まれる。清和天皇より姓を賜って10代、六尊王源経基より５代の八幡太郎義家より４代にして六条判官源為義が長男として生まれた。頼朝・義経の父となる人物である。

# １１２４　天治元年　（第75代崇徳天皇）

## 平泉中尊寺「金色堂」建立

　藤原清衡（68歳）によって、平泉の象徴、中尊寺に金色堂が建立される。その「建立請願文」には次のように記されている。孫・秀衡３歳の時である。

　　釈迦仏典に金色王の故事あり、釈迦過去世のひとつの姿である金色王は大旱魃に苦しむ万民のために、最後の一粒の米まで分け尽くした。そして　天に訴えた我、一切衆生の飢えの苦しみに代わって、今死なんとすその叫びに仏甘露の雨を降らし、万民ことごとく蘇生せしむ　　と

　金銀螺鈿の金色堂、宋版一切経、清衡金10万5000両で荘厳。
　清衡は最高の工人を京から呼び寄せ、ふんだんの黄金をもって金色堂を建設させたが、そのありあまる黄金は、いったいどこから来たのであろうか。彼の信仰の深さからいって、そのための財源を領民から搾り取ったものでないことは判る。そこで誠に不思議な経済のシステムとしか言いようがないが、実に一切の負担を領民に科したとする記録もなければ、また重労働を課したとする証拠もないのである。では何をもって、あれほどの経済力があったのか。
　紺紙金銀交書経（清衡経という）仏教聖典一切の大蔵経、般若経・法華経など5480巻を求め、且つ「中尊寺供養願文」に認める金色堂への一切経といい、清衡の名の如くその魂は実に清浄であった。生きとし生けるものへの命の大切さを、誰よりも強く感じていたことはその願文からも読み取ることができる。そして、その偉大なる精神はその富によって証明されたのである。清衡は万感の思いとかわいい孫・秀衡を膝に抱いて、この

第2章　千年紀のはじまり

建立法要を挙行したのであった。

---

※　ところで中尊寺自体は、すでに現在の岩手県西磐井郡平泉の関山
に850年（嘉祥3年）、天台座主である慈覚大師円仁によって開創され
た「陸奥における天台宗大本山」である。名を「弘台寿院」と称した
が、「中尊寺」の名は、源氏と縁深い第56代清和天皇より賜ったとさ
れている。歴史と人の縁は幾重にも重なる、不思議な縄目のように織
り成していくものである。

また、黄金の謎であるが、この想像を絶する富は、実は清衡以前か
ら奥州には密かに伝えられたルートがあった。後に「吉次一族」と称
せられる藤原一族と表裏一体の陰の実動部隊として、経済交易・事業
開発の一切を司る国家的組織の存在は、かなり以前から広大な活動領
域を手中に収めて極秘裡に活動していたのである。詳細は徐々に述べ
たいと思う。

---

# １１２６　大治元年　（第75代崇徳天皇）
## 毛越寺落慶法要

3月24日

平泉・毛越寺落慶法要、2代基衡（28歳）が催す。これに際
し「中尊寺供養願文」を基衡は再び奉納。初代清衡遷化2年前
のことである。この時の紙本墨書中尊寺建立供養願文は、後年
南北朝時代の若き陸奥守・北畠顕家（1318〜1338南朝）がその願
文1巻を心をこめて書写している。そこには次のように記され
ている。

清衡の 付（つけたり）同願文とし、嘉暦四年八月二十五日藤原輔方ノ奥
書アリ一巻。大梵鐘の鐘声は千界に響き、人みな等しく苦界
から救われ楽を受く。官軍賊軍の差別なく、否人だけでなく
獣や鳥、魚介類さえも、生きとし生けるものみな、死して仏

界に至るべし、冤霊、罪なくして死せる者すべからく浄土に
導かれんことを　　　　　　　　　　　　　　　　（法華経趣旨）


## １１２８　大治３年　（第75代崇徳天皇）
### 初代・藤原清衡、波乱の生涯を終える

　藤原清衡（73歳）は、その偉大にして数奇な生涯を閉じた。
時に基衡（30歳）、孫・秀衡７歳であった。清衡の妻へいしは、
８月６日の三七日（二十一日）の供養に「紺紙金字法華経八巻・
書写誓願」子・基衡は法華経一千部書写を祈願、１日１部を書
写千日をもって書写し尽くして先孝（亡父）を供養したという。
奥州初代・清衡の魂は、深い法華経の精神と一体であり、それ
は妻や子孫に正しく継承されたのである。これは「奥州特有の
自然一体の法華経」と言うべきものである。この頃、瀬戸内海
では海賊が横行、翌大治４年、平忠盛がそれを成敗すとある。

---

　※　上記「法華経一日頓写経会（6万8000余字）」は、中尊寺において、
　今日なお恒例行事として毎年６月に行われている。

---


## １１２９　大治４年　（第75代崇徳天皇）
### 白河法皇没76歳

　院政初代の白河法皇の死により、鳥羽上皇の院政が本格化す
る。崇徳天皇は鳥羽上皇の長子とはなってはいたが、実際は白
河法皇のご落胤であり、鳥羽上皇としては崇徳天皇をして叔父
にあたることから「おじご」と呼び嫌っていた。早速排斥への
策謀が動き始める。

第2章　千年紀のはじまり

## １１３８　保延４年　（第75代崇徳天皇）
### 基衡、亡父供養に妙法蓮華経を書写

　藤原基衡は、亡父清衡のために「妙法蓮華経：第八平泉金字経千部」書写し奉納。この頃、都では延暦寺の僧兵ら、神輿をかついで入京。西国は依然不穏な社会情勢である。

## １１３９　保延５年　（第75代崇徳天皇）
### またも奥州への圧力が画策

　新赴任して来た陸奥守藤原師綱は一国検注を強行する態度をあらわにして来た。これまで現地郡司の裁量は、その信用から一切任されていた基衡の家臣・信夫郡司佐藤季春にとっては屈辱であり、新任陸奥守のとるその態度に激怒し衝突してしまう。師綱は中央の権力を笠に、ますます強圧化し彼を絶対に許さないと言って来た。

　基衡は砂金１万両贈与を条件に、新国守に許しを乞うが容れられず、遂には季春子息ら５名斬首されるという事件となってしまった。結局、事の顛末は奥州人らしく責任ある者が全体の犠牲となって果てた。しかし、ここでの領主・基衡（41歳）が一家臣の助命嘆願のために、年貢３年分にもあたる巨額を払うという負担を敷いてまで部下を思い、命をかけがいのないものとした領主が歴史上他に存在したであろうか。初代清衡の領民に対する篤く暖かい心もさることながら、２代基衡の心情も、それに勝る心情の持ち主であったと言えるだろう。

## １１４０　保延６年　（第75代崇徳天皇）
### 西行出家

　西行（22歳）は、左兵衛尉という官職を擲ってまで出家の

道を選んだのである。その理由は、次のようであったとされている。崇徳・後白河天皇を生んだ待賢門院璋子（40歳）には深い悩みがあった。彼女は宮廷を守る若き北面の武士（左兵衛尉）であった義清（西行）に、解決することのない悩み事を相談した。いつしか義清は彼女と接するうち、言い難いその魅力に迷い込み、それこそ解決のない恋に陥りそうになってゆく自分に気付いたのである。そして権力そのものに巣喰う魔力の恐ろしさを感じた。結局武士の行き着く世界は、人間の持つ欲望を最も行ってはならない行為で解決しようとする、暴力組織でしかない。彼は、権力と武士の世界から遠ざかることで煩悩を超越する道を選んだ。しかし、出家するとはいえ彼には妻子がいた。幼い娘が泣いてすがるのを縁の下に蹴落としてまで立ち去った話は、あまりにも有名であるが、彼にはその道しかなかったのであろう。


## 1142　康治元年　（鳥羽法皇院政、第76代近衛天皇）
### 朝廷不穏

　鳥羽上皇は遂に、強引にも崇徳天皇を譲位させ、わずか3歳の近衛天皇を即位させた。待賢門院璋子は遂に出家。それを耳にした西行は彼女のために、落飾勧進としての「法華経二十八品和歌」を詠じたと言う。


## 1143　康治2年　（鳥羽法皇院政、第76代近衛天皇）
### 西行陸奥の国へ、秀衡と会う

　西行（25歳）は都での醜い権力闘争から逃れ、歌人僧として遥かなる陸奥の国へと出発した。

## 第2章　千年紀のはじまり

　　　むつのくの　おくゆかしくぞ　おもほゆる
　　　　壺の 碑　そとの浜風

　この壺とは『日本後記』に出てくる都母村（青森県上北郡東北町）のことで、ここにはその昔、坂上田村麻呂が矢で「日本中央」と刻んだとされる碑があったという。このことは当時の歌学書『袖中抄』にあり、その意味するところはまさに征夷大将軍たる坂上田村麻呂、自らがこの地はまぎれもない「日本本来の地」であることを証したものであった。しかし、東北の民はそれをおくゆかしくも、公に語ることはなかった。やがて碑自体もいつの頃からか地上から姿を消していたのである。ところがこの碑が1949年（昭和24年）6月21日その名も東北町千曳から発見されたのだ。同町の川村種吉氏（当時74歳）が石文集落付近の赤川支流の湿地帯から半分ほど地中に埋もれていたものを掘り起こしたところ、そこにはうっすらと「日本中央」の文字がみえたという（802年の項参照）。また、そとの浜とは青森県「外ヶ浜」のことで、ここもまた大変ミステリアスなのである。今日の津軽半島の東側沿岸一帯の名称である。

　奥州の秀衡（22歳）にとっては、遠い都よりはるばる平泉を訪れてくれた、同族の西行を心から歓迎した。そして博学の西行の話に耳を傾け、多くのことを学んだことだろう。しかも、西行は3年前までは立派な武士であったのだ。思えば秀衡の今の年齢が、西行にとって武士から僧へと移った年であったことから、その興味は尽きなかったに違いない。秀衡には、旅の話もさることながら、彼の持つその深い精神世界を知りたいと思った。話は夜も昼もなく続けられた。西行・秀衡にとって人生哲学を語るにふさわしい年齢であり、それは最高の時代の煌

きでもあったろう。

　この時期、秀衡の父である奥州頭領基衡（45歳）も働き盛り
で、幕府型政治の原型ともいうべき「御館政治」を確立してお
り「一国の押領にして、国司の威なきが如し」と中央から揶揄
されるほどであったから、実に安定した政権を持していたので
ある。

　　　　東路や　信夫の里に　やすらひて
　　　　勿来　の関を　越えぞわづらふ

　今回の奥州の旅を勿来の関で終えるにあたって、西行はため
息をついた。何という安らぎの地であったことか、またこころ
煩わしい西国に戻るものかと。

---

　※　西行はその不思議な運命によって、1186年（文治2年）の夏、何
　と69歳の身となって再びこの陸奥の国・平泉を訪れることになるので
　ある。果たしてその時、どのような未来が2人を待っていたのであろ
　うか。

---

# 1145　久安元年　（第76代近衛天皇）

## 待賢門院璋子死す45歳

　待賢門院璋子はあまりに魅惑的な女性だったが故に、白河法
皇に愛されては崇徳天皇を生み、鳥羽天皇（白河法皇の孫）と
の間に後白河天皇を生んだ。後年この2人の権力闘争が「保元
の乱」を引き起こすことになる。それを予感してか悩み深き中、
その波乱の生涯を閉じたのである。西行も待賢門院についぞ思
いをよせた1人であった。時に西行27歳であった。

第2章　千年紀のはじまり

# １１４８　久安４年　（第76代近衛天皇）
## 基衡、金字・法華経千部書写

　藤原基衡は、再び亡父清衡のために「妙法蓮華経：第八（五百弟子授記品）平泉金字経千部」を書写し中尊寺に奉納する。

　　　下根の声聞達の過去での修因行満を明かし、法明如来の記別を授け、迦葉等五百人の弟子に普明如来の名号を授記。さらに釈尊は、この会にいない一切の声聞にも授記を説かれた。皆は歓喜踊躍して繫珠の譬をのべて仏恩の深重を得解する。

　という経文である。

> ※　1155年（乙亥）、この年鉄木真（成吉思汗）が生まれると、歴史家ラシード・アッディーン（1247〜1318）がその著書『集史（ジャーミ・ウッ・タワーリフ）』に記している。この書では義経誕生より４年前にあたる。
> 　　　　　　　　　　　　　　　　　　　　　　（1162年の項参照）

# １１５６　保元元年　（第77代後白河天皇）
## 保元の乱

　７月11日未明

　保元の乱は、忌まわしい天皇家の権力闘争である。鳥羽上皇の死をきっかけに乱は起こった。兄・崇徳上皇（実際は大叔父にあたる）と弟・後白河天皇との争いで、崇徳側には源為義・為朝と平忠正らがつき、後白河側には平清盛や源義朝がついた。この時点では源平の両武門も、各々２派に分かれての争いとなったのである。結局この争乱は後白河側が勝ち、崇徳上皇は讃岐（香川県）へ、義朝の父・為義は伊豆に流罪となり、弟の為朝は死罪となった。源氏にとっては大きな痛手となったが、

武力が現実に事の成否を決したのである。

# １１５７　保元２年　（第77代後白河天皇）
## 奥州藤原２代基衡死す

３月19日

　藤原基衡（59歳）没。３代秀衡（36歳）によって亡父の大法要が営まれた。秀衡は「紺紙金字一切経の写経」を決意し奉納する。これを『秀衡経』という。基衡の生涯が実際どのような姿であったか詳しくは判らないが、実父である初代・清衡が想像を絶した苦労人であったこと、治世においては優れた能力を発揮したことを、だれよりも身近に感じその後継者たる自分の立場を充分に理解しながら、努力を重ねた生涯であったことは充分に察しがつく。その中で注目されることは、毛越寺、堂塔四十余宇、禅房五百余宇の建立がある。さらに基衡の妻（安倍宗任の娘）も観自在王院を建立しているのである。これらの建物は金銀螺鈿の皆金色に輝いていたという。『吾妻鏡』にも「荘厳に於いては吾朝無双」と記されるほどであった。文化的遺産は建物ばかりではない金銀字交書一切経、毛越寺庭園、仏具調度品にも及んでいた。

　平泉を中心としたこの黄金文化は、陸奥の国の南端に近い福島県大沼郡会津高田町の龍興寺にもその面影を残している「一字蓮台法華経開結共九巻」などは美しい荘厳経（装飾的写経）である。それは厳島神社平家納経と並ぶ奥州藤原時代を代表する写経の一つとされている。

（高橋富雄著『奥州藤原氏（その光と影）』他参照）

for the mother

**牛若時代　１１５９〜１１７３**

# 第3章　牛若誕生


　いよいよここからが義経の登場である。概略でも述べたが、彼の全生涯を大きく分けると4つの時期になる。即ち、「牛若時代」「義経時代」「鉄木真時代」「成吉思汗時代」である。この4期を起承転結とすべきか、または仏教的に成　住　壊空と充てるべきか、或いは人生の四季になぞえるべきか、ともあれ1人の男の生涯として、これほど完璧な生々流転の構成をなした人間は他にいないかも知れない。その第1期が所謂「牛若時代」で、誕生から元服するまでの15年である。今日的なら0歳時から丁度義務教育の終わる中学3年生までの期間になる。それはまさに生命の保障すら危ぶまれた乳飲み子の境遇から始まり、鞍馬山に預けられ、自分の出生を自覚、非業の死を遂げた父の仇を討たんとする復讐心に目覚めて行く時期である。しかし、その間彼は偉大な師によって人生の基礎となる仏法、就中「法華経」を学び、武芸の極意を身に付ける。そして復讐もさることながら、より大きな夢「青雲の志」を抱くまでに成長するのである。この時期の、彼の心をあえて動物に喩えるなら「大いなる白鳥」が相応しいといえるだろう。この間彼は「牛若」「牛若丸」「遮那王」などと、成長と共に名を改めてゆくが、ここではそれらを総じて「牛若時代」と呼ぶ。年譜右端の【歳】は彼の連続する年齢を示している。

第3章　牛若誕生

# 1159　保元4年・平治元年【0歳】
## （後白河院政、第78代二条天皇）

### 人生の始まり

2月1日

　牛若（義経）は源氏の棟梁・左馬頭 源 義朝の九男として、
京都洛北弁宮小御所に生まれる。義朝（37歳）の正妻は別にい
て兄・頼朝とは義兄弟となる。母・常盤御前（22歳）は、九条
院雑仕女として京1000人の美女の中から選ばれた白拍子であっ
たとされるが、教養は高く信仰心も篤く「法華経」をも諳んじ
ていたという。常盤の母は「関屋」と言い京内に住していた。
牛若は常盤の第三子であったが、異母兄が上に6人おり、父義
朝からみれば9番目の男子となる。


### 平治の乱

12月9日

　源義朝は、公家藤原信頼（27歳）と共に、平清盛が熊野詣で
の留守中、清盛と通じる信西（藤原通憲）を誅しクーデターを
起こした。先の「保元の乱」の時は、同族別れての戦いとなっ
てその決着をみたのであったが、結果としては義朝の家系であ
る源氏側の打撃は大きかった。源家の衰弱に付け込み朝廷内で
権限を高めていった信西が、平清盛を盛り立て、源氏をないが
しろにする態度に義朝は激怒、同じ立場にいた藤原信頼らと蜂
起したのである。しかし他の天皇側近の裏切りや、さらに残り
少ない源氏である頼政（当時56歳）まで平氏に加担するに及ん
で、義朝方は敗北の憂き目をみるに至る。

---

※　頼政はといえば結局21年後の1180年（治承4年）以仁王とともに

平家討伐の旗揚げをするが、宇治にて戦死。77歳の生涯を閉じること
となる。

　京六条に屋敷を構えていた母・常盤は３人の子、今若（７歳）、
乙若（５歳）を連れ乳飲み子の牛若（10ヶ月）を懐に抱いて、取
るものもとりあえず逃れるほか道はなかった。夫・義朝の消息
は一向に判らないままであった。

　12月26日
　平清盛、重盛入京し「平治の乱」は一応の終結をみる。ここ
に民部小輔藤原基通という公家がいた。この乱の折清盛らの
命で「陸奥の国」に流されるが、平治の乱の首謀者の１人藤原
信頼の兄であるという理由からであった。彼は後に名を「基成」
と改め、その娘を奥州領主秀衡に嫁がせ、自らは平泉の舘に住
するようになるが、後年この人が義経と大きな関わりを持つこ
とになろうとは、仏のみぞ知る歴史の摩訶不思議さである。


# １１６０　平治２年・永暦元年【１歳】
### （後白河院政、第78代二条天皇）
常盤御前

　１月４日
　父・義朝（38歳）は尾張の内海まで逃げるが、家臣としてい
た知多の荘司長田忠致の裏切りに合い入浴中謀殺されるという
非業の死を遂げることになる。この時側近であった鎌田二郎正
家（聖門坊の父。1167年の項参照）も主人と共に討たれている。

　２月10日
　母・常盤と子供たちについて『平治物語』（常葉落ちらるる事）
には次のように語られる。

比は二月十日なり、余寒なをはげしくして雪はひまなく降りにけり。今若殿をさきにたて、乙若殿の手を引き、牛若殿をふところに抱き、ふたりの幼き人々には物をはかせず、氷のうえをはだしにてぞ歩ませける。さむや、つめたや母御前とて泣きかなしめば、衣をば幼な人々にうちきせて嵐のどけき方にたて、我が身ははげしき方に立ちて、はぐくみたるぞあはれなる。

　舞台ではあまりにも有名な場面である。常盤と子供たちは、落ち延びた大和国宇多郡に暫く潜んでいたが、常盤の母・関屋が捕らえられ拷問されているとの噂が流れて来た。常盤は苦慮の末、子供たちの命の保障も危ぶまれるが親を見捨てることもできないと、六波羅へ自首することにしたのである。常盤と子供たちは平家一門に捕らえられ、詮議を受けることとなったが、常盤を一目みた清盛は、常盤のあまりの美しさに魅かれ三子助命を条件に、愛妾になることを受諾させたのである。ところで、兄・今兄は名を「全成」と改め醍醐寺へ、次兄・乙若は「義円」として八条宮の僧籍へと送られることになったが、乳飲み子の牛若だけは一応母のもとにおかれることになったのである。しかし、今だ23歳の常盤は3児の母とは言え、京の美女1000人から選ばれたとされるだけに、その美しさは格別であったのだろう。

　清盛のライバルを倒した傲慢さがここに読み取ることができる。常盤は、京七条の朱雀門近くの屋敷に牛若と共に匿われる身となった。同じ頃、頼朝（14歳）も死はまぬがれて伊豆へと流されていた。清盛の乳母である池禅尼（知多尼※）の懇願によるものであったという。清盛のこの時点での情の甘さが、後

年平家一門の滅亡を招く原因になろうとは、歴史はどこまで見通せるものなのであろうか。この年の暮れ常盤は１人の女児を生んだ。清盛との子である。男の傲慢と悲しき女の性である。

> ※　ここに「知多」という名が２度出てくる。義朝を殺した長田忠致が知多の庄司であり、頼朝を救った尼が知多尼であった。鉄木真（義経）が苦労の末辿り着いたアムール河の上流、バイカル湖に近いシルカ河畔に「チタ Chita」なる町があるが、この町の起源こそ成吉思汗出陣の地なりと、小谷部全一郎氏は述べているのである。まさしくこれが、義経の人生を決めた原点の一つと言えるかも知れない。
>
> （1200年の項参照）

この年３月、奥州岩城の国（いわき市）では「白水阿弥陀堂（国宝）」が藤原秀衡の妹・徳姫（剃髪して徳尼御前）によって建立落慶されている。徳姫が嫁した岩城の国主・岩城則道（いわきのりみち）の死による発願供養のための御堂であるとされ、わが国３大阿弥陀堂の一つ。平安時代の庭園が今に残る見事な文化財である。また「白

白水阿弥陀堂　国宝（いわき市）

第3章　牛若誕生

水」とは、奥州平泉の「泉」を２つに分けて「白水」と命名したとされている。ついでながら『静』と言う字も、分けて「青と争い」とし「争う」という概念の一つが「狼」であることから、表題の『蒼き狼』即ち「静」としたことも、この論拠によるものの一つである。

## １１６１　応保元年【２歳】
### （後白河院政、第78代二条天皇）
#### 一条大蔵卿

　常盤にとって体は許しても、敵将・平清盛への情には遂に応えることはなかった。清盛はだからといって、娘まで生ませた常盤を殺すわけにもゆかず、幼い牛若が次第に大きくなってゆくのをみるにつけても、これから先、目前で育てる気にもなれない。清盛は考えた挙句無難な方策として、一条に住む、一見さえない公家の大蔵卿藤原長成に、常盤を下げ渡す処置をとった。さえないと言っても長成は、正三位参議忠能の子で、加賀守、但馬守、皇后宮亮の要職を経て現正四位下大蔵卿であったから、身分の上では馬鹿にしたものではなかった。しかし清盛からみた長成は、もの静かなタイプで声も小さく、男をまったく感じさせない者だったので、わずかの嫉妬の対象にもならなかった。かの司馬遼太郎はその書『義経』でも、冒頭からこの長成を「寝腐れの殿」と評している。だが一面、歌舞伎における「一条大蔵譚」（市川猿之助演ずる）となると、いざの時、真の頼もしさが発揮されるのである。武士とは異なる世界の、男の中の男であった。

　この母の再嫁が、牛若にとって実に大きな意味合いを持つことになろうとは、この時点で誰が予測し得たであろう。まさに

13年後、この義父のおかげで奥州藤原氏と義経とが、深い縁で結ばれることになるのである。何と不思議な運命であろうか。

## 1162　応保2年（壬午）【3歳】
### （後白河院政、第78代二条天皇）
#### 鉄木真誕生の意味するもの

　上の2人の兄はすでに仏門に入っていたが、牛若は未だ母のもとにいることができた。しかし、清盛はすべてを認めた訳ではなく、周りには平家の敵視した目が光っていた。このまま共に暮らすことは、いくら優しい大蔵卿長成にも限界があり、解決しなければならない心配事であった。常盤にしても牛若が成長するにつれ心苦しい思いは募っていったのである。だが牛若は可愛い盛りであった。

　『蒙古源流・元史』によればこの年鉄木真が生まれたとされている。壬は9番目の意味であること、またこの年の午との重複は、人馬一体への思いであろうか、それとも母との別離を意味したものであろうか。また鉄木真の父イエスゲイ・バートルとは「第九の聖人」の意であるという。面白い外史の記載である。

(1155年の項参照)

## 1163　長寛元年【4歳】
### （後白河院政、第78代二条天皇）
#### 兼房

　牛若は、長成の提案もあって密かに暮らす源氏ゆかりの公家の家臣、洛外の山城国山科村音羽の里に住む増尾十郎兼房なる者に預けられることとなった。というのも源氏の子を平家監視の下で育てるには限界があると判断したことと、常盤に長成の

第3章　牛若誕生

子を宿したことによるものでもあった。翌、長寛2年、牛若には義弟・能成が誕生することとなる。

　子供がいなかった兼房夫妻には、とても大きな喜びとなった。常盤にとっても、信頼のおける者のもとに牛若が預けられたことに一つ肩の荷が下りた思いであった。

　兼房はまた北の方（大納言久我時忠の姫）の後見人としても知らる武士であるが、後年彼は成長した義経とともに奥州まで供をし、遂には「衣川の変」で燃えるさかる高舘において、壮絶な最後を遂げたと語り伝えられる人物としても有名である。

---

※　松尾芭蕉は、奥州平泉は衣川の変から500年後の1689年みちのくの旅に『おくの細道』を著すが、そこに登場する老骨の士兼房をその書の佳境ともいえるところで次のように詠んでいる。

　　　　　　　夏草や　兵共が　夢の跡

につづいて、

　　　　　　　卯の花に　兼房みゆる　白毛哉　　　　　曽良

---

# 1164　長寛2年【5歳】

## （後白河院政、第78代二条天皇）

### 山科から嵯峨野へ

　牛若の面倒をみている兼房夫妻は、居所を山科から嵯峨野へと移した。平家一門の監視の目が、山科にも迫りつつあることに備えたのである。この頃、讃岐に幽閉されていた崇徳院（第75代天皇）は、都に怨念を抱きつつ亡くなった。享年46歳。この時の辞世の言こそ不気味である。

　これまでの善行のすべて三悪道に投げ込み、その力を以っ

て日本国の大魔縁となり（と前置きし）、

　皇を取って民となし民を皇となさん　　　と

　鎌倉時代（弘安2年1279）、元国がほぼ中国を統一した頃、法華経の第一人者である日蓮の御文「上野殿御返事」には、

　　　　　王は民を親とし、民は食を天とす

と述べ、また1920年中国における孫文は「民こそ皇帝」と叫んでいるが、民主主義の魂ととらえるには、この時点においては早計な歴史認識というべきか。


　西行（45歳）は崇徳院と共に語りあった若き日を思い起こし、院の死を心から弔い次の句を詠んでいる。

　　　　さびしさに耐へたる人の
　　　　　またもあれな　庵ならべむ冬の山里


# １１６５　永万元年【6歳】
## （後白河院政、第78代二条天皇）
### 鞍馬寺

　春3月、桜咲く山道を兼房に連れられて満6歳となった牛若は、松尾山鞍馬寺へと入山する。奇しくも今日の小学校入学と同年である。この頃、鞍馬寺は真言宗（空海）から天台宗（最澄）への改宗があり、日本仏教のあり方をめぐり、寺山内では真剣にその本質が論議され大いに活性化された時期であったといわれている。そんな中、牛若は、東光坊阿闍梨連忍の弟子で最も有能な禅林房阿闍梨覚日坊に預けられることになった。長老で

第3章　牛若誕生

あった東光坊連忍は、牛若を覚日坊に委ねる前に、まだ幼い牛若の頭を撫でながら、その輝ける目に注目した。この子がどのような身分の子であるかも、連忍はすべて承知しており、そして言った。

「仏法というのは、この頭の先から足のつま先まで、すべて説かれた学問であるのだよ。そればかりではない、この山や川、目に見えるもの、また見えないものまでも、すべてが説かれている有難い仏様の教えです。覚日を兄さんだと思って修行に励んでくださいね」と、牛若を包みこむように優しく語った。牛若は「うん」と言って素直にうなずいた。兼房はホッとする思いだった。

経典は天台大師の「五時八経」により進められることになるが、覚日坊は幼い牛若にまず「乳味である華厳時（経）」に則り、仏教の本義を、やさしく判り易い譬えをもって指導してゆくことにしたのである。

---

※　「五時八経」とは釈迦一代聖教を五時（華厳時・阿含時・方等時・般若時・法華涅槃時）に分類し、より高い境地への段階を判り易く説いた天台の教範で、法華涅槃の悟りが最高とされる。

---

### 朝夕のおつとめ

日課として朝のおつとめから、夕べの行、就寝に至る規則正しいカリキュラムが組まれた。仏法の修行は、毎朝の読経がその根幹となるが、それは「正しい精神の目覚め」から一日が始まることを意味しており、覚日坊はその名の通りの若き聡明な僧侶であった。彼はまた当時「女文字」といわれた「かな文字」をもって経文にふり、判り易く教えてくれたのである。慈

悲の精神深く温かい心での教育に、牛若もそれに驚異的な理解度をもって応えていった。それは覚日坊にとって、何よりも嬉しいことであった。

　ある日、奈良の大仏の例を引いて「その大仏様は盧遮那仏と言って、利根の菩薩のために、法界無尽縁起と一切万有が縁となって、万法は自己の一心に由来する事を体現させた仏様なのであるよ」と教えた。幼い牛若には難しいとは思えたが、やがては判ってくれるものと願いながら、覚日坊は説いたのである。「おまえの父は非業の最期を遂げたが、決して負けてはいけないよ」との意を込めて。

---

※　鞍馬寺由緒説明板には次のように記されている。
　「鞍馬寺は鞍馬毘沙門天（生命）弘教の総本山で宇宙の大霊・尊天を本尊とする信仰の道場であり、山内一帯は尊天より活力をいただくべく心静かに祈りを捧げる浄域である。770年（宝亀元年）に鑑真和上の高弟・鑑禎上人が毘沙門天を祀る草庵を結び、796年（延暦15年）には藤原伊勢人が王城鎮護の寺として伽藍を建立、爾来、衆庶の信仰を集めて来た。豊かに恵まれた大自然の中に牛若丸ゆかりの地や「九十九折」などの名勝古跡が散在し「初寅大祭」「竹伐り会式」などの年中行事も多く、四季を通じて訪れる人々の心にやすらぎを与えている。当山」と。

---

　この年鉄木真（成吉思汗の前身）の父イエスゲイ・バートル、タタル族に毒殺されると『集史』には記される。また彼が成吉思汗として即位する前から「尊天」への儀式を特に重要視する背景には、鞍馬寺での基本的な教えが身に付いていたのではないだろうか。

　『元朝秘史』第1節から「天の命によって生まれし……」と記してもいる。
　　　　　　　　　　　　　　　　　　　　　（1206年の項参照）

第3章　牛若誕生

# 1166　永万2年【7歳】

### （後白河院政、第79代六条天皇）

牛若丸

　牛若は、鞍馬寺にて2年目を迎えた。名を「牛若丸」と名乗り釈迦の「唯我独尊」たる自己の存在を自覚し始めたのである。経文は「酪味（乳の1種）なる阿含時」へと進んだ。教えは小乗経で語られるが、比喩おとぎばなしをもって11法の戒律を説くのである。釈迦が苦行を捨てて菩提樹下で悟りを開き、五比丘達に初転法輪の地・鹿野苑にて四諦の法を12年間にわたり説いたとする教えである。「鹿野苑」には次のような逸話がある。

### 鹿野苑について

　昔、波羅奈国の王が、この地で猟をして多くの鹿を捕らえた。ある日、鹿の王が現れ、必要な数だけ毎日与えるから、それ以上の猟をしないようにと求めて来た。波羅奈国王はその求めに応じて猟を自制したが猟は続けられた。ところがある時、子を孕んだ母鹿が狙われた。その時、その身代わりになろうと前に飛び込んで来た鹿がいた。その鹿こそ波羅奈王に訴えた「鹿の王」だったのである。波羅奈王はその姿に感じて、以後その地で再び猟をすることを禁じた。その地はやがて、すべて鹿の国として認められ「鹿野苑」と称するようになったと言う。

（『大唐西域記』巻7）

　※　ここでの鹿の国は、動物の鹿を指すのではない。強い国のものが弱者を鹿と呼んだたとえである。これは陸奥の国の住人が蝦夷・俘囚と呼ばれたことと同じ意味で、歴代の鹿の王こそ阿弖流為であり安部頼時であり、さらには泰衡であった。

　後年、成吉思汗の史書『元朝秘史』に述べられる「その妻は白い雌

鹿」の表現はこの逸話に従って「愛する静と、陸奥なる国」を意味している。

鹿にはさらに重大な意義がある。全国の「鹿島神社」は「藤原家の守神」であること。また東北に伝わる「鹿踊り」などの民俗舞踊には、義経伝説に由来する深い意味が込められている。八戸の「えんぶり」にもその伝承がある。

義経が鵯越の時「馬も4つ足、鹿も4つ足、鹿の通れるこの坂道を馬の通れぬ道理はない」と言う有名な言葉の裏には、奥州藤原家の魂、「鹿」も込められていたとも言える。　　　　　　　　（1184年の項参照）

また、屋島で討ち死にした佐藤継信は身をもって敵の矢を受け義経の命を護っている。輪廻としての鹿の意義がここにもあったのだろうか。　　　　　　　　　　　　　　　　　　　　（1185年の項参照）

# 1167　仁安2年【8歳】

### （後白河院政、第79代六条天皇）

### 静誕生

この年　静が誕生（1165年永万元年生まれの説もある）。母は丹後の国の磯禅尼という、都では名の知れた美しい白拍子であった。しかし、父の名は明らかではない。公家の方とも、北面の武士であるとも囁かれたが、誰もその真実を知る者はなかった。

### 遮那王宣言

暖かい春の日、兼房が久しぶりに鞍馬山を訪れた。入山して3年、8歳を迎えた牛若を誘い、古都平城京・奈良の都まで遠足しようというのである。牛若を抱きかかえるように馬の背に乗った兼房は、一段と成長したその姿にいつになく嬉しそうであった。覚日坊も別の馬に乗り同行、その鞍には兼房の妻がこしらえてくれた3人分の弁当が結わえ付けてあった。東大寺の

第3章　牛若誕生

門をくぐり、壮大な伽藍を仰ぎつつ大仏殿に入った牛若は、一瞬、息を呑む大きな感動に見舞われた。鞍馬山の仏像とは訳が違う、荘厳にして何と巨大な仏様であろうか。「覚日坊から話は聞いていたが、これがあの毘廬遮那仏なのか」

しばらく好奇の目でみていた牛若丸は、突然何を思ったか、「遮那王と名乗る」と自ら言い出したのである。

遮那とは毘廬遮那仏の略で、その法力は「遍一切処光明遍照（あまねく一切を光明をもって照らす）」と華厳経に説かれている仏であり、その荘厳なる仏が今、眼前にあるではないか。幼い牛若ではあったが、覚日坊の薫陶は今、経文「生蘇味とする方等時」に入っており、依経とする維摩経、金光明経、勝鬘経などで欲界・色界の中間にある大乗経へと進んでいた矢先のことであった。覚日坊は牛若が自ら遮那王と名乗ったことに一瞬戸惑ったが、手を引いていた兼房の心は、何とも言えぬ感動に包まれたのである。そして常盤御前から決して言ってはならぬと口止めされていたことを、つい口にしてしまった。

「何とも頼もしい稚児でおありのことか、まさしく源氏の棟梁義朝公の御曹司であられる」

遮那王は子供ながら自分は他の稚児たちとは、どこかで特別に扱われていることに気付いていたが「やはりそうか」と思った。まさしく牛若こそ「京五山の稚児の中で、その明敏さに続く者なし」と言われ、素性はまた日を追って輝きを増していたのである。その上に心はあくまで素直であり正直であった。兼房夫妻の愛情が正しく優しかったからであろうか。このことは実は大変重要なことで、人生を誤らず正しく判断できる基準こそが、幼い時から体内に確立されたこの「正直さ」に他ならないからである。後述するが兄・頼朝のように歪んだ環境に育っ

た者の心は、結果として天下はとれても人を信じることができないために多くの人々を疑い殺し、世の流れを正しく導くことはできなかった。結局それにふさわしい哀れな運命を背負うことになるのである。

## 聖門坊鎌田三郎

　丁度この頃、遮那王の噂を耳にした元源氏の武将の子と名乗る聖門坊（本名：鎌田三郎正近21歳）なる修行僧の姿をした者が、鞍馬寺にやって来て是非会いたいと願い出て来たのである。覚日坊のみたところ平家のまわし者でもなさそうなので、会わせることとした。秋の夕べの森閑とした堂内での対面となったが、聖門坊は、身近にみる源氏の御曹司に会った瞬間から、やはり訪ねてよかったと思った。背丈5尺1寸（1m60㎝）そこそこ色白く気品高く涼しい眼に接した聖門坊は、はやる心を抑えながら静かに話し始めた。

　「御曹司の父君は清和天皇から10代の後胤、源氏の棟梁・義朝公であられました。平治の乱で敗れ尾張の国へ逃れられた際、知多郡野間の長田荘司の裏切りに合い、悲しきかな無残な最期を遂げられました。この時お供させて頂いておりましたのが我が父・鎌田兵衛政家でございます。当然父も殿とご一緒させて頂きました。憎っくきは長田なれど、何と言っても平清盛でございます」

　あたかも昨日の出来事のように聖門坊鎌田は涙ながらに語っては、遮那王にその使命を訴えたのである。話が進むにつれて遮那王にとってある程度は感じていたことではあったが、覚日坊にとってもそれは想像を越える重大な内容のものであった。遮那王は改めて「自己出生の本義」を知らされると同時に、父・

第3章　牛若誕生

義朝の非業の最期の状況を詳しく聞くに及んで涙を流した。だがこの年は、皮肉なことに憎き敵将平清盛は太政大臣となり、その権力は、絶対的なものになっていったのである。

平家にあらず者、人にあらず

とは、平家の天下であることをよく現したものである。

> ※　この丁亥年、鉄木真生まれると『楊維楨』に記される。静が生まれたとする年と同じ記載となっている。

# １１６８　仁安３年【９歳】

（後白河院政、第80代高倉天皇）

己の出生を自覚

　自分の出生が、今は亡き源氏の棟梁・源義朝の九男であることを自覚した遮那王は、仏門における世界とはまた別の世界の存在に目覚めて行く。しかし覚日坊の授業は続き、経文は「熟蘇味なる般若時」に入った。まさに大般若波羅蜜多経（玄奘訳600巻）をベースとした「迷い、煩悩を断じての一切の事物事象の道理を明らかに覚知する深い智慧」の極意である。

　覚日坊からは遮那王がいかに優秀と言っても、この般若時の理解は無理であろうと思えた。しかし理解しようがしまいが、貪欲に経文を読破するこの天才児には、やがて何かの縁に触れ必ず開花する日が訪れるであろうことは、充分に感じられたのである。そんな折、誰がこの遮那王を誑かしたものか、彼は夜毎に鞍馬山奥へと入って行くようになった。聞けば常陸坊海尊とか言う天狗のような大男がいつの頃からか、山深いこの鞍馬へ住み込み「源氏の再興」を説き、そのためには武芸の鍛錬

こそが必要であると、遮那王に教え始めていたのである。早足・飛び越え・消姿などの「神変秘法」も含まれたが、その根幹は外道にあった「陰陽道（五行陰陽）」と「修験者たる山伏業」である。それは仏教とは似てて異なる世界であると遮那王は感じた。

　この年京都は、大火に見舞われ3000戸を焼く（2月13日）と記録に残る。

## １１６９　仁安４年【10歳】
### （後白河院政、第80代高倉天皇）
### 鞍馬天狗

　遮那王の鞍馬寺での仏道修行がここへ来て、大きな変化をみせ始めた。彼は寺での修業を怠けるようになり、経典を読むことより武道・陰陽の鍛錬に身を置くようになったのである。覚日坊には予測できた。それならそれで、その方面でも徹底的に鍛錬してやろうと思ったのである。当分「醍醐味たる法華・涅槃時」の経典はお預けとしよう。男である以上「文武両道に励むことは当然」のことである。ところがこうなってくると、鞍馬山には得体の知れぬ者たちが集まり始めた。所謂「鞍馬のカラス天狗」なる輩で、噂を聞きつけた源氏の残党たちであった。

　ある夜、遮那王は鞍馬山奥の「貴船神社」に赴き、心底からの源氏再興を祈願、「千町の礼」を誓うのであった。当時貴船神社は天狗の住処とされ、訪れる者はほとんどいなかった。

　　南無大慈大悲の明神、八幡大菩薩と掌を合わせて、源氏を
　　守らせたまえ、宿願まことに成就あらば、玉の御實殿を造り、
　　千町の所領を寄進し奉らん　と、

第3章　牛若誕生

　幼い遮那王は真剣に祈ったのである。この千町の礼こそ、彼が成吉思汗になった折の「千」にこだわる制度となるのである。この年、後白河上皇（43歳）は出家し法皇となった。

## １１７０　嘉応２年【11歳】
### （後白河院政、第80代高倉天皇）
#### 幼い静との出会い

　遮那王はまた鞍馬寺の本尊「毘沙門天」に祈念すると共に、鞍馬山奥の僧正ヶ谷での修行は続いた。時折、聖門坊、常陸坊海尊らからの都の情報、平家の横暴ぶりを知らされると、胸は張り裂けんばかりの衝動にかられた。鞍馬山からみる京の都は、憎き仇「平家一門」の治める都である。遮那王は無性に都に下りたくなった。ある日、意を決して都へ下りることとした。すると急に一条に住む母への慕情が込み上げてきたのである。外見上はまだまだ可愛さが残る遮那王である。聖門坊・常陸坊がそれとなし外護することとなり、京の都へと下りて行った。まさに都の賑わいには、目を見張るものがあった。これは面白いと遮那王、外護の２人は平家の目がどこでみているか判らない、見失ってはと後を追うのが精一杯である。母に逢うには夜を待たねばならない、陽はまだ高かった。ともあれ都大路の雑踏から清水寺へ抜けようと遮那王が六条河原に差し掛かった時である。

　自分と同じ年頃の悪餓鬼たちが河原小屋にいた白拍子の幼い子をいじめているのが目に止まった。白拍子の使う衣装道具や鼓、笛などを珍しがり、親の留守をいいことに鼓などを乱暴に扱っているではないか。女の子は泣いていた。たまたま通りがかった遮那王は見過ごすことができず、彼らの手から素早くそ

れらを奪い返すと、幼いながらも威厳に満ちた大きな目で睨みつけたその姿に恐れをなしたか、彼らはすごすごと引き上げて行ったのである。帰ってきた母親の磯禅尼はその有様にふれ、厚く礼を述べた。実はこの時、彼は４歳の静と遭遇したのである。運命の出会いとは見えぬ糸で結ばれているらしい。仏法ではそれを過去世からの深い縁と説いている。その夜、遮那王は外護の２人に促されひとまずは鞍馬へと戻って行った。今日なら小学校６年生の時のことである。

　５月25日

　奥州・藤原秀衡（49歳）はその功により朝廷より「鎮守府将軍」の命を受けた。だが公家の九条兼実（1149～1207）は、

　　奥州夷狄秀平任鎮守府将軍、乱世乃基也（奥州の夷・秀衡が
　　鎮守府将軍になったのは乱世のもとである）

とその著『玉葉集』に冷酷に記している。


# １１７１　承安元年【12歳】
## 　　　　　　　（後白河院政、第80代高倉天皇）
### 五条大橋

　遮那王は今で言う中学生の年齢となった。体つきも大人びて来たこの頃、彼の心にはむしょうに京一条に住む母に会いたいという思慕の念がわいた。反面かなり複雑なものもあった。これまで色々と周りから聞かされた母の立場、平家政権下の京で、その敵将の庇護の下ある母の存在には、どうしても理解できないところがあったからである。

　この日も鞍馬山を抜け出し、清水寺参拝を口実にわざわざ遠回りしては、忍びで訪ねた母、そして義父である大蔵郷藤原長

成にも彼は告白した。

「僧にはなりたくはない。恨み重なる平家を打倒したい」と、その気持ちは、やがて決意へと変わってゆく。母・常盤も義父・長成も日ごとに、そら恐ろしささえ感ずるようになった。このまま京近くに置くこと自体、大変なことになりかねないと心配は深まり、よい手立てはないものかと思案する日々となった。

そんなある秋口、その夜は見事な満月であった。遮那王は1人清水寺から母の舘へ赴かんと笛を吹きつつ「五条の大橋」を渡りかけた。その時である、大男が橋の真ん中で仁王のように立っているではないか。遮那王は思った「常陸坊より大きいな、あれが今評判の刀集めの盗賊か」彼はすまして笛を吹き続け橋を渡り始める。橋中央の大男は背中に何やら大げさな武器を数多く背負い込み、動こうともしない。だが遮那王は1歩1歩近づいていった。そしてその脇を通り過ぎようとした時である。太い声が響いた。

「おい待ちな、小娘かとおもいきや、おぬし男だな、こわくて女の格好で通るとはなげかわしや、ふふ腰の刀がみえみえよ、それだけ置いてとっとと立ち去れ」

落ち着きはらった低い声である。遮那王は応えた、
「おまえが弁慶とかいう盗人か、取れるものなら、取ってみよ」
「なにい！」ここからは、昔懐かしい小学唱歌は語り継ぐ。

京の五条の橋の上、大の男の弁慶が、長い薙刀振り上げて牛若めがけて切りかかる／牛若丸は飛びのいて、持った扇を投げつけて、こいこいこいと欄干の上にあがって手をたたく／前や後ろや　右ひだり、ここと思えば、またあちら　つばめのような　はやわざに　鬼の弁慶あやまった。

武蔵坊弁慶はこの時点で999本の刀狩りしており、1000本目
としていたが不覚にも取り損ねた上に、訳も判らぬうち鴨川に
叩き込まれていた。無念この上ないが何奴と、後で弁慶に情報
を寄せた者がいて、翌日、清水寺での再決闘が執り行われたと
『義経記』は伝えているが、２人には共に魅かれるものがあっ
たのである。坂上田村麻呂・阿弖流為の縁深い清水観音の御仏
が彼らを結びつけたのであろうか。弁慶は幼名を鬼若丸と言い
熊野別当・湛増の子、比叡山の西塔に学び出雲鰐淵山にて顕蜜
二教を学んでいる。延暦寺の悪僧俊章が弁慶との説もあるが、
この時から彼は遮那王の臣下になったと伝えられている。


# １１７２　承安２年【13歳】

### （後白河院政、第80代高倉天皇）

### 義父・奥州へ便り

　遮那王は鞍馬寺での本義の他に、密教外道を加えた文武二道
の修業はさらに深まって行った。一方、平家政権の仕切る京の
実情に、住民の間からはますますその不満は高まっていた。
　「平家にあらざる者、人にあらず」と。当初、清盛を支持し
ていた唯一の源氏である頼政も使者を極秘に鞍馬に派遣し遮那
王に「出家しないように」との伝言を託すに至った。それは同
時に遮那王がこのまま京近くに住むことの危険極まりないこと
を証明するようなものであった。平家の監視の目も一段と厳し
くなる気配である。どうにかしなければならない。これが母・
常盤と義父・長成の共通した心労となった。そして遂に長成は、
従兄弟にあたる奥州在の藤原基成に手紙を送った。基成は従三
位大蔵卿忠隆の息で、その母は長成の母と姉妹関係にあった。
1143年（康治２年）より陸奥守兼鎮守府将軍として家族ともに

第3章　牛若誕生

奥州へ赴任して以来、解任されても京へは戻らずに平泉・高舘に住していた。よほど奥州が気に入っていたのである。第2の経清と言えるかも知れない。その彼に「遮那王の奥州受け入れの打診と、その依頼」の手紙を送ったのである。基成は早速動いてくれた。基成の娘・賀子（よしこ）が秀衡の内室である立場は大きかった。

# 1173　承安3年【14歳】
## （後白河院政、第80代高倉天皇）
### 金売吉次（かねうりきちじ）

藤原基成の推薦によって、奥州の領袖・秀衡は金売吉次に、遮那王なる者の素性を探るよう命じた。吉次は鞍馬の毘沙門天（財の神として崇拝されていたことにもよる）を参詣するという口実で鞍馬山へと足を運んだ。彼は調査が進むにつれ只者（ただもの）でない遮那王に心髄、惚れ込んで行くのである。

---

※　金売吉次（実際は橘次郎末春また石田吉次末春の名を持つ武士でもあった）この商人は、おそらく歴史上名をなす「最初の大商人」であると言える。奥州藤原政権の経済部門を一手に担当し、運輸・流通・生産を司る一大政府機関であり想像を絶する組織力を有していた。言わば財務省と総合商社的機能を果たし、奥州各地には多くの鉱山や流通拠点、水運の基地までその管理下に置いたのである。今日でも吉次が開いたとされる金鉱・温泉なども随所に伝えられている。当時京三条に「平泉第（ひらいずみだい）」と称する「陸奥の国の総領事館的役割を果たす屋敷」があり、ここが平泉間の流通基地としての役割を果たしていた。
※　橘は「花は橘」と『古今和歌集』にも歌われているが、郡山市の「花輪長者」は吉次ゆかりの屋敷となっているのも、この「橘」と同義のためである。また次の歌は興味深い。

さつき待つ　花たちばなの香をかげば
　　　　昔の人の　袖の香ぞする

　昔を思い出すものの代表とされる歌で、静御前が詠んだ「昔を今に」
と相通じるものがある。
　一方、平清盛率いる平家一門は、大輪田泊（現・兵庫港）を建設し、
日宋交易を本格的に始める意思を表明した。この事態は、ひと足早かっ
た貿易国としての奥州藤原氏（吉次一族）にとっては大きな関心事
であり、平家一門への対策を総合的に考えなければならない新時代が
到来したことを感じさせたのである。平家を牽制するには源氏の必要
性がある、としたのかも知れない。

for the family

## 義経時代　1174〜1189

# 第4章　源義経

　第2の「義経時代」こそは、彼が本格的に歴史にその名を残す最も確証性の高い期間となっている。15歳の元服から30歳の「衣川の変」で亡くなったとされるまでの15年間である。ところが、何とその内の3分の2にあたる10年間、彼は奥州におり、天下にその名声を轟かせたのは、残る5年のうちの僅か2年間（1184〜1185年）に過ぎない。

　つまり、彼の25から26歳までの時のことである。凝縮された歴史と言うべきなのだろう、それらは『平家物語』や『源平盛衰記』『義経記』などに詳しく記され、数々の名場面を生み後世まで語り伝えられることになるが、その「源平合戦」では鵯越・屋島・壇ノ浦などの活躍、また静御前に纏わる「船弁慶」「吉野の別れ」「静の舞」など、そして「腰越」「安宅の関」などを生み、能や歌舞伎では欠かすことのできない日本人の心として昇華されて来た。

　これだけでも義経を語るには充分過ぎるのであるが、歴史の謎はそれを許してはくれない。つまり彼が15から22歳までの青春時代とされる7年間と、27から30歳までの逃亡期及び「衣川の変」で亡くなるまでの3年間、この間の10年をここでは改めて検証しなければならない課題なのである。まさにこの時期こそが黄金の国・奥州として、その文化は絶頂期にあったからでもある。

　ともあれ「義経時代」と呼ぶこの15年を、一つの動物に譬えるなら「白砂浜の赤き甲羅の蟹」が相応しい。それは武士とし

第4章 源義経

て一見煌びやかな甲冑を纏いながらも、地を這い回る苦しみの時期だったからに他ならない。この間、彼の名は次のように変貌する。「御曹司」「九郎義経」「九郎判官」「予州」「義行」「義顕」などである。しかし、前述した4期にわたる彼の全生涯を通しても、この期の「義経」が、最も相応しい呼び名と言えるだろう。

## 1174　承安4年【15歳】
### （後白河院政、第80代高倉天皇）
#### 陸奥の国へ

　遮那王にとっては、まさに精神的にも行き詰まっていた時期であった。不満は募っていても絶対的な権力を持つ平家一門は、京の都及び西国諸国、関東においてさえその支配権は行きわたっている。これでは今の自分にはどうすることもできない。このような時、かねてから夢のように遠い国のイメージがあった「陸奥の国」の金売吉次が訪れて来たのである。彼の身なりの良さに遮那王はまず驚かされた。金糸銀糸で織り成した直垂唐綾の小袖に茶の袴、腰には瀟洒な小太刀が光っていた。都人が抱く陸奥は蝦夷という卑しき者の国とされるが、「黄金の都あり」とも聞いている。この大きな矛盾に当惑しつつ遮那王は高鳴る興味を覚えた。そしてこの吉次なる不思議な人物は、陸奥の国がいかに心豊かな地であり、源氏と縁深き地であるかを説いて次のように続けた。

　「陸奥の国の領袖・藤原秀衡様が是非、御曹司にお会いしたいと申しております。40余日に及ぶ遠路とはなりますが、手前供と参られませんか。奥州は実に良きところでございます。必ずやお気に召されると存知ます」この乱れた京の都とは違った

別天地であり、どれほど美しいところであるか、

「聡明である貴方様ならその目で確かめられるべきである」

と勧めたのだから遮那王の心は動いた。結論は早かった。遮那王は決意し、その運命は大きく動き始めたのである。

3月3日早朝

遮那王は鞍馬山に深々と礼を述べ、そして横笛を取り出し小半時も吹き続けた。覚日坊始め聖門坊、海尊、また当分会えそうもない京の母、及び義父・兼房夫妻たちに対して、この十数年の思いを笛の音に託して謝恩としたのである。15歳の春と言えば今日の高校入学の年齢である。

　この時の装束は白小袖に唐綾を重ね、播磨浅葱の帷子を引き、袴は大口に唐織物の直垂、敷妙の腹巻と守刀、太刀は黄金つくりを佩く、薄化粧した稚児の姿であった

と『平治物語』は伝える。

奥州へと出発したのは現行陽暦4月13日の朝のことである。満開の桜は散り始め、見事なその花吹雪は彼の船出を祝うかのようであった。吉次は「平泉第」より出発。2人はと言っても吉次の方は奥州商人としての組織隊1団20人ほどであったが、両者は粟田口で待ち合わせて北へと旅立ったのである。

### 熊坂長範

一行が近江・鏡の宿に着いた夜のこと。吉次の荷馬を狙って盗賊として名高い由利太郎・藤沢入道の一党70人ほどが襲って来たのである。彼らは人数的にも自信を抱いたとみえて、根こそぎ奪おうと松明をかざし、宿の中まで押し入って来た。屏風の陰で様子をうかがっていた遮那王は、やにわに飛び出し小刀

第4章　源義経

を抜いたかと思うと、その頭領と思われる2人と、他の3人の首をアッという間に切り落とした。本人たちにも何が起きたのかおそらく判らず、その霊はしばらくこの場に留まったと、能舞台での「熊坂長範」では語られる。指揮する者を失った家来たちは、散々に逃げ去ってしまった。お陰で吉次一行は事なきを得たが、遮那王の見かけによらぬその武術の巧みさに、ただ感服する他はなかった。しかし、この時逃げ延びた盗賊の1人が、北関東の本拠地で、仲間を狩り集め復讐を企てるのである。

## 元服

　遮那王は、稚児姿での出発がなぜか気に入らなかった。奥州秀衡殿と対面するにはそれなりの覚悟がいると思った。年も15歳になり、もう立派な大人である。ここは元服し奥州に礼を尽くそうと考えた。吉次とは一時別行動をとり、彼は熱田神宮の藤原季範を訪ねた。季範は父・義朝の舅で、かなりの年齢に達していたが、遮那王はその季範に烏帽子親となってもらい、元服の儀を簡素ながらも執り行ったのである。この日より、牛若（遮那王）は自らを「九郎義経」と名乗った。元服とは、今日の成人式にあたるが、当時は12から16歳の間に執り行われた。髪を整え、冠を被り、幼名から烏帽子名（成人名）とするなど、幾つかの式次第によって進められるものである。だがこの日の義経の元服は、後見人がたった1人という実に寂しいものであった。しかし、彼の胸に秘めた成人となったその覚悟は、誰よりも尊く強いものがあったのである。また、その名を「九郎」としたのは、源家の兄弟は、今は亡き者を含めて長男義平、次男朝長、三男頼朝、四男義門、五男希義、六男範頼、七男全成、

八男義円があり9番目が彼であったためである。最後の3人は同母・常盤である。長男次男四男はすでに亡くなっていた。駿河に入った義経は幼い頃別れた同母の兄・今若、すでに阿濃禅師（全成22歳）と名乗っていたが、会うことができた。懐かしさと共に話は各地の源氏の動向になった。この時、異母の総領兄である頼朝が伊豆にいることを知らされたのである。

---

※　『義経記』ではさらに奥州下りの際に、下総の国では陵 兵衛（みさきのひょうえ）なる、調子の良い信用できぬ男の屋敷を焼き払ったり、上野の国（群馬県・板鼻の宿）では大盗賊となっていた源氏ゆかりの伊勢三郎義盛と会い、主従の契りを結ぶなどのくだりが述べられている。そして下野（栃木県・那須）にさしかかった時、那須与一と巡りあった。

（司馬遼太郎著『義経』）

※　この地になぜ、日本を代表する弓の名人・那須与一がいたか？腕もさることながら、良い弓があったからである。良い弓とは、那須連峰の北に連なる奥州の安達太良山麓に自生する「壇弓（真弓の木）（まゆみ）」で作られた弓が最高とされていた。これは使いこなすほど良い弓とされ「安達太良真弓（あだたらまゆみ）」として名高く、『万葉集』（巻14・3437）には次のように歌われている。

　　　　陸奥（みちのく）の安太多良真弓　はじき置きて
　　　　　反らしめきなば　弦は着めかも

※　また古代奥州は、名刀の産地でもあった。『今昔物語』「薮の中」に出てくる盗賊との対話で「素晴らしい太刀ではないか」「陸奥でつくられた鬼王丸だ」「月山鍛冶（だり）のものか」「そうだ」と言う件である。映画、黒澤明監督の『羅生門』で、三船敏郎が差していたあの刀である。ともあれ、奥州は武器に優れ、黄金に優れ、馬に優れ、絹に優れ、情もまた優れていたのである。

---

## 白河の関

　その昔、義経の生まれる100年以上も前にこの地を旅したと

第4章　源義経

される能因法師が、

都をば　霞とともに立ちしかど
秋風ぞ吹く　白河の関

と詠んだそうだが、確かに京を発ってから、早や1ヶ月以上の時が流れていた。義経はやっと奥州の入り口に立ったのである。世に聞く「白河の関」であったが、そこは思ったより、厳しいものではなかった。常陸の国と陸奥の国の境にあたるこの関は、別名「菊多の関」とも呼ばれ「菊多摺り（縄文・丈文絹）」を産したところからその名の由来という。山あいの細い道筋に1軒の家があり、近くで畑仕事をする夫婦に、義経は凛とした声で語りかけた。

「京の都よりまかりしが、これより平泉までは、いかほどの道のりでござろうか」農夫は応えた。

「何と京の都より！」若い義経の姿をみて驚いた様子の農夫は、畑仕事をやめ大声で語り出した。

「もう少し行かざれば、右の手に一丁仏様の道しるべがありますからに、それに沿って進みなされば10日ほどで平泉の都だで、そら、あそこの切り立った山の上に屋根がみえやすべ、あれが行基上人様が建てられた満願寺でな、ご僧侶さんも大勢いらっしゃるから、寄って行かされば何かと詳しい話も聴かれんど思うがな」

言葉は少し判り難かったが、おおよそは理解できた。

義経は態度で礼を述べると、そのまま進んだ。すると話の通り右手のあぜに実に見事な、背丈ほどの漆ぬりに黄金で描かれた「一丁仏」と称する「阿弥陀如来像を認めた笠卒塔婆」が建っていた。

110

「おお、これが奥州であるか。仏の国とも聞いていたが、ま
さしく仏に導かれるような、何と気高き天地であろう」

　義経は、案内のままに満願寺へと登った。この山は関に近い
ことから「関山」と呼ばれていた。関山の頂から義経は、さら
に進むべき遥かなる北の大地を望んだ。薫風が頬を撫でる。空
の青さ草原の風、何とすがすがしい天地だろう。確かに西国と
は違う、義経は素直にそう感じた。仏門に精通していた義経は、
満願寺での暖かい処遇に、改めて仏の慈悲に感謝しつつ、翌朝
早くに出発した。

　義経は大熊川（阿武隈川）沿いの道を足早に進んだ。遥か左
手に奥羽の山並みを望みながら、浅香の沼、信夫の里、伊達阿
津賀志山を越えたところで、義経は再び吉次一行に追いついた
のである。共に歩む安堵感とは、こんなにも心弾むものなのか、
と義経は思った。確かにこの間、山間の貧しい農家に幾夜か世
話になったり、時にその手伝いなどもして、旅を進めて来たの
である。そして、いよいよ吉次が自慢する平泉の都は目と鼻の
先である。さらに秀衡殿とは、どのような人なのかに思いをめ
ぐらす時、義経の胸は高鳴った。一行は、松島に出ると北上川
を遡る船へと乗り移った。松島の風景にも目を奪われたが、時
は彼を待ってはくれなかった。この年の３月３日に京を出てか
ら、今日はすでに５月の15日、予定よりかなり遅れていたので
ある。


### 黄金の鳩・白き大鷹

　吉次は、平泉へあと６里（約24km）ほど手前の栗原村に至って、
同村の栗原寺に義経を暫し留め、旅の汚れを落とし秀衡との会
見に備えるように促すと、自らはひと足先に報告を兼ねて平泉

へと向った。吉次が着いた時、秀衡は風邪気味で臥っていたが、嫡子・泰衡と三男・忠衡を呼び寄せ、次のように語った。

「この間、黄金の鳩が現れて、この屋根の上に舞い降りた夢をみた。まさに源氏の音信賜わることかと思ってはいたが、左馬頭殿（源氏の棟梁・義朝）の若君が当地までお越し頂けるとは、何と喜ばしいことであろうか、寝てはおれぬ起こしてくれ」と大変な喜びようである。直ちに泰衡・忠衡兄弟は350余騎を従えて、栗原寺に迎えに出た。義経は、泰衡の一隊に伴われて思いもかけぬ凱旋将軍のように平泉入りを果したのであった。

※　ここで成吉思汗の『元朝秘史』（第1巻63）に実に興味深い記述がある。父イエスゲイ・バアトルが鉄木真（9歳の成吉思汗）の婚約者を求めての折、相手のデイ賢者が彼の来たれりをみて次のように語っているのである。「我、この夜、夢をみたり。それは白きシンコル（大鷹）が、日月二つを掴み飛び来たりて、わが手の上にとまれり。日月は望み見らるるなり。さらに白きもの降りたり、慶こばしき事なり」と。
（白きものとは、源氏の旗印を象徴しており、「日月」に関しては1190年及び1206年の項で詳述する）

### 奥州平泉

義経は、奥州平泉の都を目のあたりにする。そこにはまさしく吉次が語っていた以上の、想像を超えた素晴らしい都が甍を並べていた。緑深き自然の懐に抱かれた都は、京の都と見間違えるところも数多くあったが、所謂碁盤の目と称されるような都造りではなかった。それは自然の中に溶け込むように、大地の成り立ちに沿っての優しい都造りがなされていたのである。そしてその森の中に垣間みえる、黄金に輝く甍、朱の柱、白き

壁の御所が並ぶさまは、まさに水の底の竜宮城を覗(うかが)わせるに充分なものであった。

中尊寺、金色堂、毛越寺、大長寿院(二

歴史公園えさし藤原の郷

階大堂)、無量光院、観自在王院、柳の御所、伽羅(きゃら)の御所、平泉館それらの堂塔40余宇・僧房300余宇の甍を並べる壮観さは、まさに浄土世界を今にみる思いであり、それは現実の仏国土そのものであった。吉次は、秀衡が館「伽羅の御所」へと義経を案内した。秀衡は、終始微笑みを浮かべ温かく義経を迎えた。そして、ゆっくりとした口調で言った。

義経・藤原秀衡の対面場面(平泉文化史館)

第4章　源義経

　「この奥州の、中心たる中尊寺の『中尊』とは、今自ら立つ
ところこそが、中心であると言う意味でござる。義経殿、この
地こそ、己の住む栖とおぼしめして、ゆっくりと過ごされよ」


## 藤原秀衡とその一族

　会った瞬間から、義経のみるからに利発な顔立ちと光ある眼
差し、またその気品に満ちた物腰に、秀衡は感服した。そして
祖父・清衡の若き日の姿を思い起こしたのである。かねて聞い
ていた義経の生い立ちは、あまりに祖父の幼児期とそっくりで
ある。これまでの苦しみ、いかほどに辛かったことか。秀衡は
同情の念を深くした。そして、その姿に秀衡は、祖父があたか
も再誕したかとさえ思えたのである。

　秀衡は、自分の息子たち6人（国衡、泰衡、忠衡、隆衡、通衡、
頼衡）、さらに重臣たち、信夫の里庄司・佐藤基治の息子（継信、
忠信兄弟）や杉妻城城主・杉目太郎行信と弟・小太郎、それに
優秀な執事・豊前介実俊、実昌兄弟など、さらには奥州全土の
大名360人余りを会わせ、折をみて奥羽の各地を案内するよう
に命じた。そこから取れる海産物やその郷の特質などは、当分
の間、日毎紹介させる手配をしたのである。

　秀衡は、あえて義経の年齢に相前後する若者たちに会わせよ
うと心掛けた。若者同士の方が互いに刺激になっていいだろう
と思ったのである。またそのような若者たちも揃っていた。秀
衡は嬉しかったのである。義経の出現は奥州にとって、血統は
もとより、その技量・情報・文武及び平家打倒の情熱に燃える
その精神性に、平和一辺倒でのんびり育った奥州の若者たちに
は思いもよらなかった大きな刺激となり、その活性化に大きな
期待が持てたからである。それはまた義経にとっても同様で

あった。未知の底知れぬ奥州の魅力の上に、青春を共に謳歌する素晴らしい仲間と出会えた喜び。泰衡を総領とする兄弟はよく喧嘩もしたが、みる間に仲直り互いに睦み合う姿は、微笑ましく、そして眩しかった。「兄弟とは、こんなにもいいものなのか」そして、「いつの日か、わが兄弟もこのように会したいものだ」と義経は思った。

## 奥州全土を駆け巡る

　秀衡は６人の息子たちに文書にはしなかったものの、今日の東北６県にあたる夫々の領地管理に責任を持つようにと、地域毎の産業・物産・地勢などの掌握を図らせていた。総領である泰衡は、全奥州の統括を託されてはいたが、地元である岩手を直轄としていた。脇腹の長男・国衡は、西国関東の国境に接する安積・信夫の里（現・福島県）を担当した。忠衡は青森、通衡は秋田という具合である。奥州はまた駿馬の産地である。彼らは義経のために連日騎馬に乗り奥州全土を案内する計画を立てた。

　６人の息子たちは、自分が管理する地に入ると得意満面として、その地域の大名（村管理の長）を引き連れては、その地の特産など自慢げに紹介するのであった。それはまた自らの再検地にもなり有意義な行事となったのである。奥州藤原一族が治める奥羽全土には、当時１万余の村々が点在していた。彼らは若くじっとしてはいられなかった。義経を案内できる泰衡の誇りに満ちたその歓びの気持ちは、傍目にも読み取ることができた。

　泰衡は馬首をまず東に向けた。猊鼻渓を経て黒森山を越え陸前高田へと向かう。この丁度中ほどに、千厩があり、ここは大

変な駿馬の産地だった。そして気仙沼に出て、義経は驚いた。夥しい金鉱で働く人々の姿を目のあたりにする。吉次一族の管理のもとにあると言う。一行は陸中の険しい断崖づたいに宮古へと進んだ。立ち寄る村々の長は、皆優しく暖かく一行を歓迎してくれた。その長のことごとくが都から来たこの若く凛々しい義経の姿に、魅せられていったのである。一行は八戸から津軽へ抜け、三厩遥か蝦夷ヶ島を望んだ。義経は改めて、奥州の奥深さと広がり、豊かさ、温かさに感謝とよろこびを感じたのである。泰衡の案内で、そこからはひとまず中央道を南下し、2ヶ月半にわたった東半分の奥州巡視は一応、平泉に戻り休息を得たのである。

　雪が降る頃になると、義経を中心に仲間は競って勉学に励んだ。宋の国からの経文を始め、外国の珍しい文物に触れたりしては、活気ある討論で日々を送るのであった。貿易国であった平泉の、管理する各湊は国際的情報も豊富であったので、そこから得られる知識はまた、若者たちに大きな夢を抱かせるに充分であった。


## 吉次の死

　義経を平泉まで送りとどけた金売吉次一行は、この年の秋、再び交易のため京へと向かった。ところが関東へ入った途端、藤沢太郎なる群盗の残党が、彼らを待ち伏せし襲ったのである。これはこの3月、鏡の宿で吉次一行を襲った由利太郎と藤沢入道を頭とする盗賊が、義経に討ち取られ、1人逃げ帰った者が復讐のために、その残党と関東に住する平家寄りの一味と結託しての所業であった。吉次一行は奮戦空しく白河の関へと引き返したが、深手を負った吉次兄弟は、二所の関（白河の関の西2㎞

程にあるもう1つの関）の山間で遂に息絶えてしまったのである。

　この時期の関東武士はまだ平家一門に与みする者が多く、源氏の御曹司を奥州に届けたとの情報に、彼らは「よけいなことを」と平家に阿る狼藉であったとされている。吉次一行は多少の盗賊には充分の備えはあったが、今回はその規模を遥かに越える組織建てであったからたまらない。しかし、この報は義経には伝えられなかった。秀衡の配慮によるもので、この件についての対抗処置は取らず、極力大袈裟になることを避け、何事もなかったように振舞ったのである。だが秀衡には、義経とはそれだけに実力のある、ただならぬ人物であることを改めて認識させられることとなった。

　義経は、この事実を3年後の京探索から奥州への帰路、忠衡から聞かされた。義経は現在の充実した奥州での暮らしを与えてくれたのは実に吉次（橘次郎末春）殿のおかげである。商人である物腰の中に、武士以上の信念とその情愛に深く思いを馳せて、彼は涙を流した。改めて、平家ゆかりのその盗賊に底知れぬ怒りを覚えると共に、墓前に深く頭を垂れ、ここに吉次兄弟の霊を弔い、その霊を近くの八幡神宮（現・福島県表郷村）に合祀したのである。

　この事件は、彼が後に成吉思汗となりホラズム国との通商経緯の折に、大きな影を落とすことになろうとは、誰が予期し得ただろう。　　　　　　　　　　　　　　　　　（1218年の項参照）

---

　※　現在金売吉次兄弟の墓は白河市白坂字皮籠にあり、中央に吉次、左側・吉内、右側・吉六「金売吉次三兄弟」として室町時代に建てられとされ、その石囲いは1864年（元治元年）に建立。近くには黄金に因んだ地名として小金田、金分田、黄金橋などが残っている。

# 1175　安元元年【16歳】（第80代高倉天皇）

## 青春謳歌

　年が改まり雪が解けると、仲間たちは晴れの日を待っていたように、また馬に飛び乗ると一気に北上、かねてから夢溢れる場所として聴いていた「十三湊」へと走った。この地は秀衡の弟・秀栄が治めている領地で、入江の広大な水面を背景に立派な「福島城」を構えていた。この湊は古くは安東水軍の根拠地であり、720年（養老4年）以前から大陸と自由に交易していた国際港であった。義経が目のあたりにした光景もやはり活気に満ち溢れるもので、夥しい物資が北から西から入っていた。その『養老紀』正月二十三日の条にはすでに「渡嶋津軽津司従七位上諸君鞍男等六人を靺鞨國に遣し、その風俗を観せしむ」（新野直吉著『古代東北と渤海使』歴史春秋社刊）と記され、都人も多少は認識しているようではあったが、これほどに外国から多くの珍しいものが流通しているとは、思いもよらぬ驚きであった。

　彼らは、10日ほど厄介になると岩木山を右手に十和田湖方面へと下った。さらに山中を南下し、田沢へと抜ける。この間彼らは多くの温泉に浸り、若さとその情熱を謳歌するのであった。数々の村を巡りに廻り、そして日本海に抜ける。そこで義経は、特に象潟のその美しさに見惚れた。時代は510余年ほど下るが、この地を訪れた流浪の歌人・松尾芭蕉は次の句を遺している。

象潟や、雨に西施がねぶの花

　義経一行は、南に下り有耶無耶関を越えた。出羽は、国衡の案内する領域で鳥海山麓の村里を一巡し、月山を訪ねたりした。義経は感動した、西国にはない何と素晴らしい、この広大

な自然だろう。泰衡兄弟たちは、それぞれに得意とする方面別の地域を、さも領主でもあるかのように得意気に、懇切丁寧な道案内をしてくれるのである。おそらく秀衡は息子たちに、意識的に管理担当者としての役割りを課していたのであろう。土地々々の特産物や風光を、心ゆくまで義経に説明してくれる。時には山間の沸き出る温泉に浸り、新鮮な海産物に舌鼓を打った。馬で巡る奥州の名所は実に多彩であった。春から夏そして秋へと、季節は足早に廻ったが、青年たちは遊び呆けてばかりいた訳ではなかった。泰衡も忠衡も、義経から同時に色々なことを学んでいた。京の都のこと、鞍馬山での仏道修行で習得したこと、鞍馬天狗（海尊等）から受けた特別な武芸、陰陽術などの外道。そして胸に深く秘めていた「平家討伐」の目的意識であった。

　秀衡は、思い出したように平泉に戻る若者たちを脇にみながら、伽羅の御所で「大般若経第二十七」を書写していた。義経と秀衡の息子たちも、時折、御所を訪ねては経文の手習いをしたりしたが、また馬に跨っては陸中リアス式海岸や出羽方面へと、この年も駆け巡るのであった。その度毎に義経は、奥州の自然の素晴らしさに感嘆するのである。奥羽巡視と文武の鍛錬は続いた。

---

　※　この年兵法書『六韜三略（りくとうさんりゃく）』に関しての鬼一法眼（きいっぽうがん）の娘・皆鶴姫（みなづるひめ）が、義経を慕い４人の僕（しもべ）を連れて会津・藤倉村まで京より着、「よばり橋」で泣きわめき、翌年の３月12日に難波池にて亡くなったと言い伝えられている（福島県河東町）。また２歳になる義経の子・帽子丸もいて、会津若松市内にその墓もある。だとすれば皆鶴姫との関わりは義経が奥州に来る以前での出来事ということになる。在り得ぬことではないが、本書では1178年のこととして進めるものとする。碑は1793

年（寛政5年）のもの。　　　　　　　　　（1178年の項参照）

# 1176　安元2年【17歳】（第80代高倉天皇）
## 大鳥城（おおとりじょう）

　奥州南の要であるここ信夫の里（福島市飯坂町）の「大鳥城」は、先々代佐藤家が居城を構えるにあたり、日本武尊（やまとたけるのみこと）の白鳥故事からその丸山山頂に白鳥を埋め、それを守護神としたことに始まるとされている。義経と仲間たちはその城主であり奥州きっての軍師である佐藤基治（もとはる）（継信・忠信の父）について兵学を学ぶこととなった。そこで、義経は中国の兵書『六韜三略』の存在を知るのであるが、その書はここにはなかった。しかし、他の孔子を始めとする『四書五経（ししょごきょう）』（論語・大学・中庸・孟子／易経・書経・時経・春秋・礼記）」など、仏教とはまた別の学問を習得したのである。義経は牛若時代に1度、常陸坊海尊から「外道」としてこの一部を教わったことを思い出した。しかし、改めて学んでみてその知恵の深さに感銘したのである。ところでこの大鳥城に在住の期間、彼らは現在の福島県にあたる岩城（いわき）・岩代（いわしろ）の国を勉強の合間に巡回することにした。やはり、じっとしてはいられないのである。

　ここもまた霊山・岩瀬・相馬・都路・白河・矢吹・安積などなどまだまだ訪ねたい場所は山ほどあった。義経にとって曽祖父にあたる八幡太郎義家縁（ゆかり）の地があらゆるところにあったからである。奥州にとって最も重要な「勿来の関」のある岩城には、泰衡の叔母である徳尼殿がその岩城家に嫁していた。実はこの地にある「白水阿弥陀堂」こそ、この叔母が亡き夫岩城国守・岩城太夫則道公（とくあま）のために建立したものであった。しかもこ

120

の御堂は、義経が生まれた年に建設された、いわば同年の御堂である。正式には「無量寿院願成寺白水阿弥陀堂（国宝）」と言い、二条天皇の御宇、永暦元年（1160年の項参照）3月、落慶法要が営まれた。なお白水の名は、故郷平泉の泉の字を「白と水」に分けて命名されたと伝えられている。

（拝観パンフレットより）

---

※　ボルテ・チノ（蒼き狼）を「青き争い」と解して「静」としたのも「白と水」で泉とすることと同じ理由である。

---

一方、秀衡は亡父基衡の供養のため「法華経」「華厳経」「金字経」（中尊寺経）を書写し続けていた。さらには、初代清衡の「中尊寺建立供養願文」（1094、1126、1128年の項参照）を旨に「草木供養塔」（山形県置賜地方）まで建立している。このような供養塔は他にはないと言われ、後年米沢藩主として赴任した上杉鷹山を育んだのも、遠くは陸奥出羽の大地に息づいていた、この魂がなさしめたものであろうか。岩城から出羽をまわり、平泉に戻った義経・秀衡一族の若者たちは、改めて経文・法華経の真髄たる「山川草木悉皆成仏」を学ぶのである。こうして今日の高校3年生にあたる年も暮れていった。


# 1177　安元3年【18歳】（第80代高倉天皇）
## 京都探索

あまりに恵まれた奥州での幸せな環境に、義経はふと京の母のことを思い出した。同時に憎き平家一門が治める西国の状況をどうしても自分の目で確かめたいとも思った。思い立ったら義経は、すぐ実行に移してゆかねば気がすまない。早速、秀衡にその希望を願い出て許しを乞うことにした。案の定、都では

第4章　源義経

清盛の子・重盛が左大将、宗盛が右大将などになり、平家一門の専横は目に余る様相を呈していた。事実、平清盛は後白河法皇を幽閉するまでに及んだのである。そんな中、反平家の公家を中心に「平家打倒の鹿ヶ谷」陰謀が図られるが、発覚してしまい鎮圧されるという事件が起きた。そのような社会情勢を聞くにつけ、義経はどうしても京探索のために一時上洛(現地検証)してみたいと思ったのである。また目的の一つに佐藤基治より教わった京の陰陽師・鬼一法眼が保管する門外不出の兵書『六韜三略』の本物を是非読破したいとも願っていた。

　秀衡は三男の忠衡と基治の子、佐藤継信、忠信それに不思議なほど義経に似ている杉妻城城主・杉目太郎行信らが同行で、釜石から船で行くのがよいだろうと許してくれたのである。かなりの冒険であることに秀衡も当初戸惑ったが、義経は思いの他慎重であることも、日頃の振る舞いから知っていたので許さざるを得なかったのである。許しを得ると、忠衡を含む6人と共に奥州の遅い春があけると間もなく、釜石から吉次所有の船で京へと向かった。大型船による太平洋の南下は、また若き義経に新たな感動と貴重な経験を与えるものとなった。

(司馬遼太郎著『義経』参照)

※　現代風に言えば学生時卒論のための研修旅行と位置付けられるかも知れない。

## 六韜三略

　義経にとっては4年ぶりの京であった。早速三条にある奥州の領事館的役割の吉次屋敷「平泉第」に落ち着くと、そこを根城に一行は京探索を開始した。奥州の仲間たちにとってはす

べてが珍しく、その賑わいに目を奪われる様子が手にとるように分かったが、義経には天下一の兵法書『六韜三略』を1日も早くみたいと願っていた。それは太公望が著したという『六韜』と、黄石公が著したとする『三略』（上：秘密の術、中：奥の手、下：虎の巻）の兵法書である。

---

※ 『六韜三略』は周代の賢臣呂尚（太公望）が文王に捧げた兵法書で文韜・武韜・虎韜・豹韜・竜韜・犬韜からなる。「韜」とは「弓や剣を入れる袋」の意であるが、一般には「兵法秘策の巻」と定義されている。文韜は文字通り「全般の知識」であり、武韜は武術・戦略・軍事力の巻である。虎は威厳・威嚇プライドであろうか、豹はその迅速性から情報伝達及びその機関。竜は天地の時・気象上での判断、そして犬は人民・兵たちの忠誠心である。三略は奇策・幻覚・術祷などが含まれるらしいが、詳しくは守屋洋著『全訳武経七書・六韜三略』（プレジデント社1999）をご覧頂きたい。

---

　この書は天皇家秘蔵の巻物。鬼一法眼と呼ばれる陰陽師が、帝から特別に委託され、屋敷に厳重に保管されている巻物であるから、生易しい警護ではない。当然のこと、屋敷自体堀を廻らすほどの構えとなっていた。そこで義経は一計を案じた。法眼の屋敷に出入りする「魚屋の使用人」として、勝手口からまず潜り込んだのである。7日も経たぬうちに、そこの女中頭に気に入られた義経は、魚のうまい料理法を著した『りくとうさんりゃく』なる、世界一の釣りの名人（太公望）の書がこの屋敷にあると聞いている、と 嘯 けた。しかし、いかに女中頭とて主人にそのことを聞く訳にもいかず、そこで彼女はこの家の末娘・皆鶴姫に探らせることにした。皆鶴姫とて、そろそろ嫁入りの年である、料理法も知っていて損はないと思った。ある夜、皆鶴姫は父・法眼の留守の日をねらい、巻物を探し出し女

中部屋の奥まった部屋に義経を招き入れた。大事な巻物故と皆鶴姫もなかなかの者で、女中頭ははずされた。魚屋の使用人としては何と凛々しい青年であろう、と皆鶴姫は思った。しかも、自分さえ読めない漢文のびっしりと並んだ書を、すばやく読みこなしてゆく。その姿に、つい皆鶴姫は見惚れてしまっていた。自分と同じ18、9歳であろうか、料理法もさることながら、狭い部屋の中での若い男女である。皆鶴姫が気付いた時には、すでに義経と抱きあっていた。夜は明けた、女中頭としては気が気ではなかったが、公にすれば自分の責任も問われかねない。主人も幸いこの2、3日は留守のようである。義経にとっては幸運にも、その間、すべてを頭に叩き込むことができた。しかも、予想外の付録つきである。ところがこのことは、思わぬ事態を後で引き起こすことになる。　　　　　　（1178年の項参照）

> ※　治承元年（安元3年）のこの年は、都には大火が頻繁に起こった。「火災、盗賊、大衆兵乱、上下騒動等、誠にこれ乱世の至りなり」と『玉葉集』にも記される通りである。ひょっとして、中に義経一党がしでかした騒乱があるかも知れない、と疑いたくもなるのだが。

　それとは別に、義経は弁慶と再び運命の出会いをする。義経にとって今回の西国・京都探索は、実に収穫の多い旅となった。大方の目標を達成し、家来となった武蔵坊弁慶、伊勢三郎義盛も供することとなって奥州へと帰郷する。春には東風に送られ船で奥州を発ち、京に入った。そして、夏の終わりには陸路、奥州へと戻るこの間の隠密グループによる成果は、幼少時代過ごした都の印象とはかなり違ってみえた。理解ある奥州秀衡のもとで育まれた精神は、都における万象の事物を、冷静に観察する目を備えさせていたのである。まさに想像を超える成果を

得ての帰郷となった。その中には異なる負債も含まれていたのではあるが。

# １１７８　治承２年【19歳】（第80代高倉天皇）
## 皆鶴姫の悲劇

　昨年の京探索での情報分析も一段落し、初夏を迎える頃、平泉にいた義経に、会津若松からある連絡が入って来た。磐梯山の麓、河東難波の里に、京より義経殿を追って来て病に罹り、それを苦に入水して果てたという「皆鶴姫」なる者がいるとの知らせである。

　義経は、とりもなおさず駆けつけた。まさしく鬼一法眼の娘・皆鶴姫である。思えば京に赴いた折、いかにして法眼が所持する『六韜三略』を盗み見するかに腐心した義経が、法眼の屋敷の女中の策による協力があったとはいえ、思いを寄せる皆鶴姫を誑かして、読破することに成功したのであったが、今その姫がこの遠い奥州まで命がけで追ってきたことを知り、義経は心から悔やむのであった。　　　　　　　　　（1175年の項参照）

## 慧日寺にて

　義経と供の３人は、皆鶴姫の供養を済ますと、すぐ近くに賑わいをみせる、平安初期に法相宗・徳一が開いたという慧日寺を訪ねた。仁王門・中門・金堂・根本堂・両界堂・講堂・三重塔などが立ち並ぶ壮観な一大聖地である。奥州仏教としては、平泉に匹敵する一大勢力の拠点であった。だがかなり「趣を異にしているから注意を」また「同じ奥州でも、源氏に対する考えが違うので、気を付けなされよ」という泰衡からの注意は受けていた。その理由は来てみて判った。根本的には「法華経」

第4章 源義経

と「解深密教」である六経との差がなさしめるものなのか、煌びやかさはなく、学問並びに実務的な厳しさが随所に感じられた点である。しかしこれも、ある意味で好感の持てる世界の一つであると義経は思った。また、常時800人の僧兵が待機すると言うのも、どこかうなずける面もあった。しかし、今回この地にやって来た義経にとっての理由は、決して自慢できるものではなく、どちらかといえば恥さらしの一環である。そこで名乗るほどでもないので、同道した忠衡も継信、忠信もごく普通の若侍として参詣したのであった。磐石な奥州藤原政権下ではあったが、ここも西国にみられるように、一つの宗教的租界であったから、秀衡としても特に注文をつけることもなかった。秀衡の源氏に対する認識で言えば、結果的に八幡太郎義家の支援があって、奥州藤原三代が今日の繁栄をみることができた、とする感謝の気持ちはあったが、この慧日寺の立場で言えば、源氏が奥州にやって来る度に、この地は荒らされ多くの死者と損害を蒙ったのである。これは代々言い伝えられてきたことでもあった。このような精神は、今日においても薩長を許そうとしない会津魂に、受け継がれているのかも知れない。これは安積の虎丸長者（1051年の項）も同じで、源氏憎し（平家は知らず）の風潮として、定着していたと言う訳である。それ故源平合戦の初期（義経が鎌倉へ駆けつけた後）において、彼らは平家方に味方し、長野の横田まで出兵。木曽義仲軍と戦っているのである。

だが、慧日寺の僧兵たちは、倶利伽羅峠で破れた。当然のことながら、頼朝の時代になると急激にこの慧日寺は衰退し、完全にその姿を消したのは1589年（天正17年）伊達政宗の会津攻めの時と言われている。ともあれ奥州は広く、色々な面を有し、

独自性のある集合国家に近いものであることが判った。そして謙虚であるべき自分の大切さを思った。

「それにしてもこの慧日寺の背面に聳える磐梯の霊峰は、何と崇高にして荘厳なお姿であろうか」と、義経は思い、改めて皆鶴姫の冥福を心から祈ったのである。

この年、安徳天皇（諱・言任）が誕生。高倉天皇と清盛の娘・徳子（建礼門院）との間に生まれた。清盛はわが腕に抱かれている実の孫が、天子なのだと思うとその喜びは天にも上る気持ちだったのである。が、この君がわずか7歳で海中に没することになろうとは、誰が予期し得たであろうか、人の世の無常である。

> ※　この頃鉄木真（16歳？）はボルテと結ばれるが、メルキド部族に襲われ、ボルテが略奪されると『元史』には記された。

# 1179　治承3年【20歳】（第80代高倉天皇）
## 十三湊の凄さ

この年は、奥州において義経を中心とした「西国の状況分析と平家討伐、源氏再興の研究」が進められていた。今日なら「卒論」準備と言えるものかも知れない。西国の新しい情報は、陸路の平泉もさることながら、意外と北の海路の十三湊の方がより豊富だと言われていた。彼らは津軽半島西北端の藤原秀栄が治める福島城に逗留し夏場を過ごすこととなった。義経にとっては4年ぶりの訪問である。平泉〜十三湊間は、10日余りの行程である。何と言っても弁慶・伊勢三郎らは、初めてみる北の港の、その壮大さに驚かされた。

港の活気は想像を遥かに超えるものがあった。一つはその国

第4章　源義経

際性である。明らかにわが国の人でない者たちが通詞を交えて
交渉をしている。宋の国の船もあれば、北辺のいかにも粗末な
船もみえた。当然京都からの船も何艘か入っている。日本海を
挟んだあらゆる方面からの商人たちが威勢よく、荷の積み下ろ
しをしているさまは、わが国のものとは思えない情景として義
経の目には映った。砂金や宋銭が飛び交い、北海からのアザラ
シやラッコの皮、鷹の羽、大陸からの経文並びに磁器の類、米
や海産物、木材、鉄製品、山の幸・海の幸がところ狭しと取引
されている。話によればこの港は、奥州藤原氏の遥か以前古代
中国の渤海国との交易として500年も昔から行われていたとの
記録がある。小さな政府の自由貿易のもとでは、皆が平和で豊
かな生活を満喫していたのである。　　（1175、1193年の項参照）
　一方京では、平清盛がわが孫の誕生により有頂天になったも
のか、反平家の公卿たちを次々と解官し、後白河法皇までも幽
閉されるに及んだ。その驕り高ぶる一門の横暴は一般住民に至
るまで許し難いものになって行ったのである。そのような情報
が、まるで水揚げされた新鮮な魚のように、この港には入って
きた。「世がいよいよ動き始めたな」と義経は感じた。夏も終
わると彼らはまた、「黄金の都」平泉へと戻って行った。

---

※　この頃（己亥）鉄木真（17歳？）はメルキド部族を駱駝ケ原（ブ
ウラ・ケエル）に破り、妻ボルテを奪回すと『史誌』には記される。

---

# 1180　治承4年【21歳】（第81代安徳天皇）
## 源氏旗揚げ
　平清盛は後白河法皇を幽閉し、強引にまだ3歳の安徳天皇を
即位させた。

1180-

4月9日

以仁王（後白河の第2皇子）は、源頼政の勧めで平清盛討伐の令旨を諸国の源氏に下したが、この計画は失敗に終わった。

5月26日

以仁王は30歳の生涯を閉じ、また頼政は宇治にて戦死、77歳の生涯を閉じた。（能「頼政」として有名）。以仁王の令旨は奥州平泉にも届けられたが、秀衡は「今だ時期尚早」として、義経に自制を求めたのである。この年の5月から7月にかけて西日本は、また大旱魃に襲われた。

6月

上記の報が平泉に入る。急がぬが正解であったことを知る。清盛は3歳の安徳天皇と高倉上皇、後白河法皇とともに都を「福原」へと移した。都には死者が溢れていたからである。

## 頼朝挙兵

8月17日

頼朝、伊豆に挙兵との報が入って来た。しかし……。

## 頼朝窮地

8月23日

石橋山で敗れた頼朝は、古い樹の空洞に身を潜めていた。そこを通りかかった敵将の梶原景時が、頼朝をみつけたが、何を思ったか、「やはり鳥であったか」と大きな声で他の者たちに「この辺におるわけがないわ」と兵を引き上げさせたのである。頼朝の運命は急展開。頼朝にとって、梶原は命の恩人となった。

※ 『元朝秘史』にはこれとそっくりな逸話がある。

129

第4章 源義経

> 鉄木真がタイチュウド族に包囲され、森に逃げ込んだおり敵将のソルカンシラが彼をみつけた。しかし、彼は仲間の者に「何だ梟か、この辺にはおらんわ」と言って、引き上げさせたのである。

8月28日

　頼朝は真鶴沖から下総、安房へ逃れて建て直しに入る。そのような情報が入ってくると、義経にとっては、矢も楯もたまらず、信夫の軍師・佐藤基治に相談、また他人の空似もこれほどまでといわれるほど似ていた、杉妻城城主・杉目太郎行信にも相談するが「御館（秀衡）様の下知に、お従いなさいませ」との応えが返って来るだけであった。だが、どうしても義経に流れる源氏の血は、それを止めさせることはできなかった。

# 第5章　義経出陣

## いざ、鎌倉

９月７日

　義経は、秀衡の反対にも拘わらず、やむにやまれぬ心情で鎌倉へと出発した。武蔵坊弁慶、伊勢三郎らが同道した。この頃、時運は、頼朝に味方する常陸、上野、下野、駿河が従うこととなり、平家軍10万に対する体制が整ってきていた。同じ頃、木曽義仲が木曽にて挙兵したとの報が入る。

　秀衡は、反対はしたものの義経の心情やむなしとして、彼は文武に優れた継信・忠信兄弟他200騎を与え、そして「義経殿を絶対に死なせてはならぬ」と厳命したのである。義経はその温情に厚く感謝した。

## 矢吹ヶ原と庄司返し

　義経一行は途中、信夫の里佐藤基治が居城大鳥城に立ち寄った。基治への挨拶と子息２人が同道してくれることへの謝礼のためであった。すると基治自ら引き馬を出させ、白河まで見送ると言い出したのである。義経は、急いでいるのでと断ったが基治は聞かず、伴に駆けていた。老齢なれどもさすが陸奥一の軍師であった。すでに陽は傾き、矢吹ヶ原で夜になった。

　その夜はあいにくの雨である。見渡したところ民家らしいところもないようだ。家臣たちも困った様子だったが、野営するしかない。遥かな原野の只中では、身を隠す場所もないのである。

第5章　義経出陣

その時継信が言った。

「各々方、矢箙を出してくれぬか」皆は何事かと思いながらも、背に負いた者ははずし、鞍に置いたものはそこから持って来て1ヶ所に集めた。

「されば、この矢を屋根型に葺いてくれぬか、殿に風邪をひかれては、われらの面目がたたぬゆえな」

皆はそれで合点がいった。家臣どもと言えば、いずれ劣らぬ剛の者揃いである。風邪など思いもよらぬことであったのだろう。気がきかぬのも当然と言えたが、さすが継信は違っていた。

「この辺一帯は、矢吹ヶ原と申しまして、その昔、殿の曽祖父であられる八幡太郎義家公が、この地で矢羽で葺いた祠を建て、戦勝を祈願されたところと聞いております」（現・福島県西白河郡矢吹町）。継信の説明は皆を納得させるに充分なものであった。

義経は勧められるままに、急ごしらえの矢吹屋（志之岐羽）に、基治を誘って入り横になった。皆の篤い思いにすまぬ気持ちでいっぱいであったが、お陰で、老齢の基治と最後の夜を過ごすことができたのである。義経は、軍の移動と共にすべての兵たちが雨風から守れる術がないものかを、この時真剣に考えた。「今宵は、我1人が（基治殿と一緒ではあるが）雨に濡れずにいる」この時の課題は、後年、遥かモンゴルにおいて「ゲル（移動式住居）」を活用することによって、解消されることになるのである。

## 庄司返しの桜

翌朝は晴れて、一行は白河の関にさしかかる。ここで基治は2人の息子に、改めて義経への忠義を促し、近くにあった桜の

腕木をとって地面に刺して、「おまえたちの忠義誠ならば、この桜木は根をおろすであろう、決して枯らすことがあってはなるまいぞ」と言って、振り返りふりかえりつつ皆を見送った。この場所は現在「庄司返しの桜」として白河市内に残っている。さらに義経は、金売吉次がこの地で盗賊に襲われ、殺されたことを後になって知らされたが、自分を奥州に届けて間もなくの出来事だったことから、秀衡があえて伏せていたのである。義経は礼を欠いていたことを詫び、深く墓前にその霊を弔った。そして、これから戦いに挑む誓いを新たにするのであった。また、この白河の関には、義経弓架けの桜や、松の逸話がところどころに残っている。

## 美しき虹

　やがて一行は、関東平野を一望に見渡せる峠に出た時、雨上がりの地平線に、大きな大きな虹が二重に架かっているのがみえた。思わず義経は、「何と！　見事な虹ではないか、鎌倉殿と共に、源氏の世を支えよとの 徴 のようぞ」と言うと、傍に控えていた弁慶が、「いつまでもこの虹が、消えてほしくないものでございますな」とさりげなく答えるのであった。

　義経一行には、随時先発隊から、関東における情報が入って来るようになった。頼朝がもとに続々と参陣する関東武士たちの動向の中には、未だ気を許せぬ者たちもいたのである。頼朝は現在鎌倉にいると言う。平家との戦も、今は膠着状態、鎌倉を訪ねる前に、少し状況を把握し分析の必要があるのではないかと思った。全体の動きをみるのだ。そうこうするうち、遅れた一隊がやっと追い着いたのである。やがて頼朝が動いたとの報告が入って来た。

第5章　義経出陣

## 富士川の戦い

10月20日未明

　富士川を挟んで対峙していた源平両軍であったが、平維盛を総大将とする平家軍は、水鳥の羽音に驚き逃走大敗するという、前代未聞の珍事が起きたのである。

---

　※　この戦略は誰が仕掛けたものか、偶然の産物なのか？　その翌朝、川面に奥州出発後20騎となった義経一党が現れた。あとの180騎は後日到着、また遅れたのだろうか。当時、奥州平泉から富士山麓の黄瀬川まで来るには22日以上要する行程と言われた。彼らは、半分以下の日程で敢行したとされている。しかし、実際は1ヶ月以上の謎の行程が隠されている。さらには、あまりのできすぎと思える演出であるが、鎌倉ではなく、平家軍との前線であった黄瀬川での、しかも戦勝に酔う本陣での会見となった点である。頼朝以下重臣たちは、すこぶる機嫌がよかった。そのような時、奥州からわずかの手勢で駆け付けるという義経の出現であった。西国における『義経記』はここからが本番となる。

---

## 黄瀬川の対面

10月21日

　兄・頼朝は膝下にかしこまる義経に言った。

　「おまえがわが弟、奥州の九郎か、昔われらの祖・八幡太郎義家公は、後三年の役で戦い芳しくなかった時、その様子を聞いた弟の新羅三郎義光が、官を辞して京から手勢を率いて駆け付けられた。このことはわが源氏の語り草になっているが、お前はその義光殿だ。わし（頼朝）の心は、その時の八幡太郎殿の心中にも劣らぬ、これからは手をとりあって、水と魚のように力を貸し合おうぞ」と、異母の義兄範頼も加わり兄弟3人、手を取り合って涙の中に誓ったとされる。

## 奈良大仏殿焼失

12月28日

　治承4年も幕を閉じようとするこの日、都は不穏な空気に包まれていた。頼政に通じていたとされた奈良の興福寺・東大寺に、平重衡（清盛の子・左中将）が1万の兵を率い、事もあろうにあの大伽藍・大仏殿を焼失させてしまったのである。文化財的には言うに及ばず、神仏に対するあまりの暴挙と言わざるを得ない。当時の大仏殿は今日の約3倍の広さであったという。

　義経はこの報を鎌倉で聞いた。そして鞍馬寺に入山して3年目（1167年）の8歳の時、兼房の計らいで奈良を訪れ「大仏にあやかり遮那王」と名乗った、あの時の感激を思い出した。その時の大毘盧遮那仏が灰燼と帰したことは、義経にとって、平家への怒りは頂点に達する思いであったのである。結局重衡は、5年後の文治元年、一ノ谷の合戦に破れ、捕虜となり、都大路を馬の背で引き廻された上、東大寺の衆徒の手によって、さらし首となり29歳の生涯を閉じることになるのである。


# 1181　養和元年【22歳】（第81代安徳天皇）
## 頼朝追討の宣旨

1月16日

　朝廷では、この2日前の14日安徳天皇の父・高倉上皇が亡くなっていた。後白河院は幽閉の身であり、平清盛は強引に院に頼朝追討の宣旨発行を迫ったのである。それは奥州藤原秀衡や、越後の城助長らにも、追討の令は送られた。だが秀衡は、動こうとはしなかった。しかし頼朝には、奥州の17万騎を擁するといわれる存在こそが、大きな脅威であった。彼は重臣を集め、当然、義経には内緒で江ノ島での秀衡調伏の祈願を行わせたの

である。ところが、その効能は別の形で現れた。


## 清盛死す

閏2月4日夕刻

平清盛が熱病にて死去したのである。64歳であった。これを聞いた義経は大いに嘆き、くやし涙を流したという。あの憎き清盛の首を、この手で討つことができなかったことへの無念さに、頼朝にくってかかった。

「なぜもっと早く、兄上は出陣を命じてくださらなかったのか」

4月14日

義経は突然、頼朝から鶴岡八幡宮における宝殿の上棟式で、大工棟梁に贈る馬の轡をとることを命じられた。義経に対するこの時の処遇は、頼朝の複雑な立場を反映するものであった。頼朝に次ぐ源氏の御曹司として、多少甘えのあった義経には、関東武士の寄せ集めの長に過ぎない頼朝の立場が、理解できなかったのである。義経は不服であったが、兄の命にしぶしぶ従わざるを得なかった。その表情を関東の家臣たちは観察していた。

4月28日

一方、藤原秀衡（60歳）には、朝廷から「陸奥守職命」が下された。先の鎮守府将軍と合わせての完全な、蝦夷全域を治める、名実ともの領主称号の辞令である。平家の推薦によるものとされるが、この院令は奥州にとっては実に歴史的な大事件であり、前代未聞の壮挙であった。しかし、その意味するところは、関東を支配下に置いた鎌倉の頼朝に対する圧力を、奥州から加えることを期待しての処遇だったのである。だが秀衡は陸奥守任命とは別として動こうとはしない。それでも頼朝にして

みれば、あまりに大きな重圧と解釈せざるを得ず、その疑いの念は日増しに膨らんでいった。彼は江ノ島の大権現での奥州調伏の祈祷を、ますます激しく行わせた。当然、義経を外した軍議が何度も開かれ、以後の義経への処遇も極秘の課題となって行ったのである。鎌倉の情報が義経経由で奥州に漏れる畏れは充分にある。とする梶原一派の義経への警戒心はすこぶる強いものがあった。

　頼朝は一方で朝廷と一線を画す意味でもあろうか、「養和・寿永」の元号は用いず「治承年」として鎌倉独自の意思を貫いた。


# 1182　寿永元年【23歳】
## （後白河院政、第81代安徳天皇）
### 平家討伐の命を待つ義経

　義経は、鎌倉で一時もゆるがせにはできない気持ちで日々を送っていた。頼朝のもとに集った関東武士は、義経が奥州で泰衡たちと共にした軍律とはほど遠い体質のものであることを感じた。確かに2年前までは、荘園や平家管理のもとに置かれた関東豪族の集団である。各々の思惑が微妙に違っていた。頼朝の基盤は、義経が思うほど堅固ではなく、むしろ短期間のうちに樹立した政権だけに、かなり不安定だったのである。だからこそ、義経がいくらはやる心を抱いていても、おいそれと大軍を西国へ送りだすことはできなかった。さらに北の脅威（奥州の動向）である。頼朝にもその立場につらいものがあった。身内を取り立てる余裕がなかったというより、むしろこれまでの経緯からも、あえて身内こそ厳しく管理下に置かねばならなかったのである。

第5章　義経出陣

### 静御前、神仙苑で舞う

　この年の夏、京を中心に100余日の大旱魃があり、人々は難儀を極めていた。後白河法皇は心配されて、神仙苑に100人の白拍子を集め、雨乞いの舞を龍神に捧げさせた。集められた100人の白拍子が次々と舞を納めていったが、一向に雨の降る気配はなかった。いよいよ最後に、美女で舞の名手として評判の高かった「静御前」の番となった。そして舞い始めて間もなくのこと、空は一天にわかにかき曇り、雷鳴と共に豪雨が降り注ぎ、その雨は3日3晩降り続いたのである。

　　　　　（今泉正顕著『静御前伝説とその時代』歴史春秋社より）

　都ではこのことが大変な評判となった。多くの修験者・僧侶たちの加持祈祷も何の功をなさなかったものを、たった1人の可憐な舞姫によって龍神が激震したのである。静は白拍子を専業とする母・磯禅尼のもとで稽古に励んでいた、洗練された舞姫であった。後白河法皇はふと菅原道真公（845〜903）のことが頭を過った。この白拍子はただ者ではない。だが何という初々しさであろうと思った。

　しかし、都では春からの病人、餓死者が巷に溢れ、強盗、放火が続く有様であった。


# 1183　寿永2年【24歳】
## （後白河院政、第81代安徳天皇）
### 木曽義仲京入り

　西国は大飢饉であるというのに平家は、院宣を出させて各地の荘園から兵糧米を徴収した。都はますます飢餓に覆われ、餓死者は路上に充満する有様となった。こうなって来ると平家の基盤は揺らぎ始める。

1183-1184

7月28日

遂に木曽源氏の義仲軍（5万）は、牛の角に松明をかざした戦略で、平家軍10万を倶利伽羅峠に破ると、一気に都へとなだれ込んだ。平家残党は、ことごとく都落ちして行ったという。だが木曽勢の都での振る舞いはすこぶる悪質で、困り果てた後白河法皇は、伊豆の頼朝に義仲追討の院宣を極秘に送ったのである。それを知った義仲は、後白河を捕らえ幽閉する。

しかし、頼朝は鎌倉から出陣する気にはなれなかった。

11月25日

頼朝は家臣たちとの軍議の結果、義経と範頼を義仲追討へと出発させることとした。同じ源氏との戦である名目上、無縁の家臣にもしものことがあってはならず、さらには万一の奥州藤原氏の南進に、自らが備える必要もあったのである。

# 1184　元暦元年【25歳】

## （後白河院政、第81代安徳天皇）
### 宇治川の戦い

1月21日

ところで、先鋒の義経軍は、宇治川の戦で見事に義仲軍を破った。義経にとって初の実戦勝利である。この時「磨墨」という名馬に乗った軍監、梶原景時の子・景季と、「生縳」に乗る佐々木四郎とが宇治川での先陣争いを繰り広げた。この時の勝負は、佐々木四郎高綱の知恵の勝利として語られている。以後彼は源平合戦にも多くの功を挙げたが、武の無情を知り「西入道」と号し、仏門に帰依したといわれる。義仲は、粟津ヶ原で義経軍に包囲され31歳の生涯を閉じた。巴御前の逸話もあるが悲しき武士の妻の運命である。

139

第5章　義経出陣

> ※　京で隠遁した佐々木高綱（西入道）のもとに2年後の文治2年8月静と義経の子がひそかに預けられた。そして、成長したその子は佐々木義高として後年、天領である陸奥宮古の城主として迎えられ、その地で善政を敷いたと言われる。　　　　　　（1186年8月29日の項参照）

### 源平合戦

　義経は京に凱旋した。後白河法皇は大いに慶び、御所にて祝勝の宴がもたれた。

　静は義経と対面する。しかし、2人は共に初めての出会いとは思えず、互いに再会を約束。逃れた平家一門は須磨にて再起を伺っていた。今度は休む間もなく、頼朝は平家討伐の命を義経、範頼に下した。ここにはヤマトタケルノミコトが熊襲征伐を終えて帰京すると、すぐ蝦夷征伐へ行けと命じた父・景行天皇の言を思い起こさせるものがある。義経の監視役には梶原景時が軍監として添えられていた。

### 鵯越

2月7日早暁

　平家追討に向けての戦略に義経は範頼に大手を任せ、自らは少数精鋭をもって迂回、三草山を経て一ノ谷、世に言う鵯越に向かった。この時、地元の猟師の子・鷲尾三郎の案内で、これまでの戦略では考えられない奇襲戦法をとった。なぜこのような戦略がとれたのだろうか「鹿も4足、馬も4足……」の名台詞もさることながら、義経には陸中海岸での訓練成果が背景にあったからに他ならない。あのリアス式断崖から比べたならば六甲の山並などは、ものの数ではなかったのである。またこの

時、家臣の畠山重忠などは日頃世話になっている馬に怪我をされてはと背負いながら、断崖を降りたという話は語り草の一つとなっている。この戦いでは平家の将・通盛、忠度、知章、経正ら9人が討たれ、平家にとって、これまでにない大敗北を期したのである。彼らは瀬戸内対岸の四国屋島へと本陣を移した。

　この一ノ谷では平家の公・敦盛と熊谷直実との悲話が有名である。「青葉の笛」と後世歌われたものである。大和田建樹作詞、田村虎蔵作曲の明治39年頃の尋常小学唱歌は、その時の情景を今に伝えている。

　　　　　一ノ谷の戦やぶれ　討たれし平家の
　　　　公達あわれ　暁寒き　須磨の嵐に
　　　　聞こえしはこれか　青葉の笛


## 義経検非違使を拝命

　2月9日

　京に再び凱旋した義経は、法皇から検非違使の任命を受けた。この任官受諾の件は当然梶原景時によって直ちに頼朝への讒言として表れ、義経は頼朝より大変な不興をかい、京へ留め置かれることになる。「平家討伐の仕上げは範頼に任せるから、そのほうは動くな」と言うのである。

　2月22日

　この頃、奥州の秀衡は平和外交の一つとして、岐阜白鳥に虚空蔵菩薩坐像（銅造鍍金）を寄進している。これには三男・忠衡が名代として訪れている。

> ※ 岐阜白鳥（現・岐阜県郡上郡白鳥町）これも不思議な縁というべきかも知れない。秀衡の思慮深い配置であった。

### 連理の契り

　静（18歳）は、母（磯禅尼）と伴に義経と再会する。義経はふと同じ白拍子であった母のことを思い出し、とても愛しい想いにかられた。ところで範頼は西国の平家追討に向かうが一向に戦勝の気配はなく、現地より泣き言を鎌倉に送る始末であった。しかし、頼朝自ら西国に出陣すれば、奥州が背後から鎌倉を攻めるのではないかという猜疑心に、動くことができなかった。結局　年明けを待って、京の義経に出陣を命じざるを得なくなる。

　京に留め置かれたこの１年（寿永３年）こそ、静にとっては、最も幸せな時であった。未だ25歳の天下人、麗しい義経が傍にいるのである。義経は検非違使という大変な役職がら御所への出仕も多かったので、留め置かれたとはいえその毎日は多忙であった。彼女はいつしか義経の身の回りのことを、悦びの中に手伝うようになっていた。

> ※ 静、義経を釈迦仏教の裏権経（密教）とされる「大日経・宿曜経占星術」からその相性・人間関係・因果応報をみると次のようである。静は瓶宮・室宿宿、義経は秤宮・氏宿で２人は業胎の宿星で前世では兄妹・夫婦以上の業深い因縁の星で、生きるも死ぬも一心同体という相性であるという。
>
> 　　（福島裕鳳著『伊豆の龍神・源頼朝と北条時政』新人物往来社）

　この間、義経は、静をどれほど愛したろう。春から夏そして秋やがて冬は再び廻って来た。義経は御所へ出仕しては、検非

違使としての勤めを果たす傍ら、後白河法皇から種々のことを学んでいた。確かに平家討伐への完遂は、ひと時も頭から離れることはなかったが、今、帝のおわします京の都で、最も信頼を置かれている立場を自覚した時、「源氏の世となった暁には」との思いを馳せつつ、国とは何か、治世とは何か、法律はいかにあるべきか、文化とは、秩序とは、経済、外国との交易などなど、今こそ学ぶべき時であると義経は思ったのである。この時、重点的に学んだ事の一つに、源氏の家系の原点でもある「天皇家の歴史」であった。そこには、あらゆる王道の要素が、珠玉集のように含まれていたのである。外国との長い交流の歴史、高価な宝物の数々、『古事記』、『日本書紀』にみる全国の風土と伝説、仏教、儒教から推測される大陸のことなどなど。御所の中には万般にわたる情報が溢れんばかりに収納整理されていた。義経はこの時を逃してはならないと集中的に学んだ。そして六条屋敷へ戻れば静が待っていた。静はまた、御所にはない巷の珍しい話としての『今昔物語』を、寝物語として聞かせてくれたのである。

　秋、朝廷では西海に逃れている安徳天皇に替わり、高倉天皇の第4皇子・後鳥羽天皇の即位式が執り行われた。未だ4歳の即位である。鎌倉の頼朝へは、当然丁寧な招待状が届けられたが、参列しなかったので、義経は兄の名代として、また左衛門少尉検非違使の立場もあり、立派にその勤めを果たしたのである。これも頼朝には苦々しかった。だが義経は一連の報告のため、鎌倉に赴いた。その折義経は、重臣たちから多くの疑念を詰問されたが、ことごとく道理ある弁明に、北条時政を筆頭に梶原景時らも、それ以上の追及はできなかったのである。そこで考えだされたのが、未だ正室のいない義経に、河越重頼の娘・

第5章　義経出陣

郷御前との婚礼話であった。これには、義経監視の陰謀が画されていた。

# １１８５　文治元年【26歳】（第82代後鳥羽天皇）
## 屋島の戦い

２月18日

丸１年が過ぎた正月明け、一向に進まぬ平家追討にしびれを切らした頼朝は、やむなく義経に出陣命令を下したのである。

義経は早速、四国屋島に本陣を置く平家追討のための戦略会議を持った。今回も義経の目付け役として、軍監・梶原景時が加わっていた。この日は冬の嵐吹きすさぶ日であったが、義経は梶原の反対をよそに、自ら嵐の中、人馬180騎を乗せた５艘の船で、摂津の渡部津を船出したのである。無謀とも思える夜中の出陣であった。これが義経が遭遇する「第一の運命の嵐」となった。

「明りは指揮舟１艘にせよ、後の舟はひたすらそれに着いて参れ」と指示すると、一行は、吹きすさぶ小雪まじりの暴風の海を突き進んだ。生きて対岸に辿り着けることさえ危ぶまれるほどであったが、この嵐こそが奇跡を生んだのである。２日の行程ともいわれる阿波の国・勝浦浜間をわずか８時間ほどで走破した一行は、休む間もなく屋島本陣の裏手へと走った。３日３晩の不眠不休の行進である。さすがの騎馬隊の数も半数ほどになっていた。

## 扇の的と継信討ち死にはセットの事件

２月21日

平家本陣である「屋島の御所」に対し、義経は夜を待ち背後

からの奇襲を考えていた。奇襲に先立ち、少ない兵力をより大きくみせるために、兵の1人ひとりに10ヶ所ずつ火を放つよう命じた。取り巻く民家や家畜のざわめきを背景に騎馬を駆使した大げさな戦術をとったのである。平家一門は慌てて海上へと逃げ去った。留守になった本陣内裏（だいり）は、直ちに焼き払われた。

　朝になり気付いた平家方は、大変悔しがったが後の祭りである。岸辺をみれば、僅か100騎に満たない源氏の兵である。小舟で上陸し、反撃を試みてはみたが、雑兵たちは馬に乗った源氏の兵に蹴散らされる始末であった。陸戦では強い源氏である。

　「このような秘策を用いたのは何者なりや」と、平家の重臣たちは、怒って言った。その時、越中次郎盛継という武将が、

　「去る平治の合戦の折、父が討たれて孤児となり、鞍馬寺の稚児（かねうり）をして後、黄金商人の下僕となって、奥州に落ちのびた九郎義経とか申す小冠者でございます。」

　「なに！　そいつは、一ノ谷での奴ではないか。おのれ、何が何でも、奴の首を討ち取らねば気が済まぬわ」と平家きっての豪傑、能登守教経（のとのかみのりつね）が叫んだ。

　「ところで、その大将である義経は、あの騎馬の中のどこにおるのだ」

　義経は日毎に鎧兜を変え、その所在を敵から護っているとも言われていた。そこで編み出されたのが、「扇の的」の陽動作戦である。戦乱の中にも、一見優雅なエピソードとして語られるこの逸話の裏には、恐るべき陰謀が隠されていたのである。


### 義経狙撃のために考え出された秘策

　沖の平家から、見事に飾った小舟が1艘、汀へ向かって漕ぎ寄せてくる。岸へ4、50間（約80ｍ）位のところまで来ると、

第5章　義経出陣

舟は船縁を横に向けた。

「あれはいったい何だ！」と源氏の兵たちは、瞳を凝らして みると、舟の中から18、9歳の、柳の五ッ衣に紅の袴をつけた 美しい女房が立ち、赤地に金の日の丸を描いた扇を、竿の先に つけて船棚にたて、陸へ向かって手招きをしている。義経は後 藤実基を呼んで、

「あれはいったい、どういうことか」と尋ねた。実基は、

「あの的を射落とせる者あらば、名乗りいでよ、とのことで ございましょう」

義経は、弓といえば下野の国の那須与一がまず頭に浮かんだ。 早速、義経は彼を呼び寄せて言った。

「与一よ、あの扇の真中を射抜いて、平家の輩にみせてやれ！」

飛ぶ鳥をも射落す、と言われた与一ではあったが、さしもの 今回の的は訳が違った。舟は揺れる、さらにその竿の上には風 にはためく扇である。しかし、殿の命なれば退くことは許され ない。20歳の彼は、馬もろとも海へザンブと乗り入れると、で きる限り的に近づいた。しかし、確たる自信は湧いてこない。 彼は、八百万の神々に万感の祈りを込めつつ、満月のようにそ の弓をしぼった。周りの者たちは敵味方を忘れ、息を凝らして それを見守る。どれほどの緊迫した時が流れたろう。

源氏の動きを沖でみていた能登守教経らは、その動きから大 将と思われる義経の位置を確認していた。教経は、越中盛継を 伴って、目立たぬようにひそかに小舟を操り、船団の端の方か ら静かに岸辺に向け源氏方に近づいて行った。この時、ほとん どの敵も見方も、この扇の的に釘付けとなって、この動きに気 付く者はいなかった。

## 継信の最後

　だが、ここに1人だけ、四方に目を配り全体の動きに冷静に
対処していた男がいたのである。佐藤継信であった。彼は秀衡
から、いかなる時も義経を護れとの命を受けていた。与一の鏑
矢がうなりを上げて空を飛んだと、ほぼ同時だった。継信は急
に馬を蹴って、義経の前に躍り出たのである。その瞬間、継信
の体はドッと馬から崩れ落ちた。

　一方、与一の矢は見事、金の扇を打ち落とすと、遥か弧を描
いて沖合いへと飛んで行った。扇はひらひらと海面へ舞落ちた。

　みていた源氏も平家も、やんやとその妙技を褒め称えた。誰
もが与一の腕に酔いしれたのである。しばしその興奮が冷める
様子はなかった。だがこの時、ほぼ同時に起こったこの重大事
件に気付く者は、極く限られた者でしかなかったのである。

　義経の足元で起こった異常さに、義経は間髪を入れずに馬か
ら飛び降りると、倒れた継信に駆け寄った。そして、やおら継
信の胸を貫いた大きな矢元である 鏃 を、血がしたたるままに
抜き取り、右手でその傷をおさえながら叫んだ。

「三郎兵衛（継信）、大丈夫か！」

　継信は息絶えだえに、

「今はもうこれまでと存じます」と呻きながら言った。義経は、
「しっかりせい」とは言ったものの、あまりに苦しそうなので、
「言い置くことはないか」と涙ながらに聞き返した。すると、
継信は最後の声を振り絞り、

「何の思い残すことなどありましょう。君のご出世をみずし
て死んでゆくことは口惜しい限りです。それ以外には、弓矢と
る身として、敵の矢に当たって死ぬことは、もとより覚悟の上
でございます。就中、源平の合戦に、奥州の佐藤三郎兵衛継信

## 第5章 義経出陣

という者が讃岐の国、屋島の磯で、主君の身代わりとなって死んでいったと、末代までも人の物語にされたら、それこそは今生の面目、冥途の旅の思い出ともなりましょう」と、言い終わらぬうちに意識が薄れて行った。義経ははらはらと涙を流し、血で真っ赤に染まった手で継信を抱きしめた。その様子にやっと気付いた周りの者たちが集まって来た。義経は、

「このあたりに尊い僧はおらぬか」と尋ね出させて、

「深手を負って息絶えようとしている武者のために、1日経を書いて弔ってやってくれ」と言うと、太くたくましい黒馬に黄覆輪の鞍を置いて、その高僧に賜ったのである。

この馬は、義経が五位尉になった時、馬も五位の位に上らせて「太夫黒」と呼ばれていた名馬である。与一の妙技の慶びも束の間、これをみていた武士たちは、みな涙を流し、

「この君のためならば、命などまったく露塵ほども惜しくはない」と口々に言い合った、という。

(『原典義経記』徳間書房より)

継信の胸に突き刺さった能登守教経が射た鏃を、義経は血の塊と共に固く握りしめ持ち帰った。自分の命は、継信のこの血によって与えられたのだ。このことは生涯忘れてはならないと、義経は、深く胸に刻み込んだのである。まさしく佐藤

屋島にて義経の身代わりとなり能登守教経の矢を受けて亡くなった佐藤継信の胸から抜き取った鏃を義経は大事に持ち戻り「恨の矢の根」として佐藤基治のもとに届けたもの
(医王寺所蔵)

継信こそは、シークレットサービスの鏡であったといえよう。

（この時の鏃は現在、福島市の医王寺記念館に保管されている。写真参照）

---

※　「鉄木真が生まれた時、その手に血の塊が」

　ここで重要な事を記しておきたい。『元朝秘史』成吉思汗の生誕時の逸話の、次のような一節である。

　「チンギス合罕が生まれた時、己が右手には、髀石（シャー）ほどの血の塊を握って生まれて来た（第1巻59）」（井上靖氏の小説『蒼き狼』では左手となっている）と記されている点である。これが物語るものこそ「継信の血は、わが命である。この血の塊こそは、継信がいまわの際に言った言葉、君のご出世をみずして死んで行くことは口惜しい限りである」とした、その時のことを義経は、決して忘れなかった。成吉思汗として即位したその記録の中に、彼はこのような形で応えたとも言えるだろう。

（1189の最終、1206、1225、1240年の項参照）

---

　その後、平家一門は屋島を捨て、壇ノ浦へと逃れた。義経がいかに軍略に優れていたとしても、現実的に平家を滅すには、実に多くの困難を乗り越えねばならなかったかが判る。彼は平家方であった阿波の豪族、田口成能を味方に引き入れ、続く壇ノ浦に備えていった。

　2月22日

　梶原景時の軍が屋島にやって来た時は、すべて平家が沖合いに逃げ去った後であった。ところが、この頃から義経と梶原との確執は、決定的なものとなってゆくのである。軍略会議などでの兵法論議は、義経の比ではないことを、梶原には自覚できなかった。彼は、頼朝の命の恩人であるという唯一の自我意識から、その権威を笠に小才を知らず、何かにつけ義経に楯突いたのである。

## 壇ノ浦海戦

　壇ノ浦を舞台とした両軍の対峙はこの世の戦の中で最も壮観な戦国絵巻である。

　『平家物語』には源氏3000余艘、平家2000余艘それに唐船少々と紺碧の海に紅白の旗がはためくその様は、いかなる言語にもあらわせない大スペクタクルである。

　3月24日

　午前6時を合図に、海戦（豊前の国門司ヶ関と長門の国赤間ヶ関）の幕は、遂に切って落とされた。義経は海戦においても天才的戦略を発揮する。否、天才的軍略と言うより、彼の努力と執念こそが、何よりも大きな推進力であったことは、次の言葉をもってしても理解することができるだろう。

　　この度、義経においては、鬼界、高麗、天竺、震旦までも、
　　平家を攻め落とさん限りは、王城へ帰るべからず

（『義経記』巻11・逆櫓）

　関門海峡にあって、もし平家がその先々の沖縄、朝鮮、インド、中国などへ逃げ込むようなことがあっても、自分はどこまでも追い詰め、討伐するというのである。彼はすでに、さらにその先の広い世界を知っての意志表明であった。ここでは有名な「逆櫓の争い」という、梶原の思いつき戦略論争が起こる。軍監・梶原の浅知恵と比べるべくもないが、それが義経讒言へと膨らんでゆくのである。義経の戦略は、実に科学的であった。時の移りと潮の流れを計算しつつ、大将自らが先陣を切り、舟から舟へと、跳び乗り移り、多くの敵兵を海へ討ち落としてゆく。そこに、またしても現れたのが平家一の剛勇・能登守教経であった。しかし、狭い舟の上では、さしもの彼も義経の身軽

さには追い着かず、やがて一か八かとなった教経は、太刀も長刀も海へ投げ捨てたかと思うと、自らも裸になり、髪振り乱して、近くにいた源氏の兵２人を両腕に抱え込むと、

「さあ、貴様ら、死出の旅の供をせよ！」と、大音声を張り上げて、海へざんぶとばかり躍り込んだ。その形相の凄まじいこと、みるだけでも震え上がる恐ろしさであった。

最早やこれまでと御座船にいた二位殿（清盛の妻・時子）は、未だ７歳の安徳天皇を抱き、涙と悲しみの中「波の下にも、都がございます」と、慰めになって、数人の女官たちと供に、千尋の海底へと沈んでいった。この時の悲劇は、後に『平家物語』の冒頭を飾る名文として、盲目の琵琶法師である「耳なし芳一」（小泉八雲＝ラフカディオ・ハーン）によって語られるのである。

祇園精舎の鐘の声、諸行無常の響きあり、沙羅双樹の花の色、盛者必衰の理をあらはす。奢れる人も、久しからず、唯春の夜の夢の如し。……

義経は、平家をここ壇ノ浦に滅ぼした今、奥州平泉を起点にして、随分と遠い道のりを旅して来たものだと思った。実に奥州から壇ノ浦まで1600km、この間京～奥州を２往復し、思い出せば、その青春時代に奥州全土をいかほど駆け巡ったことだろう。義経のかねてからの目的である「平家討伐」は、これをもって完了した。後は、兄・頼朝と供に「源氏の世の建設」にあたらねばならない。平家の二の舞を、決して踏んではならないと思った。理想とするのは、奥州平泉のような素晴らしい国を、源氏の手によって創っていかねばならないと胸躍らせたのである。

これまでの義経の行動範囲から得た彼流の世界観の広さは、

第5章　義経出陣

想像を遥かに超えたものがあったが、軍監・梶原景時らがみる義経像は、すでに危険人物であり、新政権には不必要な者として見つつあったのである。狭量の知恵しか持たない者は、権威のみに執着し、自分より優れたる者を陥れる。その怨念にも似た性格は、恐ろしいまでの力を有していた。


### 六条義経の館での祝勝の宴

4月25日

　義経は晴れて京へ凱旋、御所でまた六条の館でも祝宴が催されたが、義経の心はなぜか晴れなかった。鎌倉からは何の便りもないのである。義経には、なぜ兄・頼朝がこんなにも自分に冷たいのか理解できなかった。静は、懸命に義経の相談相手となり、傷心の彼を慰めた。


### 腰越状

5月24日

　義経は、平宗盛ら平家の捕虜を連れて相模国（神奈川県）腰越に到着した、鎌倉へは目と鼻の先である。しかし、義経一行はここに留め置かれた。頼朝の許しが下りないのである。そこで義経は、野心のないこと、流浪の日々のことや現在の心境、讒言である誤解を解き、兄弟愛の復活をとの願い込めた「一通の書状」を認める。

　　源義経、謹んで左の趣旨を申し上げます。不肖ながら
　　　鎌倉殿の代官の一人に選ばれ、勅宣を奉じて……

から始まる、この書状は実に義経ならではの真心のこもったものであった。それを重臣の1人、大江広元にすがる思いで依託

しその執り成しを期待したのだったが、頼朝からの返事は遂になかった。

（1206年の項関連）

この書は世に言う「腰越状」と呼ばれるもので、その写し（弁慶筆と伝えられる）は、現在、腰越の満福寺に所蔵されている。

6月9日

義経は失意のうちに、京へと戻って行った。

## 大天狗・後白河法皇

8月16日

後白河法皇は義経に「伊予守（愛媛県知事職相当）」を贈った。朝廷としては、頼朝・義経兄弟仲がより悪くなることを、内心望んでいたのである。朝廷をないがしろにする頼朝の態度を牽制するには、真正直な義経を味方にしたかったのである。義経は、鎌倉と朝廷の板挟みにある自分を悔やんだ。あれほど源氏の世になることを夢み、その理想の社会を望んでいたはずなのに、現実は、次元の異なる何かおかしな方向へと進んでゆくのである。

## 義経暗殺未遂　静の機知で救われる

10月9日

そんな時、思ってもみなかった事件が起きた。京六条の義経邸に、この夜ひそかに近づく83騎もの武者団がいた。頼朝の密命を受けた土佐坊昌俊らによる義経暗殺である。深夜、熟睡する義経の傍らにいた静は、遠くで啼く犬の声に、異様な気配を感じた。彼女は、日頃の優しい姿からは想像もできない厳しい態度で、義経をたたき起こすと、自らも甲冑を携えて、その非

常時に備えたのである。土佐坊らの一隊は、足音を忍ばせ邸に近づくと大手門より一気に突入して来た。義経は「今ぞ」とほぼ同時に、自ら馬で表通りへと駆け抜け、取って返しては指揮する土佐坊めがけて切り込んだ。勝負はあっけなく終わり、大将及び側近3人の首は翌朝、六条河原に晒される形で決着したのである。それにしても、一時遅れたなら取り返しがつかないことになっているところだったが、静のおかげで「堀川夜襲」と呼ばれるこの事件は、事なきを得たのである。義経は改めて、静の機敏さと、その勘の鋭さに感服するとともに、命が救われたことに心から感謝した。しかし、この一事をもって兄・頼朝とは、完全に決裂したことを知らされたのである。この報せは10日未明朝廷へも届けられた。

> ※　『元朝秘史』には、女性によって命が救われる話が幾つか出てくる。女性略奪が公然とされた伝統の中で、以外な『秘史』での女性重視（尊敬）の記録である。

## 頼朝追討院宣

10月11日

　義経に同情した後白河法皇は、頼朝追討の院宣を、義経に与えた。この報は早馬で最速鎌倉へも届けられた。後白河法皇が複雑な芝居を打ったのである。大天狗と呼ばれる所以であろう。当然頼朝は激怒し、関東武士たちのすべてを召集すると、西国の武将たちへも法皇への異議と義経討滅の命令を発した。『吾妻鏡』文治元年十一月十五日の条には次のように記している。

　行家、義経謀叛の事　天魔の所為たる由仰せ下さる。

甚だ謂れ無き事に候。天魔は仏法の為に奸を成し
人倫に於いて煩を致す者なり。頼朝数多くの朝敵を
降伏せしめ、世務を君に任せ奉るの忠、何ぞ忽ち
反逆に変じ指せる叡慮に非ずして院宣を下されんや。
行家と云ひ、義経と云ひ召し取らざる間は諸国衰幣し
人民滅亡せんか、仍って日本第一の大天狗は、更に
他ノ者に非ざるか

　ところでこの『吾妻鏡』この日のこととしているが、実は80
年も経った1266年（文永3年）に纏められたものなのである。
いかに歴史というのは、その時の権力者に都合よく解釈された
かが判るというものである。

### 義経都落ち

10月18日

　鎌倉の大軍が京へ迫ることを知った義経は、京の都を再び戦
火に巻き込みたくはないと考えた。そこで都を退き、叔父・行
家らと共にとりあえず、九州・四国にて再起をかけることとし
たのである。この時の義経の判断を日頃から悪く言っていた、
頼朝贔屓の公卿九条兼実もその書『玉葉集』には、義経の武士
道ぶりを次のように讃えている。

　　　まことに　義士と称すべきなり　と

　義経がこのことを直接聞いたなら、どう感じたことであろう
か。この時、義経に従う武者はほぼ200騎であった。

第5章　義経出陣

### 船弁慶

11月6日

　この都落ちには静御前（19歳）も伴われた。今日の尼崎、大物浦より船出したのであるが、その夜半、瀬戸内を襲った大嵐は、義経と静にとって、これまでにない重大な意味をもつ運命の分かれ道へと導くのである。それは天のなせる業とも言うべき、人智の及ばない大自然の力が、2人に課した初めての過酷な試練であった。

　この場面は、能や歌舞伎において、壇ノ浦に沈んだ平家の怨霊（特に継信をその矢にかけた能登守教経また平知盛）が現れ、一行に立ちふさがる、息を呑む迫力で演じられる「船弁慶」の名場面となっているが、この嵐こそ、義経が成吉思汗となる第1のハードルであったとは、この時点で、誰が知ることができたろう。

　結局、義経たちの乗った船「月丸」は、船出した大物浦近くに再び押し返され打ち上げられた。やむなく、一行は上陸し鎌倉方の手が届き難い、奈良の奥・吉野山を目指して逃れることになった。この日は四天王寺に泊ったと『義経記』は伝えている。

　『新・平家物語』の中で吉川氏は、若き源義経を陰で支え抜いた郎党を、「草の実党」と呼んだ。

　平家全盛の時代、地に伏しながらも、驕る権力者に従わず、時流に流されず、源氏の誇りを堅持し、自ら主君と定めた義経を護り、共に戦い抜いていった若武者たちの群像である。

　今の埼玉や東京、千葉、栃木など、おおむね関東の大地に根ざした地侍として描かれている。

# 第6章　静の舞

### 吉野の別れ

　吉野に逃れた義経一行ではあったが、鎌倉方の追手は刻々と追っていた。義経について来た家臣17名と静は、雪の吉野山にさしかかった。これより女人禁制の大峰山に入る。遂に2人の別離の時がやって来た。

### 初音の鼓・増鏡

11月14日

　義経は、形見にと静に「初音の鼓」と「増鏡」とを与え、4人の従者を付け、京まで送り届けるように依頼する。それにしても2人は思い切れるものではなかった。静はハッキリとこう詠ったと『義経記』は語る。

　　　　　見るとても　嬉しくもなし　増鏡
　　　　　　恋しき人の　影を止めれば

　鏡をみたところで、恋しい義経様のお顔が映らない、何で嬉しいことがありましょうかと、すかさず義経は、

　　　　　急げども　行きもやられず草枕
　　　　　　静に馴れし　こころ慣いに

　逃げる身の、急ごうにも行くこともできない、静に慣れ親しんだ身も心も、わが身に染み込んでいるからである。まさに、

第6章　静の舞

「義経・静吉野の別れの図」江戸浮世絵版画(七海晧奘所蔵)

判官思い切り給う時は、静思い切らず、静思いける時は、判官思い切り給はず、互いに行きもやらず、帰りては行き、行きては帰りし給いけり。やがて　互いに姿見えぬ程に隔たれば、山彦の響く程にぞ喚めきける。

何と悲しい別れであろうか。雪は無情にも降り続いていた。

### 蔵王堂の祭り

11月17日

静は、下男たちと母・磯禅尼の待つ京へと向かったが、供の者らは暫くすると悪心を起こして、預かった金子や衣類などを持ち去り逃げてしまったのである。取り残された静は1人、吉野山中を裸足同然で彷徨った。奥山は暮れ、その雪の冷たさに静は、最早これまでと思った時である。遥か山裾の里近くに灯りがみえた。これぞ仏のご加護と思った静は、力を振り絞り里へと下りて行った。そこは、蔵王堂の祭りが催されていて、温かい飯、景気のいい踊りなどで、里人たちは機嫌よく浮かれ、静にも快く振舞ってくれたのである。少し元気を取り戻した静

は、勧められるままに、舞を披露することになった。お礼の気
持ちもあったのである。都一の白拍子とは、誰も気付いてはい
ないようだ。静も心安く気楽に踊った。ところが、その踊りは、
やはり里人の大きな話題となった。噂は、都に通じる者の耳に
も入り、たちまちその報は京に屋敷のある北条時政の郎党に届
けられた。間もなくして静は捕えられ、時政の京屋敷へと護送
されたのである。

その頃、義経一行は大和国多武峯を越え、南院藤室の十字坊
のもとに匿われていた。

11月25日
頼朝は、「守護・地頭」の設置を義経追討を口実に全国に敢
行する。まさに政治的手腕の冴えたるものである。また義経へ
の追捕の宣旨を後白河法皇に要請、法皇は、頼朝の要求に恥じ
らいもなく、それに応じた。義経は完全に反逆者となったので
ある。

12月8日
静は、京の時政の屋敷で尋問を受ける身となったが、意志は
硬く、何ごとも語らなかった。時政は困り果て、年明けを待っ
て、静の母・磯禅尼共々鎌倉送りにすることを決定した。


# １１８６　　文治2年【27歳】
## （後白河院政・第82代後鳥羽天皇）
### 義経一行、山伏姿となる

2月18日
雪深い吉野山中で年を越した義経一行は、山法師（山伏）姿
となって、多武峯にある藤原家の祖廟（鎌足）を拝し、奥州藤
原氏・平泉まで、無事辿り着けるよう祈願した。しかし、この

第6章　静の舞

時、義経追討の院宣は重ねて下されていたのである。

　一行はそのような状況の中、比叡山へと歩を進めていた。極秘の潜行を鞍馬の恩師東光坊や、興福寺の周防得業らが天台宗の総力をあげて、一行を匿い、その潜伏を助けたのである。


## 静、鎌倉へ送られる

　3月1日

　静は、頼朝の命により母磯禅尼と鎌倉へと送られて来た。2人は頼朝の家臣・安達新三郎清経の屋敷に預けられ、厳しい詮議を受けることになったが、静の口は堅く、義経の情報を得ることはできなかった。

　3月6日

　静は、鎌倉の役人・俊兼、盛時らから義経について厳しい尋問を受ける。しかし、彼女は何も語らず黙秘を続けた。男の詮議では埒が明かないとみた頼朝は、その処遇を妻・政子に委ねたのである。政子は、才ある工藤祐経の妻らと共に、静の心情の理解に努めた。政子には、実は大きな悩みがあった。大切な娘・大姫の病の件である。政子たちは、静とある秘密の約束を交わした。それは女同士のみぞ知る、重大な策であった。


## 義経、伊勢に現れるとの噂が流れる

　3月15日

　鎌倉方（開幕までの鎌倉政権）の懸命な捜査も空しく、義経主従の行方は一向に掴めなかった。この時期、公家で鎌倉方と親交の深かった九条兼実は、わが子三位中将良経と今話題の謀反人・義経とが同訓（おなじ呼び名）なので、良経の名はそのままにして、勝手に義経を「義行」と改名させ、天下には、その

ように呼ぶように布令を出したのである。頼朝もそれを受け入れた。ところが、その後も、まったく義経が現れる気配はなかったため、義行では「よく行ってしまうとの意」でまずいということになり、後日義行の名は、「よく現れよ」との意を込めて「義顕」と呼ぶようにしたのである。まったく子供じみた権力のごり押しという他はない。

この頃、寺社は、歴史的伝統により一つの宗教的租界であり、その本義は、今日でも「駆け込み寺」の名で残っているが、南都北嶺（特に興福寺、延暦寺など）は、古代的自治の原則を主張し、容易に武士の自由な出入りを許さなかった。寺社間に、連合があったとは思われないが、それぞれに自立した大きな力があった。そこに共通した理念は、神仏による広い慈愛であり、時々の浅い判断で単純に罪人とする世相とは違っていたのである。義経主従はその神仏によって護られたのである。

4月

天下を手にした頼朝は、奥州藤原秀衡に対し、朝廷への貢金や貢馬は鎌倉経由で行うよう申し入れた。奥州藤原氏が勝手に朝廷と交流してはならないとの、強い牽制であった。秀衡はそれに対し、あえて異論は唱えず「ではお世話になりましょう」と受け入れた。


## 鶴岡八幡宮

4月8日

日本一の白拍子であり、今話題の罪人、義経の愛妾・静御前が、鶴岡八幡宮の神殿で舞うという噂に、鎌倉中は騒然となった。舞殿のある中庭は、整然と清められ鎌倉武士御家人のほとんどが、中央に据える頼朝、政子の雛壇を核として居並んでい

第6章　静の舞

た。門外の大衆は群がり、少しでもそれを覗こうと競い合っている。今も昔も、スターへの熱狂的な心情には、まったく変わりがない。この日の静の装束について『義経記』は、次のように語る。

　白き小袖のひとかさね、唐綾上に引き重ね、白き袴を踏みしだき、割菱縫いたる水干（男性の着る狩衣）に、丈なる髪高らかに結ひなして、この程の嘆きに面瘠せて、薄化粧、眉ほそやかに作りなし、みな紅の扇をひらき、宝殿に向かひて立ちたりける

鼓は工藤祐経、笛は畠山重忠そして銅拍子が梶原景時であった。

　静、君が代のと上げたりければ、人々これを聞きて情なき祐経かな、今一折舞わせよかしとぞ申しける。詮ずるところ敵の前の舞ぞかし、思う事を歌わばやと思いて、

　　　しずやしず　賤の苧環　繰り返し、
　　　昔を今になす　よしもかな
　　　吉野山　みねの白雪ふみわけて、
　　　入りにしひとの　あとぞ恋しき

と歌いたりければ、鎌倉殿御簾をざと下し給いけり。
鎌倉殿、白拍子は興醒めたるものにてありけるや。今の舞い様、歌の歌い様、怪しからず。頼朝田舎人なれば、聞き知らじとて歌いける。「しづのをだまき繰り返し」とは、頼朝が世尽きて九郎が世になれとや。あわれおおけなく覚えし人の跡絶えにけりと歌いたりければ、御簾を高らかに上げさせ給

いて、軽々しくも讃めさせ給うものかな。二位殿より御引出
物色々賜わりしを、判官殿御祈りのために若宮の別当に参り
て、堀藤次が女房諸共に打連れてぞ帰りける。

さすがに京一番の白拍子・静のその歌と舞には、鎌倉の並み
いる御家人たちは水を打ったように静まり返る。まさに梁の塵
もために動くかと思われるばかり、満座はしばし声もなかった。
ところが、途中から頼朝は激怒し顔色を変えて言った。

「義経の許しを乞うならば、関東万歳とこそ歌うべきに、こ
の席で謀反人たる義経の世になることを、歌に託して舞うとは
許し難し」というのである。

隣にいた妻・政子はそれを懸命に戒め、頼朝をなだめた。

「わたくしが伊豆の目代、山木兼隆との婚礼の夜、あなた様を
慕い、あの雨の中を逃れて、殿の胸の中に飛び込んだ。あの日
のわたくしの女心をお忘れか。見上げた貞女ではありませぬか」

暫しこころを落ち着けた頼朝ではあったが、やはり源氏らし
い血の感性がなさしめた心情なのであろう、静の歌に託された
愛の歌に、実は別の意味で嫉妬していたのである。ではどのよ
うな意が隠されていたのであろうか。よく読んでいくと次のよ
うになる。それは実にエロチシズムの極致ともいえる凄まじい
ものであった。

### 賤の歌はエロチシズムの極致

よしのやま　みねの白雪ふみわけて、
　　入りにしひとの　あとぞ恋しき

この歌は三十六歌仙の１人、源重之の「吉野山峰の白雪むら

第6章　静の舞

消えて今朝は霞の立ち渡るかな」を元歌にしたもので、静の教養の深さを物語るものであるが、ここでは次のように展開したのである。

「よしの山（芳しい山）峰の白雪とは、かぐわしく白雪のような美しい『女体』のことを現している。その2つの真白き峰を、踏み分けて入って来られたあの方の、今にも残るその時の思いは、とても恋しくて切なくてたまらない」と詠い、さらに

　　　しずやしず　賤の苧環　繰り返し、
　　　昔を今になす　よしもかな

「賤やしず（卑しいこと・恥ずかしいこと）その行為を、苧環のように（もつれあい・球のように）繰り返した、あの時の悦びの日はもう遠い昔のことで、今となっては、なすことは（行うことは）ないのでしょうか。（できることなら、そのような日が、再び来て欲しいものだ）」そこには女としての、静の思いの丈が、清冽にも激しく堂々と込められていたのである。女性は自らが時として、峰となり谷となって、男性をその深き大地の奥へと誘い、宇宙の無言へと包み込んで行くのであろう。しかし、この歌にはもう一つの解釈がある。これこそが後年重大な意味をもつに至るのである。　　　　　　　　　　　　（1206年の項参照）

　6月6日

　京一条、長成の屋敷にいた義経の母・常盤は六波羅に引き立てられ、義経の行方に関し尋問されるという事件が起きた。常盤の脳裏には、平治2年（1160年）のあの忌まわしい平清盛の前に連れ出された日のことが思い出された。そして、平家ならまだしも、ある意味では義理の息子の頼朝の、それも下臣に詮議されるとは許し難い処遇なりと思えたのである。常盤のいつ

にない厳しいその目に、詮議の役人はたじろぎ、一言も発する
ことができなかった。女3人（政子、静、常盤）の真の姿の一コ
マである。


## 西行再度奥州へ

　この頃、歌人・西行は京より鎌倉へと向かっていた。70歳を
迎えようとする年齢である。彼には、鎌倉さらには奥州までも
再び行かねばならない理由があった。それは治承四年（1180年）
平重衡の手によって焼失していた東大寺の、再建、勧進への行
脚である。彼自身は歌人もさることながら、真の僧としての自
覚も強かった。そして、駿河の国へと入った。仰ぎみる富士の
姿に、悠久の時を感じた西行は、次の歌を詠んだ。

　　　　風になびく　富士のけぶりの　空に消えて
　　　　　行方も知らぬ　わが思いかな

　この頃、富士山の頂きからは煙が立ち昇っていた。天も地も
まさに生きていたのである。西行はことさら東大寺再建などと、
力む必要もないと思った。自然にこの命を委ねようと思った。


## 頼朝、西行に銀の猫を与える

　8月15日

　西行は、頼朝のたっての願いに、深夜まで弓馬と仏門などに
ついて対談した。翌朝、頼朝から「銀の猫の置物」を餞別とし
てもらうが、彼は、門前で遊ぶ子供たちにそれを惜しげもなく
与えて、奥州へと旅立って行った。頼朝がなぜ陸奥へ旅立つ西
行に、猫の置物など与えたのか、あまりに場違いな振る舞いで
ある。高価なものであるから、その辺で銭に換えてゆけとの意

第6章　静の舞

にとれなくもないが、それなら最初から銭である方が、親切と言うものである。頼朝は奥州秀衡のもとへ、これからゆこうとする西行に託したメッセージこそが銀の猫だったのである。頼朝らしい脅しのテクニックであった。

　奥州は、日頃から蝦夷（えみし）と蔑まれていたが、そのあだ名の一つに「鼠（ねずみ）」があった。奥羽三関の一つ、新潟、山形県境に「念珠ヶ（ねず）関」があるが、これはまた同音で「鼠ヶ関（せき）」とも呼ばれていた。つまり「奥羽はねずみ」だと言うのである。「私は猫だ、そのつもりでいろ」頼朝は、無言でそう語っていた。西行は、投げ捨てるようにこの置物を、門前で遊ぶ子供に惜しげもなく与えたのは、その意を知ったからである。

　ところで頼朝の意地でもあったのだろうか、この時の主題であった「東大寺の再建」は4年後、鎌倉の安定を得た建久元年（1190年）頼朝の発願によって再建をみるのである。


### 静、男子を出産

　8月29日

　静は安達新三郎清経の屋敷で男子を出産した。頼朝の命により、その子は男子であったために直ちに取り上げられ、安達家の家臣の手で由比ヶ浜に捨てられた。生まれたばかりの愛する義経の子が、取り上げられ殺される。その時の静の思いはどれほど辛いものであったか、想像するだけでも切なく恐ろしいものであるが、これには大変な裏が隠されていたのである。頼朝の妻・政子は、頼朝ほどの冷酷さを持ち合わせてはいなかった。神仏を恐れたのである。彼女は、安達清経の妻及び工藤祐経の妻たちとある計略を練っていた。生まれ来る日は予測できたので、支配領民の中から、同じ頃生まれそうな百姓の複数の赤子

を、ひそかに準備させたのである。代わり身となる赤子には気
の毒な話だが、権力者の特権とは、かくなるものであったのだ
ろう。ともあれ静の子は「義高」と名付けられ、女たちの手際
よい計らいでひそかに運び出され、京に住む佐々木高綱の屋敷
へと送られたのであった。


## 政子の悩み

　政子の計らいには切なるものがあった。頼朝・政子の娘であ
る大姫（7歳）の悲しみは、幼いだけに深いものがあった。政
略上の人質とはいえ大姫の許婚であった木曽義仲の子、蒲冠
者義高（12歳）が、義仲討伐に連座して処刑されたからである。
この子は、義仲の子とは思えぬほど優しく知性の高い少年で
あった。大姫は兄のように慕い、ゆく末の幸せを感じていた。
その彼が突然殺されたのである。年齢の差こそあれ、愛する者
を失った大姫の悲しみはただごとではなかった。

　日々、食も通らぬその憔悴する姿に、政子はどうすることも
できなくなっていた。そのような時、同様の悲しく辛い立場に
あった静が現れたのである。政子は、静の身の上に心から同情
を寄せると共に、わが娘を救う唯一の方途として「都一の白拍
子」たる、静の舞を所望した。静は、敵とする頼朝の前で舞を
舞う気持ちなど微塵もなかったが、敵と思えぬ政子の真剣な懇
願に静は応えた。それが、歴史に残る舞の舞台となったのであ
る。

　その子が「義高」と命名されたのは、大姫の殺された許婚者
と同じ名であり、彼の生まれ変わりとして捉えようとした、政
子が考え抜いた唯一の智略、否、神仏への深い償いであったの
である。それは、大姫を慰めるために舞ってくれた静に対して

の、何よりの謝礼であり、生きる縁（よすが）であり、最後の希望であった。以後、佐々木家に養子となった義高は、やがて昇殿するに及び、後年、奥州（岩手県）宮古に「宮古領主」として赴任することになるのである。そして「花輪城」を構築するのであるが、この「花輪」なる名称こそ、彼にとって、母・静が晩年に亡くなった岩代の国、安積郡大槻村「花輪の里」（現・福島県郡山市大槻町花輪）から、その名が採られたことを知る人は少ないようである。

（佐々木勝三著『源義経の謎』参照）

### 静、京へ戻る

９月16日

静は、母・磯禅尼とともに京へと帰っていった。政子を始めとする鎌倉御家人の妻たちは、丁重に見送ったのである。２人の輿は10人ほどの鎌倉武士に護られ、琵琶湖まで送られた。そして２人は京へと戻り、天竜寺に近い嵯峨野の北白河に庵を結んだのである。政子と工藤祐経の妻たちによる極秘の報が、静には伝えられていた。静は、一縷の希望を得ることができた。男世界とは別の、女の倫理がそこに生きていたのである。

### 佐藤忠信（ただのぶ）の死

９月20日

京六条の屋敷において、義経の身代わりとなった奥州信夫の里の佐藤四郎忠信は、頼朝の軍勢を相手に壮絶な死を遂げていた。この報は、いち早く奥州秀衡のもとにも伝えられた。忠信の死は、後年「歌舞伎三大戯曲の筆頭たる、義経千本桜」において「狐忠信・静御前の吉野路ふたり旅」として、永く語り伝えられることになる。ところで、この２人の霊は現在福島市飯

坂町の医王寺と郡山市静町の静御前堂にあり、いずれも福島県の二大都市に、奇しくも眠っている。これこそ偉大な仏縁という他はない。全国の歌舞伎ファンの方々には、是非知って頂きたい聖地である。

## 安宅の関

丁度この頃、義経一行は加賀の国「安宅の関」へとさしかかっていた。迎える富樫左衛門尉。歌舞伎の18番「勧進帳」の名場面である。ここでの勧進も、まさに弁慶演ずるところの、西行と同じ、東大寺再建に関わる修行行脚を朗誦するものであった。

（『舞の本・新日本古典文学大系』岩波書店）

> ※　実際の関の論議となると多くの学者が口角泡を飛ばす、「如意の渡し」での仕儀が原点とか、「愛発ノ関」のことであるとか、「今は海の底である」とかの論である。ともあれ820年ほど昔のことであるから、まわりの環境からして無理に学問的に押し付けても意味のあることとは思えない、要はその時の義経一行が、いかにそれらの難関を乗り越えたかに思いを馳せるべきではないだろうか。

## 義経遂に奥州へ帰還

義経は、昨年の９月より、かれこれ１年になるこの時を振り返った。それは幾十年にも匹敵するような、あまりにも多くのことが起こり過ぎた月日だった。頼朝の重臣・梶原景時の讒言から、その時は始まったのではあるが……、このような立場になった背景には、さらに複雑で大きな力が働いていたことを、この時点で、義経はやっと理解できたのである。朝廷と鎌倉との権力争いの中に彼は利用され、犠牲の罠に嵌ったのである。

しかしながら、義経一行は苦難の末にも、秋深まりゆく懐か

第6章　静の舞

しの奥州平泉へと無事到着した。秀衡は、満面に笑みを浮かべ、わが子以上の厚遇をもって一行を迎えた。そして、これまでの苦労を心から労(ねぎら)ったのである。その証に秀衡は、陸前国の五郡「桃生、牡鹿、志太、玉造、遠田」(現・宮城県)の190万町歩、及び名馬100頭、鎧50領、弓矢などなどを義経に贈った。さらに同行した義経の北の方(久我大臣の姫)に対しては12人の召使、また衣川の高舘には新しい舘を与えた。本来なら、頼朝が与えてしかるべき褒賞である。義経は秀衡の厚情に、ただただ感涙するのみであった。

　10月に入ると、義経は自分の身代わりとなって命を落とした佐藤継信・忠信兄弟の法要を、中尊寺で主催する。信夫の里からは、両親である佐藤基治とその妻・乙和、そして継信の妻・楓、忠信の妻・若桜、それに元服前の各々の子息が招待された。秀衡一族も大いに喜び、義経にその子たちの名付け親を依頼す

平泉に戻った義経が継信・忠信の(霊を弔う)石塔を奉納したものとされる。(福島市飯坂町　医王寺)

るのである。義経は、継信、忠信の遺児2人に自分の「義」の字を与え、「佐藤三郎義継・佐藤四郎義忠」として命名するのであった。この若い2人は、後の「義経北行」に同行することになる。この法要には、実に折りよく、かの西行法師も顔を揃えることができた。秀衡にとっては何とも言えぬ、これまでにない不思議な充足感に満ちた、時の訪れを感じさせた。

石塔の側に建つ記念墓碑

　同じ頃、秀衡は鎌倉に対し450両の仲介料を払い朝廷への貢金を依頼する。頼朝への機嫌をとったものであろうか。しかし、義経の動向は一切語らなかった。義経一行の平泉到着は朝廷にも、当然鎌倉にも極秘事項とされたのである。

## １１８７　文治3年【28歳】（第82代後鳥羽天皇）
### 静、みちのくへ

2月10日

　義経が奥州平泉に帰還した事実は、鎌倉方の隠密により明らかになった。この報告はただちに伝えられ、『吾妻鏡』『玉葉集』（三月五日の条）にもその旨が記されている。当然、京の静の耳にも届いた。反頼朝派の公家が、ひそかに伝えてくれたのである。後白河自身が伝えさせたとも考えられるが、静にとっては矢も楯もいられない心境となった。

第6章　静の舞

「殿との御子も生きていることを伝えなければならない」

静はそう思った。早速、善後策の検討がなされた。しかし、今や天下は鎌倉の頼朝にあり、義経検索の包囲網は、かつてないほどの厳しさで続いている。あらゆる領地、関所には「守護・地頭」なる直属の支配者を置き、鼠一匹通さぬ厳戒体制だと聞く。これはよくよく考えなくてはならない。

幸い、静の母・磯禅尼は、京の白拍子界を統率する地位にあったため、宮廷内の人脈にも深い繋がりがあった。権力闘争の内情や、地下活動の凄まじい策謀がうごめく世界の様子も、ある程度は把握できたのである。「女界を制する超特権」がそこにはあった。そこで、信頼の置ける公家や北面の武士の幾人かが、貴重な作戦を練ってくれたのである。静と思われる影武者（武者とは言えないが）を方々へ放つ必要があると、彼らは教えた。早速、磯禅尼は、静は病没したとの噂を流す一方、これぞと思う弟子たちへ「静」なる名を襲名させ、さらには乳母役も「さいはら・琴路・かめ」なる名を名乗らせて関東、丹後、瀬戸、越後はたまた九州方面へと向かわせたのである。それにしても、その多さにはびっくりするが、その隙を縫って、本物の静を義経殿のもとへ届けなければならない。これぞ、真に静の心情を知る者たちの使命であった。

---

※　全国にある静伝説は、このようにして生まれた可能性が高い。学者も百家争鳴で、特に江戸時代、流れ芸人がばらまき作られたものも他に多分にあると言う。

① 　香川県大川郡三木町：鍛冶池「静薬師堂」（磯野禅尼・静御前・琴路の墓あり）

② 　兵庫県淡路島津名町：静の里公園（一億円金塊で有名）「義経と静御前の供養塔」

③ 京都府網野町：磯（静）神社（静の母・磯禅尼の生地と伝えられるところから）
④ 埼玉県栗橋町：光了寺「静御前墓」「義経招魂碑」
⑤ 群馬県前橋市：養行寺「静の墓」（三河町）
⑥ 群馬県前橋市：「静御前の墓（石塔）」（岩上町）
⑦ 新潟県栃尾市：高徳寺「静の塚」（栃堀）
⑧ 仙台市秋保町：「静ヶ窪」（久墓）（長袋）
⑨ 長野県大町市：社区松崎「牛立薬師堂」善光寺名所絵図
⑩ 京都市：天竜寺黒河内興四郎（東京帝国大学）著に「天竜寺に滅す」とあるが、天竜寺にその形跡なし。
⑪ 山形県南陽市：福昌寺「鏡池」「夜泣き地蔵」（静が死産した子を祀ったとされる）
⑫ 岩手県川井村：鈴ヶ神社「静の祠」（義経北行の折祀ったとされる。この地で静の死を知ったのだろう）
⑬ 福岡県宗像郡津屋崎町：臼杵ヶ池「静御前の墓」
⑭ 奈良県吉野郡吉野町：西生寺「静ヶ井戸」
⑮ 奈良県大和高田市：「静御前の墓」「衣掛の松」（磯野）
⑯ 長野県北安曇郡美麻村：「静御前の墓」
⑰ 静岡県田方郡韮山町：満願廃寺「白拍子静開基」
⑱ 栃木県野沢町：「静桜」この地で亡くなるが墓はないと。
⑲ 茨城県猿島郡総和町：「静帰り」「思案橋」
⑳ 茨城県古河市：光了寺「厳松院義静源大姉」など。
　さらに驚くべきは、青森県津軽半島の最北端、三厩にも静の碑があり、北海道乙部町にも静御前最後の地としての言い伝えがある。これは義経の行くところ、すべてに静が一緒だったということを伝えたかったからなのであろうか。

## 秀衡・西行・義経、極秘の会談

　その頃、朝廷では、頼朝のやいのやいの催促に押され５度目の義経追討院宣を秀衡へと送った。しかし、秀衡からは、「義経殿は未だ当方にはみえず」との返事しか帰って来ない。頼朝としては、誠に苛立たしい時の経過である。ところが平泉の伽

第6章　静の舞

羅御所・奥の間では、秀衡一族と彼の西行法師、そして肝心の
義経たちが集い、極秘のうちに重要会議が開かれていた。この
席で何が語られたのか、大変興味深いものがあるが、その記録
は今なお発見されてはいない。唯一、その謎を解く鍵は、その
後、何食わぬ顔で京に戻った西行の歌の中に秘められている。

聞きもせず　たはしね山のさくら花<br>吉野の外に　かかるべしとは

これまで聞いたこともなかった束稲山のこの見事な桜花、あ
の有名な吉野山の他に、このような風情があろうとは……。

※　平泉の束稲山を、北上川（日高見川）の対岸にみることのできる
絶景の場所と言えば、まぎれもなく義経の居城・高舘である。この居
城は、秀衡から特別に与えられた難攻不落の高楼であって、そこから
の眺望は四季折々、言語を絶する美しさであったと言う。西行はここ
に迎えられ、時を忘れて秀衡、義経らと語り明かした。ここで詠まれ
た「束稲山のさくら花」とは「奥州の義経」を指している。「吉野の
外にかかるべし」とは「吉野山が、その後の義経の出発点となり、そ
こから出て、今この地におられます」そして「とは」と「驚きの思い」
で結ばれるのである。このこと自体、私（西行）が、冒頭にいう「聞
きもせず」つまり「知らなかった」「いや誰も知らないことであるよ」
と、言い放っているところに、この歌の謎めいた味わいを覚えるので
ある。また、次のような「信夫の里」の歌も残している。

みちのくに　あらぬものゆへ　わが身には<br>いかでしのぶも　くるしかりけん

関の小六

4月

いよいよ静（20歳）一行3人は、嵯峨野の庵より、ひそかに

奥州へ向け旅立つこととなった。従者小六と乳母・さいはらが
同行する。実につつましやかに、隠れるような旅立ちである。
従者小六は「関の小六」とも呼ばれ、後白河法皇より依頼され
た信頼厚い元北面の武士であった。また常盤御前の母・関屋に
縁ある者との説もあった。ある日、北陸道の裏街道たる山沿い
にさしかかろうとした時、見回り役人に呼び止められた。

「そこもとの名は、何と申す」

「関の小六」と、彼はぶっきらぼうに答えた。

「関とは、いずこの関か」役人が問い詰める。

「東の関、関東小六でござるよ」

「ああ関東でござるか、鎌倉殿から西の者には、よくよく吟
味いたせとのお達しでな」

何と単純な役人であろうか、しかし、ホッとする一幕である。
ここで関東小六に関する流行歌（はやり）が福島県郡山市には、昭和初期
まで残っていた。

小六ぼっくりぼっくり、ついたる竹の杖（松の葉）

これにはまた、実に不思議な縁がある。義経が後に蝦夷ヶ島
（北海道）で知ることになった、その地の神が「コロボックル」
というのである。静を警護し、かつ「カムイでの義経を守護す
る神」とが、ほぼ同じ名であるとは、偶然といえばそれまでだ
が、何かがあるのだろうか。３人は、山賊などに襲われること
も度々あったが、その都度「狐狼党（ころうとう）なる不思議な一団」に助け
られ、歩むことができた。確かに、小六の他に後白河法皇が気
まぐれなのか、好奇心なのか、また本当の厚い配慮なのか、そ
の真意には計り知れないところがあったが、次のような支援部
隊20人ほどが、静主従の道行きに、相前後して護衛するよう取

第6章　静の舞

り計らっていたのである。法皇は笑って語っていたという。
「狐にも狼にも似ておるがの、つまりは、静を護る山犬共じゃ」
と。

> ※　郡山市の静関連の古文書には、静主従は3人と記されているが、
> 他に20人ほどの従者が付いて来ているとする伝承もある。その子孫を
> 名乗る家系が、郡山市三穂田町に現存する。「山犬」とは明治期に絶
> 滅したとされる「日本狼」を言うが、人偏をつければ「山伏（やまぶし）」となる。
> この伝承には笈と持参佛なる物証が確認されている。

## 花輪長者屋敷

　秋、静一行は苦難の末　奥州安積郡大槻村花輪の里に辿り着
いた。しかし、奥州白石を目前とした最後の峠で従者小六は息
絶えてしまうのである。静と乳母・さいはらは心から悲しんだ。
この地は後に「小六峠」と呼ばれることになるが、この辺の事
情を、古文書『槻里古事記』では次のように語り伝えている。

　そもそも奥州安積郡（あさかぐん）静御前の由来をくわしく尋ね奉るに、
石見国（いわみのくに）磯野前司（磯の禅尼（いそ）（ぜんじ））の御娘なり、幼少にして父に後
れ孤子となり、住居を洛北白川の辺にうつし、白拍子を業と
して母を養ひ、月日を経営（くらし）けるに、人皇八十一代安徳天皇の
御宇に当り、一百余日の大旱魃にして兆民嘆悲浅からねば、
宣詔ありて神泉苑におひて龍神を請て雨を下らしめ給へと、
御祈祷のため、百人の白拍子を召し集め、すでに九十九人ま
で舞いせしが、其の効少しもなき時に、静御前〈日本一の美
人也〉一百座の結願に当り、法楽の舞を勤ければ、龍王感応
ましまして、俄に大風吹き、池水波立、晴天掻曇、震動雷電
して、大雨車軸を流ければ、五穀実熟して豊年になり、国家

176

安全昌栄えけり。

　ここに源の右兵衛之佐頼朝公〈鎌倉御在城〉の御舎弟・源の御曹司義経公、雨乞いの座にて静御前の容顔美麗なるを垣間見給へしなり。以来都堀川の御所へ招き、仮神の御酒宴に度重なりければ、終に比翼連理の誓語をなし玉ふ。

　当時平家の朝敵を切亡しける勲功によって検非違使五位の尉に任ぜられ、関西三十三ヶ国をあて行なうるといへども、不運なる哉、梶原の讒言に仍って、殿より勘気を蒙り、御舎弟不和になられ奉れば、御身の立所なく、人皇八十二代後鳥羽の院の御宇、文治二年奥州秀衡の元へ御下向し給へける。

　是に仍って静御前は義経公の御行末を慕へ奉らんと、朝夕思ひ案じ暮らされければ、或る夜密かに、僕小六と乳女さいはら両人を召供し、東国かたへ趣けるに、野にふし山に伏し、または木の下　橋の下、朝風暮雨に身を悩まし、旅の長途に疲れ足、漸々とみちのくの浅香（安積）の辺に着きぬれば、小六病の床枕を傾け終に亡くなりけるを、主従涙流し給えしが、御化粧を改め〈此所今にケハイ坂といふ〉夫より大槻の里、花輪長者の外廓に徘徊し、「義経公の御行方は何処」と問いければ、「義経公は遥かに奥の平泉、高舘の城に罷りし」と長者告げければ、静御前聞きしめし、「供の小六には先経たれ、誰を指南に行くべし」と暫時途方に暮れにける。」

と

　この日は、ともあれ長者の御好意もあって、その屋敷に泊めてもらうことになった。ところが、その晩のこと、静は１人真夜中に目を覚まし、寝屋を忍び出て裏木戸から歩み出したかと思うと、北の闇に広がる遠い山並みに向かって「義経様！」と

第6章　静の舞

悲しく叫んだ。その時である。静は「あっ！」と言う声と共に、屋敷の裏手を流れる深い淵に足を滑らしてしまったのである。寝屋で一緒に寝ていた乳母・さいはらは、その異常さに気付き、明りが灯る長者の部屋に急いで走った。そして、静のいないことを伝えると、長者の手配は迅速であった。数人の下男たちを呼び集めると、松明を幾つも焚かせ、屋敷裏の深い淵に幾人かを下ろし、分担して静の身を探させた。暫くして、川下の方から大きな声がした。「おられましたぞ！」数人の男たちが、水の中を走り、声する方に駆け寄った。暫くして、静は救われたのである。助け出された時、静はきれいな紅葉の葉と秋の花びらが渦巻く水の流れの中にあった。

> ※　その情景は、歴史的には相前後するものだがシェークスピアの「ハムレットの恋人オフィーリア」を描いたＪ.Ｅ.ミレー（1852年）の名画を思い起こさせるものがあった。この淵は、後年「御前淵」として名付けられ、現在、郡山市の静御前堂前を流れる「南川」の上流となっている。

### 旅の疲れ

　長い旅の疲れと従者小六の死、奥州に着いたという一種の安堵感からか、静は昏々と眠り続けた。花輪長者は、篤い理解を示し、秋も深まる季節でもあるので、さいはらには、静の身が回復するまで、気兼ねなく逗留することを薦めたのである。さいはらは長者の親切に心から感謝した。

　幾日か過ぎた朝、静は目を覚ましたが、これまでの気を張り詰めていた時のような姿は、そこにはなかったのである。ただぼんやりと天井をみつめては、何事も語らず、また目を閉じるという具合であった。さいはらは思った。静様には、安静こそ

今求められていることである。そして枕元に付き添い、看病に
つとめては、静がここまで歩んできた、辛く悲しい歳月を思い
浮かべた。時折、長者が見舞いに部屋を訪れては様子を尋ねて
くれた。さいはらはそんな時、これまでのことをすべて包み隠
さず、語り伝えたのである。長者は、その一つひとつに深くう
なづいて理解を示した。と言うのも「花輪長者なる者」は「花
橘」を基とする意で、金売吉次こと「橘次郎末春一族」が、
奥州全土を管轄する施設の一つとして、ここ花輪の里にも、奥
州最南端の交易中継基地としての機能を兼ねた舘、人呼んで「長
者屋敷」を管理する責任者（派遣長者）の１人であったからで
ある。当然のことながら、京の都や鎌倉の情報にも詳しかった
のはそのためである。

> ※　奥州平泉の都から、この安積（花輪）の里までの交易隊としての
> 日程は、この時代通常10日余りを要した。彼らはここでいったん荷を
> 降ろし、関東或いは越後方面への手配をして、次の中継地までの構え
> としたのである。冬の季節ともなれば、さらに２、３日が加えられた。

### 秀衡、月見の宴をひらく

９月15日

　折りしも、束稲山に登る中秋の名月は、平泉の都をあたかも
竜宮城のようにその甍を輝かせ、包み込む森影は、葉の１枚１
枚にも、万波のように月光を宿して佇み耀いていた。秀衡は、
伽羅御所に主な重臣たちをすべて集めて、これが今生、最後の
「月見の宴」だとして盛大にこれを催したのである。これほど
の月見の宴が果たして過去にあったであろうか。かつて都では、
全盛を極めた道長が催した宴があったが、それに勝るとも劣ら

第6章　静の舞

ぬ、陸奥の国の神聖にして優雅な宴となったのである。

　今天下の義経殿を仰ぎ、奥州はこれまでにない時を迎えよう
としている。ここに余の命幾ばくもない。最後の月の宴を催
すにあたり、後事を託す。と

風一つない静かな満月の宵であった。この日ばかりはと、病
床から身を起こした秀衡は言った。

　秀衡が死んだならば、鎌倉からは義経殿を討てという命令
が下ろう。勲功の賞として常陸国を与えると言うようなこと
もいおう。しかし、決してそのような甘言に乗ってはならぬ、
自分には出羽・陸奥さえも過分の領地である。親に勝ること
もない御前たちに、これ以上他国を与えられるはずもない。
鎌倉の使者が下ったら義経殿は奥州にはおられないと言い張
れ、そしてその使者たちを厚くもてなせ。

　義経殿には別に遺文を残す。この間、泰衡は耐えに耐えよ。
それでも鎌倉が言い張れば、その使者を斬れ。念珠ヶ関、白
河の関を固め義経殿とよく協議し結束したならば、平泉は安
泰であろう　と

　静寂の中の名月の宴は、秀衡の遺言が遠い昔の物語りのよう
に感じられるほど、厳かにすすめられた。不思議と風一つない
平泉の都は、深い海の底に息づいていた。その翌日、歌人・西
行は、京へと戻って行った。

　10月22日

　　　　　　九郎はすすどき（鋭い）男なれば、
　　　　　　この畳の下よりも這い出らん者也

恐れを抱くような噂が鎌倉に広まった。また一方で義経は、奥州とはまったく逆の、遠く離れた奄美沖合いの「鬼界島」へ逃れたとの説も流れ、頼朝は、そこへ兵を差し向けさせたとも言われている。西行が流した牽制でもあったのだろうか。しかし、奥州の巨大な柱は、今まさに倒れようとしていたのである。

### 奥州秀衡逝く

10月29日

高舘経堂で、秀衡平癒の願を懸けていた義経のもとに、秀衡危篤の報が届いた。義経は、馬に鞭打ち伽羅御所へ駆けつけた。枕元に着いたまさにその時、秀衡は義経をみつめると、安心したように、ほのかに笑みを浮かべ静かにその目を閉じた。義経は、その躯に取りすがり、人目を憚らず大声で泣いた。

　境はるかの道を、これまで下る事も入道（秀衡）殿を頼み奉りてこそ下り候へ。父義朝には二歳にて別れ奉りぬ。母は都におはすれども、平家にわたらせ給えば互いに快からず。兄弟ありと雖も、幼少より方々にありて寄り合うこともなく、剰へ頼朝には、不和なり。如何なる親の歎き、子の別れといふも、これには過ぎじ

と『義経記』は切々と語る。

惜しむらく、藤原秀衡は66歳のその生涯をここに閉じるのであった。泰衡（33歳）が家督を継いだ。義経、藤原重臣一同は、ただただ涙に咽ぶ他はなかった。奥州にとって、これ以上の痛手悲しみがあろうか。この訃報は当然、鎌倉の知るところとなる。また花輪長者のもとへも伝えられた。京に戻った西行（69歳）は、都にて、この報を耳にした。彼は、万感の思いを込め

第6章　静の舞

『千載集』を編むのである。

## 義経、静と再会す
### 雪の安積郡花輪の里にて

　藤原秀衡亡き後、奥州全域は例年にない深い雪に包まれた。それは、あたかもすべての村里が、純白の喪に伏しているようであった。義経は、経堂に籠っていたが、四十九日の喪が明けた朝、新領主・泰衡の屋敷である伽羅御所を訪れ、今後の鎌倉対策、及び奥州全般にわたる協議を促した。義経にとっての泰衡は「さすが秀衡殿の総領」たる、立派な器の持ち主であることは知っていた。青春時代から共に山野を駆け巡った仲であり、その優しい心根と、その器量の広さはお互いに知り尽くしていた。泰衡は言った。

　「義経殿、これからの奥州のことは、かねてからの御館（秀衡）のご指図の通りでようござろう、後はこの雪解けを待って蝦夷へ赴き、韃靼へ渡り、義経殿のお気にめす騎馬軍団をお連れもうされよ、それまで、某が時を稼ぎ申そう。それよりも、永の別れになるやも知れぬ、聞くところによりますと『静どの』が、この安積の郷・花輪の里におられるとか、この雪の中大変でござろうが、是非年を待たずに、お会いに行かれてはいかがでござろうか。かれこれ行き来（往復）に20日余りを要しましょうが、雪道に強い者をお付けいたします故、是非、逢ってこられませ」

　義経にとっては、思いもかけぬ泰衡の、あまりにも暖かい配慮であった。確かに、終始心から離れぬ静への思いはあったが、どうしても口に出すことは、憚られたのである。秀衡殿といい、その子泰衡殿も、何と優しき温かい人なのだろうと、義経は、

改めて、感謝の気持ちで一杯になった。

　12月末

　内密裡に、義経とその供の者6名は、乗り換え用の馬数頭と
干草を乗せた橇を引いて、一面の雪の野を南路、安積郡大槻村
「花輪長者屋敷」へと向けて出発した。「静に逢えるのだ」義
経の胸は熱くなった。しかし、後にする平泉政庁は、問題山積
みである。泰衡殿のご配慮のもと、許しを得たとは言え、義経
にとっては、やはり心苦しい点に変わりはなかった。だが出発
した以上、一刻も早く花輪の里へ行き、早く戻るしかない。そ
う心に決めた義経は、急ぎに急いだ。平泉を出て8日目の夜、
吹雪の中、一行は花輪長者屋敷へと辿り着いた。馬も人も凍り
つくような真夜中であった。先遣隊が報告を早めていたので、
静は、病床にあったが、乳母・さいはらの介護で奥の間の床に
座して待っていた。義経は、雪を払うのも忘れて思わず静を抱
いてしまう。静は、青白い顔で義経に抱かれながら声を発した。
「冷とうございます……」と言い、悲しげな顔で応えたのであっ
た。義経はすぐに察した。

　「静はあの日の、吉野の別れの時と思っているのだ。悪かった。
約束は桜咲く頃であったな」そう言うと義経は、両腕をついて
泣いた。募る思いが込み上げて来た。だが静は、目の前にいる。
逢えたのだ。そう幾度も幾度も、今、目の前にいる静を、義経
は確認し、心に刻もうとした。傍に控えていた花輪長者が、
「来春、私どもが静様がお元気になられた時、平泉までお送り
致します。この雪の中では、お命にもかかわりましょう」と告
げた。傍らに付き添っていたさいはらも、

　「静様は今、夢の中を彷徨っていらっしゃいます。御目が覚め
れば、どれほどお喜びになられるか」と、涙するのであった。

第 6 章　静の舞

　その時、静は心なしか、さいはらに何やら促す仕草をしたのである。さいはらは気が付き、涙を拭うと、床の間の飾り段にあった手文庫から、錦織に包まれた1枚の短冊を差し出した。

　「義経殿、これは静様が、鎌倉は八幡宮での舞の際、詠われた『しずの苧環』の歌でございます。あなた様のことを慕い、命を懸けて舞われたその時の魂魄です。どうかこれをお納め下さいませ」

　義経は、それを聞くと、再び静を抱き締めずにはおれなかった。

　静は、今度は、何も言わなかったが、一滴(ひとしずく)の涙だけが頬を伝っていった。義経は、錦織に包まれたその短冊を、大事に懐に収めると、悲しみを堪(こら)えつつ、やむなく、また雪の中を平泉へと戻って行った。

　しかし、秀衡亡き後の平泉の状況は、日増しに厳しさを増し、一時の猶予も、許される状況ではなくなっていたのである。

# 1188　文治4年【29歳】（第82代後鳥羽天皇）
## 風雲急を告げる平泉政庁

　2月21日

　矢次ぎ早やに同26日、3月22日と義経追討の院宣が、またも陸奥にもたらされた。通算7度目の「義経殿捕縛要請」である。平泉政庁としての態度も決めなければならない。どうしても、これ以上の義経の平泉滞在は無理であり、許される状況ではなくなったのである。

## 義経一行、蝦夷へ出発

　3月25日

　義経一行は雪解けを待つと、かねてからの計画に添って蝦夷

へ向けて出発した。同行する臣は、以下の通りである。

武蔵坊弁慶、常陸坊海尊、亀井六郎重清、鈴木三郎重家、片岡八郎・常春兄弟、伊勢三郎義盛、駿河次郎、鷲尾三郎義久、堀弥太郎景光、増尾十郎、藤原忠衡、その弟・頼衡、それに佐藤継信・忠信の子義継と義忠、そして下僕の喜三太、吉次一族の吉成らである。この計画は、想像以上の大掛かりなもので、北上しながら兵糧軍資を纏めつつ、陸奥北端の十三湊で船を準備し、蝦夷島を経てから大陸に渡るというものであった。

大陸の情報は、すでにこれまでの交易の実績から、ある程度は把握されていた。そして、最終的には大陸から、数千の騎馬軍団を調達して戻り、朝廷及び鎌倉からの侵攻に備えると言うものである。何年を要するものか、この時点では計りかねたが、泰衡の思うには、義経殿が指揮されること故、思いの他早いのではないか、と楽観する向きもあった。義経はひそかに、安積の花輪長者及び静に手紙を託した。

---

※　時代は下るが、伊達政宗が奥州を治めた江戸時代初期、彼は、ひそかにスペイン国から大艦隊並びに同国の騎馬隊を導入して、江戸幕府と対峙しようと考えたことがあった。奥州人の発想の中には、地方でありながら、常に世界と連動しようとする意志が働いているのである。宮澤賢治、新渡戸稲造、野口英世、朝河貫一らにもその精神は流れていたと言える。

---

### 長者屋敷で回想の１年

陸奥の芳賀のしばはら　春来れば
吹く風いとど　かほる山里

橘為仲朝臣がこの地を詠んだ歌である。郡山市の語源になっ

## 第6章　静の舞

たと伝えられている。まさしくこの地の春は、「花香る山里」
である。

　花輪長者屋敷での静の静養は続いていた。陽だまりの中、無
意識に義経の衣を縫う静の姿があった。その姿があまりにも美
しかったので、居合せた長者の娘は早速、里の友達を誘い、是
非、自分たちもお針を習いたいと、長者を通じて依頼して来た
のである。さいはらは、その要請に応えることは静のために良
いことかも知れないと判断した。そして、村娘たちにお針を教
えることになったのである。この地が後に「針生」と呼ばれる
ようになった所以である。奥州安積郡大槻村花輪の里では、こ
の年も何事もないように、穏やかな平和の日々が続いていた。
だが一面異様とも思えるほどの静けさであったことから、不吉
な予感を感じた人もいたのである。

　確かに、黒い影は近づいていた。そして、まさしく、この年

静御前が逗留した「奥州花輪の長者屋敷」。金売吉次の中継地でもあった。
（七海晧奘・画）

が「奥州・藤原黄金の国」の最後の1年となるのである。

　静にとっては、初めて「奥州」で迎える春であったが、なぜか懐かしく、生まれた故郷に戻ったようにさえ感じられた。ここ花輪長者の屋敷を取り巻く、気だるくなるような遥かな自然は、どこまでも静寂で温かであった。静には、またこの時が、永遠の世界のようにも思われ、春夏秋冬の歳月が、過去も未来もすべてを含めて、惜しみなく過ぎて行くようにも思われた。歌舞伎「船弁慶」では、別れの場面で静は、義経の所望に応じ、旅の門出に一指し舞を舞うくだりがある。都名所の四季折々を詠った今様で、過ぎ去った2人の営みを省みる場面である。

　　春のあけぼの　白々と　雪と御室や　地主初瀬……

　静はふと、この身がこの自然と溶け込むのではあるまいかと一瞬思った。そして、彼女自身が平和で悦びに満ちた、今の心の中に、これまでのすべての思い出が蘇えって来るようにも思えたのである。だが、この自然の優しさは、いったい何としたことであろうか。それは静にも、さいはらにも共通した安らぎであり、昇華された美しい回想は、子供の頃のように彼女を優しく包んでいた。

　8月9日

　頼朝は、朝廷に対し、奥州が義経を庇護していることは明らかとの理由で、早急に院宣を泰衡、基成に下すよう要請した。

　10月12日

　後白河法皇は、またもや陸奥、出羽の両国司に義経追討の院宣を下したのである。一方、義経主従は幾つかの小隊に分けて、秀衡の弟・秀栄が治める十三湊を軸に、渡海の準備を進めていた。しかし、この日本海に面した港は時折、京の都からの船も

入ることから、義経の情報が漏れる危険性は高かったのである。

一行は「隠れ湊」と称した三厩に本拠地を移した。所謂竜飛岬と高野崎間の本州最北端の「三厩漁村」である。海流の激しい津軽海峡を真北に、背後は険しい山並みが続く津軽山脈が覆い、人々は容易に近づくことのできない要害の地でもあった。彼らはここで、幾艘もの船の建造に取り掛かった。対岸には蝦夷ヶ島（北海道）が望まれたが「渡り島」とも呼ばれた理由は、単に渡るだけの意味ではなく、そこには遠い昔から「大陸へ渡るための島」であり、同時に「大陸から日本へ渡って来た」とする意味もあったのである。

義経はこの間、幾度か対岸の蝦夷ヶ島へ渡っては、いくつかの拠点を定めて行った。アイヌの小さな諸民族との交流も断片的ではあったが進められていた。しかし、本格的な滞在には、まだ幾許かの準備を要したのである。

> ※　戊申の年鉄木真、タイチュウト族を降す。と『元朝秘史』には記されているが、この年であるかどうかは不明である。

12月

泰衡は、弟の忠衡が義経を匿った可能性があるので、厳しく取り調べると鎌倉に報告を出した。


# 運命の文治5年
## 1189　文治5年【30歳】（第82代後鳥羽天皇）
### すべてはこの年に起こった

ここに運命の年が訪れる。義経の形跡をまったく隠したことに自信を深めた泰衡のもとに、7度目の院宣がもたらされた。

2月22日

それでも頼朝は、義経追捕の厳命を朝廷に再要請する。泰衡は、もう１人の弟・頼衡（秀衡六男）へも、義経の所在を詰問したが、はっきりしないので、彼を処罰したと鎌倉に伝えた。

　３月９日

　「義経殿は、当地にはおりません。おられるところをご存知でしたら是非お教え願いたい」と、逆に尋ねる旨を載せる文面で、捕らえるでも討つでもない、しらをきった内容の書面を、泰衡は朝廷にその請文を送った。朝廷は、礼儀を弁えぬと怒る。

　３月22日

　これには頼朝も激怒し、早速朝廷に「奥州藤原泰衡追討の宣下」を要請した。しかし、朝廷では簡単に応じる訳にはいかなかった。それだけの理由で、泰衡追討にはならないというのである。ここで、関東と背中合わせにあった安積の里では、近年とみに鎌倉からの使者や隠密、朝廷の官吏たちが激しく行き来する気配に、何事かが近く起こるのではないかという不安が、里人の間には広がって行った。花輪長者も最近は、急に多忙になった様子で、留守がちとなっていた。


### 静御前、花輪にて入滅

　花輪長者の離れの屋敷で、静はいつものように朝早く目を覚ましました。そして、なぜか今朝は、とても気持ちが良いように思えた。病気が回復したのである。何気なく外の景色を眺めると、西の浅香山（安積山）を背景に、満開の桜が、それは絵のように霞み、遥か彼方まで望まれたのである。

　「まあ！　何という美しさなのでしょう。そうだ、義経様と過ごした都の春、あの時も桜の花が咲き競い、本当に美しかったわ。ここは奥州、きっと義経様もこの奥州のどこかで、桜をご

第6章　静の舞

覧になっておられるかも知れない。しかし、殿は今、大変なお立場であられると聞く。生きてはおられても、静には、到底着いて行けるところではないように思えてならない。」

　事実この時、義経は遥か北の地あって、身を隠しながら夜も昼もない準備に追われていた。静はふと、昔物語のヤマトタケルミコトを見送った、オトタチバナ姫の立場を思い起こしていた。

　「愛する義経様の身代わりとなって、この命を竜神に預け、永遠にご一緒にいる道を選ぼう」と、静はいつしか決意していた。

　「殿が約束して下さいました、桜咲く吉野山での再会を、今日私が果たします。ここ安積の花輪山こそ、殿と過ごした都の春であり、約束の吉野の山です。この彷彿とさせる地こそ、殿の愛した奥州であり、私たちの『花・香る山里』なのだと思われます」静は、この素晴らしい日こそ、最も義経の胸の中へ戻れる日だと信じた。

　　頃はやよいのなか空に、鶴の声伝え聞こえし花輪山、種まき桜咲き乱れ、吉野山にもことならず、まだ明けやらぬ安積里の、沼の清らな水辺へと、乳母さいはらを道連れに、ああいとほしや　花の盛りの御姿、乳母諸共に手をつられ、深き淵へと沈みぬと……
　　　時に文治五年酉三月二十八日
　　　　静御前二十二歳の御ことなりし

　『槻里古事記』は伝えている。静御前の面立ちは心なしか、少し微笑むような優しさをたたえて、その美しい生涯を閉じたのである。ところで、さいはらは、幸いにも里人によって一命

をとりとめたのである。

---

※ 『槻里古事記』1862年（文久２年）「當三郎」名で記された古文書
で、安積郡大槻付近を纏めた地誌である。その流れるような文脈で静
伝説を最もよく伝えている。原本は現在、郡山市歴史資料館に寄託さ
れている。

---

３月28日

　この日の未明に起こった、静御前奥州岩代の国、大槻の里（美
女ヶ池）での入滅の記録は、義経が平泉・高舘で亡くなったと
される４月28日（或いは晦日）の、丁度１ヶ月前となっている。
記録上では、静の死の後に、義経の死へと続くのであるが、こ
こには基本的なミステリーが存在する。

　第１　義経は死んではいなかった。

　第２　公表された二人の命日が、各々に３月28日と４月28日
　　　　（或いは４月晦日）。同日であること。

　第３　義経の首が43日もかかって鎌倉に運ばれていること。

　奥州にとっては、まさに100年来の緊迫した時勢の中にあって、
その混乱ぶりが目にみえるようであるが、ここに一つ地元に残
る口碑がある。その辺のところを纏められた著書『静御前伝説
とその時代』今泉正顕著を引用させて頂くと次の通りである。

　結論から言えば、義経の死（とされた日）と静の死は逆だっ
たのではないかと言うのである。４月晦日の所謂「衣川の変」
は最初から仕組まれた偽の戦である。極端に言えば何日に設定
してもいい話である。また静御前は花輪長者の屋敷で、旅の疲
れから病の床に伏していた身で、静の心細い胸のうちを察した
時、物語は次のように展開する。

　「義経殿が亡くなられた」という報が、蘆屋（郡山）から花

## 第6章　静の舞

輪長者屋敷に届けられた。さらに、その首を入れた黒塗りの櫃を運ぶ一行が、昨夜蘆屋の宿に泊まり今朝、鎌倉へ向けて出発したと言うのである。長者は、その真偽を確かめるため、使者を走らせ、情報の確認を行ったが、間違いではないと言う。「敵を欺くには、まず味方を欺け」とは言うが、静にとっては、あまりにも残酷な情報であった。はるばる都から困難な旅路を乗り越えて、平泉まで、後ひと息と言う安積の地まで辿り着いて、この悲報を聞こうとは……。静は、それでも信じられない気持ちで数日を送った。そして、ある日、意を決したように静は、長者を始め世話になった里人に対して、義経供養の舞を舞いたいと申し入れた。長者屋敷には、琵琶法師の話を聞いたり、女猿楽をみせたりする板敷きの舞台があった。烏帽子、水干などは里の神社から借り受け、太刀は長者のものを使わせてもらった。静は、おもむろに詠いながら、舞い始めた。

　　　　陸奥の　安積の沼の　花かつみ
　　　　　　見ても　こころの　なぐさまなくに

　それは、『古今和歌集』（本歌・古今集677）を彷彿とさせる歌であり、さらに本歌（古今集389）を偲ばせる歌を詠った。

　　　　慕いつつ　来にし心の　身にしあれば
　　　　　　けふ咲く花を　形見とや　見む

　静は、義経から形見として受けた「増鏡」と「初音の鼓」だけは、肌身離さずに置いた。丁度「花かつみ」が咲くきれいな季節だった。この2首に託した静の思いは、聴く者の心に深く染むものを感じさせたのである。
　静は、花輪長者並びに集い来た里人に、世話になったお礼を

言い、一旦、京に戻ることを告げた。里人たちは皆、寂しく思ったがやむを得ないことだと、その言葉を信じた。しかし、その夜、屋敷の人々が寝静まったのを見届けて、静は1人、屋敷を抜け出し、近くの池に身を投げて死んでしまった。その日は、義経が亡くなったとされる日の、1ヶ月後のことであった。確かにこの筋道の方が説得力があるかも知れない。

　28日の朝が白々と明ける頃、血相を変えて長者屋敷に駆け込む、里の山賤（炭焼き人）がいた。
　「こ、この先の池に、長者さまが所におられた都の方が、沈んでおられますだ」大変なことであった。知らせは里人にも伝えられ、多くの者が駆け着けた。そこで皆が目にしたものは、深淵に沈む、静の、哀れさと言うよりも、そのあまりにも美しい姿に目をみはったのである。それは、今しも朝の光を受けて、透明な水底に咲く水中花の様に、緩やかに、きらきらと輝きながら漂っていた。長い黒髪は、一筋ひとすじがゆらめき、紫重ねの衣は、緩やかに、その袂を彷徨せていた。まさに、この世の者とは思えぬ麗しき美しさである。里人は、誰しも、その姿に息をのむ外はなかった。そして、長者を筆頭に、里人達は、その薄幸な静の生涯に、篤い涙を流すのである。それから幾日か過ぎ、静が滞在した長者屋敷の北側の地（平泉高舘のある方向）に、小さな御堂が建てられた。里人は、いつの日か必ず義経さまと合祀させて頂きますから、それまで安らかお眠り下さいと約束して、その霊を手厚く祀ったのである。

　　　　　　　　（『郡山市に於ける静御前物語』著者作より）
一方、静の傍で、いつも影のように付き添っていた、乳母・

第6章 静の舞

福島県郡山市静町「静御前堂」

※ 静御前が入水したとされる「美女ヶ池」は、現在福島県郡山市大槻町美女池の地番で「郡山市免許センター」前に今も水を満々と湛えている。

静御前が入水したとされる「美女ヶ池」

さいはらの死も記録としては、はっきりしてはいない。長い歳月の間に、静の死と、さいはらの死が入れ替わった可能性もないとは言えない。しかし、少なくとも江戸時代から続く静御前堂の例大祭は、彼女の命日とされる３月28日（旧暦の日付のまま）が継承されて今日に至り、毎年盛大にそのご開扉祭は執り行われている。　　　　　　　　　　　　（1781、1783、1798、1999年の項参照）

　ここで、改めて義経の命日について、述べておきたい。所謂文治五年（1189年）の「衣川の変」については、第１級の資料とされる九条兼実の『玉葉集』と、鎌倉幕府の史書『吾妻鏡』で、これまですべて決着処理されて来た訳だが、この２書は当時ですら、その内容の確証性には疑問が持たれるものであった。

　まず、『玉葉集』では、鎌倉からの情報を、そのまま記載したに過ぎず、『吾妻鏡』に至っては、この日から80年も後になっての記録である。その内容も奥州泰衡の報告を、踏襲したものに過ぎない。では、義経の真の命日なるものはいつであったのか。以下の「嗚呼、衣川の変」をご覧頂きたい。

　４月21日

　またもや朝廷は、泰衡に「早く義経を追討すべき由」の宣旨を下して来た。泰衡は、あまりにも執拗な朝廷と鎌倉の意向に、何らかの手を打たない訳にはいかないと考えるようになった。


## 嗚呼、衣川の変

　４月28日（新暦で６月22日）または晦日

　泰衡は、悩んだ挙句遂に義経を衣川の高舘を襲うという、まさに慣れない戦略を用いることとなった。義経と北の方、そしてその幼子は高舘の持仏堂にあって、最後の経を読み終えると火を放ちその紅蓮の中、自害して果てたというものである。こ

第6章　静の舞

の「衣川の変」と呼ばれる戦では、義経時に31歳、妻22歳、子は4歳であったと『吾妻鏡』は伝えた。また『義経記』にはあの狭い高舘に2万の兵が押し寄せ、この時の両軍の損害について『源平盛衰記』には義経方120余人、泰衡方280余人の死者が出たと記している。泰衡の首が鄭重に弔われているのに同じ年に起きた、この時の大事件の死者（400余名）慰霊の形跡がまったくないのも不思議な話である。

『吾妻鏡』と双璧をなす記録書・朝廷の中枢にいた九条兼実の日記『玉葉集』（66巻）には次のように記している。

五月二十九日、今日能保朝臣告げ送っていう。九郎（義経）泰衡のために誅殺され予んぬ云々。天下の悦び何事かこれに如かんや。仏神の助けなり。さてまた頼朝の運なり。言語の及ぶところにあらず　と。

兼実は鎌倉支持派の第一人者である。個人的感情丸出しの文脈が読みとれるが、記された内容は何ということはない、奥州泰衡が鎌倉に送った報せを、そのまま受け取り日記に認めたに過ぎない。これを真実だと断定するには無理がある。

※　平泉町の隣にある衣川村の「雲際寺」には、不思議な位牌が遺されている。その表には「捐舘通山源公大居士・神儀」そして裏には「文治五年閏四月廿八日・源之義経」実にそのものズバリの位牌には驚くが、ここには「義経公は高舘を捨て、山を通り、閏4月28日（静が亡くなったとされる3月28日から丁度1ヶ月後の日付）として、神儀（神技・宸儀）の道へ入った」とする意で書かれた戒名。ここでの日付は「晦日」ではなく「28日」となっている。　　　　（1945年の項参照）

5月1日

泰衡は、早速この「義経誅滅の報」を言上するため鎌倉へ飛

脚を送った。この知らせは、5月10日には大槻村花輪の里長者
屋敷にも伝えられた。そして、義経の首は5月20日頃に、この
花輪の里に近い蘆屋を通過するらしいという知らせも入った。
一命を取りとめ、静の菩提を弔うため滞在していた乳母・さい
はらは、悲しみと喜びの相反する2つの気持ちに襲われた。一
つは、義経様のご無事を心から祈って、静様は身を投じられた
のに、無駄になってしまったのではないかという思い。一方で
は、今こそ静様は義経様と、ご一緒になられたのだ、とする思
いであった。さいはらは、その後、2人の霊を弔い、従者小六
の墓碑にも報告をして、「花勝見の咲く」この月の末に安らか
に没した。里人は、花輪長者屋敷に住んだ都人として懇ろに彼
女を葬った。後年その場所には見事な桜の花が咲いた。人々は
その桜樹を誰言うとなく「さいはら桜」と呼ぶようになった（今
日、静御前堂裏手はその2代目とされる桜が見事な花を咲かせている）。

　ところで、奥州はこれまでにない緊迫の度を深めていた。し
かもここ安積の里は、みちのくの最南端に位置し、鎌倉の御家
人が最も多いとされる関東とは隣り合わせである。だが奥州の
最前線にあったにも拘わらず戦(いくさ)への備えは感じられなかった
のである。

　　5月22日
　奥州の飛脚、鎌倉到着。頼朝は読了後ただちに京都の守護・
藤原能保宛へその報を送った。義経誅滅の知らせを受けた能保
は参内し九条兼実に報告、兼実はそれを『玉葉集』に記載する
のである。

　　6月13日（新暦8月3日）
　うだるような真夏の中、義経の首は秀衡の四男・新田冠者隆
衡によって、腰越に届けられた。鎌倉方の和田太郎義盛・梶原

第6章　静の舞

景時らが首実検するが、この時の様子を『吾妻鏡』六月十三日
の条は不可解な表現で記している。

　　泰衡の使者、新田冠者高平（隆衡）予州（義経）の首を腰
　越の浦に持参し、ことの由を言上す。よって実検を加えんが
　ため、和田太郎義盛、梶原平三景時等を彼の所に遣わす。
　各々甲直垂を着け、甲冑の郎従二十騎を相具す。件の首黒漆
　の櫃に納め、美酒に浸し、高平の僕従二人これを荷担す。昔
　蘇公は自らその糧を担う。今高平は人をして彼の首を担わし
　む。観る者みな雙涙を拭い、両の袂を湿す。

これは隆衡の不覚であった。義経の首をあまりに粗末に扱っ
ているとみられたのである。隆衡にしてみれば鎌倉がこぞって
欲しがっていた首ではないか「それこの通り持参した」と言い
たかったのかも知れないが、実は偽首であることを隆衡自身す
でに知っていたので、このような態度に無意識のうちに出てし
まったのかも知れない。

### 腰越に運ばれたのは、影武者の首

　実にこの首は、信夫の郷、杉妻城城主・杉目太郎行信が代
首であったことが後年明らかになった。『奥州南部封域記』に
は次のように記されている。

　信夫の郷杉妻太郎行信は義経と同年にして、かつその容貌顔
　色少しも違わず……

最初、秀衡が初めて義経と面会した折、家臣の杉妻城城主杉
目太郎行信と他人の空似とはいえ、あまりに似ているので、秀
衡は、一瞬言い知れぬ不吉さを感じたほどであった。結局、彼

の運命は、奥州のためにこのような形で殉じたのである。「杉
妻城」は、現在の福島市杉妻町「福島県庁所在地」にあった
城である。江戸時代には、板倉城として栄えた。鎌倉に義経の
首として送られた杉目太郎行信の遺骸は、後日ひそかに奥州へ
戻され、現在、宮城県栗原郡金成町にその墓はある。

　「源祖義経神霊見替杉目太郎行信碑」その右に「古塔泰衡
　霊場墓」左に「西塔弁慶衆徒霊」脇に「文治五年四月十七日」
と、記されている。

　文治5年の衣川の変とは、まことに不可解なところが多く、
武蔵坊弁慶も奮戦の末、壮絶な「立ち往生」として伝えられて
はいるが、その痕跡もない。ここに示された碑は、何を物語っ
ているのであろうか。また、この碑のある宮城県金成町津久毛
は、江浦藻山信楽寺の跡と言われ、奥州藤原氏の武将・沼倉小
次郎高次の領地で、当初首のない行信の亡骸をこの地に運び、
ひそかに葬っていたとも伝えられている。

　6月26日
　泰衡は、引き続き弟の忠衡（23歳）が義経と精通していたこ
とを理由に、彼を討ったと鎌倉に報告した。実際はすでに不在
で義経一行と共に北上していたのである。

　この頃、三厩にいた義経は、なぜか平泉の異変に胸騒ぎを覚
えていた。彼は、主なる家臣たちと相談しひそかに戻ることと
したが、これには反対する者も多かった。確かに義経は存在し
ないことになっている身であるから、泰衡に代わって表に出られ
る訳もない。しかし、同道する一行はひとまず、初代清衡が居
城としていた江刺近くの「多聞寺」へと立ち戻った。さらに情
報をより詳しく分析するため、常陸坊海尊と数人の家臣たちは、

闇の中を、平泉の東側にある束稲山方面へと向かった。奥州の
森は深く、静かである。空には満天の星が輝いていた。ここで
海尊は不思議な仙人と出会った。仙人の言うのには「すでに
命 は決まっている。大いなる悲しみはさらに大いなる祝賀へ
の道程じゃよ」この地に戦などあるのだろうか、と思われるほ
ど静かな夜の世界であった。しかし、時代は恐るべき歯車となっ
て、急速に回転し始めていたのである。それは頼朝の、義経に
対する恐れの現れでもあった。「時を置いてはならない」と、
いつになく頼朝は急いでいた。

　平泉側からは、すでに義経の首を届け、その盟友と目された
弟・忠衡を討ち取った報告をした以上、何らかの恩賞とまでは
行かなくとも、鎌倉方や朝廷側からは色よい返事が来てもおか
しくはないと泰衡は思っていた。


## 頼朝、28万騎を率いて奥州へ出陣

　7月17日

　頼朝は、朝廷の許可を得ないまま、西国のほとんどの武将に
動員をかけ、京へすら上ろうともしなかったのに、自ら奥州泰
衡追討に出兵したのである。かつて、これほどの大軍が日本史
上動いたことはなかった。奥州戦争の幕は、遂に切って落とさ
れたのである。奥州へは「東海道、東山道、北陸道」の3街道
があり、頼朝は総勢28万4000騎を3つに分けて進軍させた。右
翼軍（東海道）は千葉常胤と八田知家が、左翼軍（北陸道）は此
企能員と宇佐美実政、そして、中央軍（東山道）の頼朝は、先
陣大将に畠山重忠、葛西清重を立てて、白河の関に入った。ま
さか、これほどの動きになっていようとは、奥州側は思いもよ
らなかった。頼朝には、どうしても義経は生きているとしか思

1189—

えなかったのである。

　7月29日

　白河の関を越える。この時、梶原景時の嫡子・景季（かげすえ）（27歳）は頼朝のご機嫌伺いに次のような歌を詠んだ。

　　　　秋風に　草木のつゆをはらはせて
　　　　　きみがこゆれば　関守もなし

　奥州を攻めるにあたって頼朝軍としても、どの程度の戦いになるのかは計り知れないところがあった。その最初の難所がここ白河の関である。17万騎といわれる奥州軍である。かなりの緊張を以って入ったが、そこに敵兵の姿はみえなかった。拍子抜けした大軍は言葉もなく、おそらく頼朝の威光に関守（せきもり）すらも姿を消したのだろうと、景季はいささか得意気に詠んだのである。

---

※　陸奥と出羽の国への関は、上記の3街道に即して「勿来の関（なこそ）」「白河の関」「念珠ヶ関（ねつ）」の3関をいうが、これらは蝦夷の南下阻止のために西国大和側が定めた関の名である。だとすればここでの関守とは、もともとは陸奥側のものではなく西国側での関守が正しいことになり、いささかこの歌には歴史を知らぬ者の歌と言わざるを得ない。ちなみに勿来とは「（蝦夷よ）来るな」の意であり、念珠ヶ関を都人は「鼠ヶ関」と馬鹿にして名付けてもいた。出羽～陸奥関の「伊奈（否無）（いなむ）の関」もあるが「有耶無耶関」とも言い、文字通りはっきりしたことは判らない。

---

　勢いに乗った頼朝軍は、花輪長者の住む安積郡へと進んだ。めぼしい館と見込んだ関東の兵は、われ先にとなだれ込んだ。悲しきかな、かの平和な屋敷はこの日をもって、歴史からその姿を消してしまうのである。

201

第6章　静の舞

## 阿津賀志山(あつかしやま)の戦い

8月7日

　頼朝軍は現在の福島市に入った。ここには佐藤基治の居城、大鳥城がある。大鳥城の基治は、頼朝軍を石那坂（現・福島市平田）で待ち伏せ戦いを挑んだが、その圧倒的な大軍に空しく敗れ去った。頼朝軍は、破竹の勢いで飯坂を越え、霊山を東にみて宮城県との県境にある阿津賀志山へと差し掛かった。ここで初めて本格的な奥州軍との戦いに入ったのである。この山上の砦には、泰衡の兄・国衡軍が2万の陣を構えていた。見晴るかす南方から、十数万に及ぶ頼朝軍が迫って来るのがみえた。眼下の阿武隈川沿いには幾重もの堡塁(ほるい)（現・国指定史跡）も築いてはいたが、これほどの大軍を目にしたことはなかった。さしもの国衡もこれには、勝ち目のないことを悟らざるを得なかったのである。しかし、ただおめおめと北へ進ませる訳にはいかない。国衡は覚悟を決めた。彼は秀衡の長男ではあったが、脇

阿津賀志山。山頂より南方を望む

*202*

腹であったことから嫡子とはなれなかった。しかし、兄弟の仲は良く、彼は幼い時から弟たちの面倒をよくみる性格であった。反面、その性格に似合わず彼の体は大柄で毛深く（母がアイヌ系だったとの説もある）大そうな豪傑にみえた。それで、気は優しかったから誰からも愛されたのである。ただ幼い頃の落馬が原因で気の毒なくらい足が不自由だった。しかし、馬に乗った時の姿は、誰もが惚れぼれとするほど、その雄姿は頼もしく立派にみえたのである。国衡は、時を見計らい一気に2000余騎の部下と共に阿津賀志山を駆け下った。真正面から頼朝軍に挑んだのである。しかし、兵の差は圧倒的で、国衡軍は押し戻された。その時、国衡の馬が泥濘（ぬかるみ）に嵌ったのである。国衡にとって馬の足こそ、我が足であった……。

奥州合戦の碑（国見町、阿津賀志山）

　これを人々は後世「津久毛橋（つくもばし）の戦い」と呼んだ。この報告を、多聞寺で義経が受けた時は、すでに手遅れとなってしまったことを悟らざるを得なかったのである。


　　　　　　　　　平泉炎上

8月21日

第6章　静の舞

　泰衡は、多賀城も敵の手に落ちたことを知ると、万感の思い
を込め、平泉の都に火を放つことを指示した。かの麗しき黄金
の都は、紅蓮の炎に包まれた。これほどの「崩壊の美」が、か
つて地上にあっただろうか。人々は四方の山々に逃れ、そして、
その光景を決して忘れてはならないと深く脳裏に刻み込んだの
である。この情景を『吾妻鏡』は次のように伝えた。

　杏梁桂柱の構え、三代の旧跡を失う。麗金昆玉の貯え、一時
　の薪灰となる

　8月22日
　頼朝軍は平泉に入るが、そこは無残にも灰埃と化し、変わり
果てた黒い都があるだけであった。冷たい雨がその残骸の上を、
か細く立ちのぼる煙を宥めるかのように、しとしとと降り注い
でいた。何と空しい戦であろうか。頼朝は一瞬、何のためにここ
まで来たのか判らなくなった。時代は前後するが、かのナポレ
オンが入城はしたものの、廃墟と化したモスクワの都に、ただ
呆然と立ちつくした心境と、相通ずるものがあったことだろう。
　戦いに勝った者は、この瞬間から敗者へと転ずる。歴史が語
る法則である。


## 泰衡の最後

　9月3日
　寂寥感の中に頼朝が指示したものは、残党狩りであった。
泰衡は北へと逃れた。義経たちもぐずぐずしてはいられなかっ
た。泰衡が逃れた十三湊方面への幹線を進むことは、危険極ま
りないと判断した義経一行は、玉埼から東の内陸へと入った。
一方、北秋田郡比内に逃れた泰衡は、事情の知らぬ家臣・河田

204

次郎の裏切りに合い殺されることとなる、35歳であった。その首は、頼朝の元に届けられ、額には8寸の釘が打ち込まれた。この首は後日何者かによって丁重に錦の袋に包まれ、藤原三代の棺が眠る「金色堂」の、父・秀衡の棺の脇に安置されたのである。

（1950年の項参照）

## 悲しき終焉

9月19日

奥州藤原氏はここで完全に滅亡した。100年の仏法を基とした理想国家は、唯一「金色堂」のみを残して、ここに終焉を迎えたのである。わずかの堂塔と金色堂が残された理由は、実に藤原三代の慰霊の眠る墓堂だった点である。先代の遺骸が祀られている阿弥陀堂へは、さすがの荒くれ武将といえども手が出せなかったのであろう。

9月20日

頼朝は、家臣らに論功行賞を与えた。気になる奥州の領地配分であるが、その時逃亡の過程にあった義経一行の、領地である玉造郡は畠山が、そして、二戸・九戸郡が南部光行がその功に報いられた。しかし、西国の武将たちはいざこの地へ来てみて、あれほど憧れを抱いていたにも拘らず、しっくりしない違和感に苛まれたのである。これこそ日高見の大地が発する、「縄文の魂」ともいうべき、争いを忌み嫌う自然の優しい力であった。ちはやぶる（千早振る・血はやぶる）者たちには退屈な地としか映らない「陸奥・出羽の国」への武将たちへの領地は結局、本人ではなく、その子や親族が引き継ぐこととなった。この地こそ数年住んでみて、初めてその良さに心酔するのである。

第6章　静の舞

　ところで頼朝の行った領地配分については、意外な処置があった。平泉の都が灰塵に帰したとはいえ、被災を免れた寺社領などは、すべて藤原三代の権利がそのまま踏襲されたのである。崇高な平泉文化に対して、それを武門の輩では、とうてい維持できるとは思えなかったのであろう。戦いでは勝利したが、文化においては、完全に敗北したと頼朝は思ったのかも知れない。

　9月28日

　頼朝軍は平泉を発ち10月24日に鎌倉へと戻った。そして幕府設立に向けて動き出すが、その都造りは碁盤の目のような京都風ではなく、山や川自然と一体となった「奥州平泉」を念頭においての「都造り」となったのである。それは建物にも反映され、永福寺などは、平泉での大長寿院（二階大堂）をそっくり真似たものであった。この背景には政治家の頼朝らしい手配があった。平泉政庁の総務文官であった豊前介実俊・実昌兄弟を鎌倉へ丁重に招き、その手腕を幕府建設にあたらせたことである。廃墟と化した平泉の都からは、この都がいかなる情報を有していたかを知る術はなくなった。ところが残党狩り中、実俊・実昌兄弟が文官としてその内情に詳しいことが判明し、頼朝の前に連れ出されたのである。もとより武官でない2人は、行政事務方としての知識は充分にあり、以後の奥州管理には、欠くことのできない貴重な存在であることから、大切に扱われたのである。ところで奥州全土の知識はもとより、行政全般の管理学にも通じていたので、頼朝は鎌倉幕府開闢には欠かせない人材であることに気付いたという訳である。

　このように敵であった者の中からも、人材と認めた者は丁重に招き入れ、その後の行政に生かした事例は、後年、成吉思汗

206

1189-

となった義経が、金国（キタイ族）の耶律楚材や長 春 真人（1212、
1221年の項参照）を厚くもてなしたことにも共通する、源氏の
血なのであろうか。


### 義経慟哭

義経一行は、赤羽峠を越え、遠野へと入っていた。ここで弁
慶たちと合流、改めて平泉炎上、奥州敗戦の詳細報告を聞き、
義経はさめざめと泣いた。そして死をもって報いたいと願った。

　実の親以上に、その恩計り知れない藤原氏三代が築いた黄
金の国を、義経が戻ったばかりに、滅ぼされる結果を招いて
しまった。これは、あまりにも大きな、取り返しのつかない
事態である。

義経は、計り知れない自責の念に、大地を敲いて慟哭する。

　また、静との約束も果たすこともできなかった。これは
義経一人　死をもってしても、償い切れるものではない

それはあまりに大きな負債であり、地獄の苦しみとはかくあ
るものか、と。その重圧感は、まさに1匹の蟻が象に踏み潰さ
れる以上の思いであったろう。確かに、これほどの負債を背負っ
た者が他にいたであろうか。大地に泣き伏す義経に向かって、
家臣たちはそれぞれに言った。

　「殿、殿のどこが悪かったと申すのか」
　「殿に、何の責任がおわそうか、すべてが殿への羨望と妬
みでござる。」
　「そのような者たちは、いずれは内乱を起こし、自ずから

滅びて行くものでござりまするぞ。」

　次のようにハムレットは叫んだというが。この時の義経は、まさにその心境に近いものであったろう。

　「生きるべきか死ぬべきか、ここが思案のしどころだ。今この無法な運命の矢玉に、じっと身を伏せて耐え忍ぶか、それとも剣をとって押し寄せる苦難に立ち向かい、とどめをさすまで戦うか。さあ、いったい、どちらが男らしい生き方なのか」と。

### 精霊供養写経奉納

　義経は、ここで生命を絶つ前に、奥州藤原家の伝統であった「写経の行」、所謂死者への霊に捧げる供養こそが、まずもって最も肝要であることに気付いたのである。天がその時を与えてくれるなら、少なくとも３年の喪する期間が必要となろう。その間、何千何万巻の写経がなせるのか。それがせめても死者に対する償いであり、報恩であると彼は悟った。ここがハムレットと異なるところである。今生でできる唯一の謝恩は、この所業しか残されてはいないのだ。その後で、先代が眠る黄泉の地へ赴こう。義経の「藤原一族への霊に奉じる」との意向には、臣下一同誰１人として反対する者はいなかった。もとより弁慶、海尊も僧侶籍であり、義経は鞍馬寺で修行した原点に、今こそ帰るべきと思ったのである。

　この日、義経は不思議な夢をみた。

　　三代の栄華は凋落すとも、なにか悔やまん　今はただ、君が
　　行くへの雲遥かに、山をも越え海をも越えて、志をのべたも
　　うべし、われ先導の路をひらかん

と金色の槍穂先を輝かしながら、秀衡殿がわれらを北方へと導かんとする姿であった。

> ※　上記の件は、義経の苦衷と、これをかばう秀衡の霊魂を伝える新作能「秀衡」の一幕である。謡曲作詞・土岐善麿、作曲振付・喜多流宗家喜多実氏。多分にその時の心情を彷彿とさせるものである。
> ※　この年（己酉）をモンゴルの史書『蒙古源流』には、鉄木真として、部族連合の族長になったとされている。「第１次の即位年」と明確に記している。1189年こそは、成吉思汗にとって、大変重要な意味のある年なのである。しかし、この年の、どの月どこの地で即位したかまでは記されていない。『元朝秘史』（巻３）にはシャーマン・コルチウスン翁の力を借りて即位したと記されるのみである。実際は、かなり後になって、忘れてはならない年として、銘記したものと推測されるのである。

　　　　　運命の文治五年は終わり、そして……

　この年は、永遠に忘れることはできないだろう。あれほどの歴史と文化を誇った陸奥の国が、唯一金色堂のみを遺して、滅び去るとは誰が予期し得ただろうか。そして、この物語「義経」も、この前段で終止符を打つことになる。

> ※　わが国が無条件降服をした昭和20年（1945年参照）を思い起こした時、すべてを失ったあの焼け野原に、人々はただ茫然と立ち尽くした。だが、そこから新しい一歩が静かに始まった。その悲劇に先立つ756年前の歴史である。この時の昭和天皇の心情を彷彿とさせる。

## 第6章　静の舞

〔灰の中から、義経は蘇る〕

　ここに１冊の本がある。フランス人ルイ・アンビスの書いた『ジンギスカン・征服者の生涯』（que sais je ?）の研究書で、東洋人が抱きがちな、功罪を含む感情的な表現などは一切入れず、客観的に、その生涯を論じている点で、貴重な存在の書である。そこには、

　「この『世界の征服者』の伝記を研究する際まず出会う困難は、彼の生涯の最初の30年間に関し、情報が欠如していることである」と明確に述べている点である。

　まさしく、義経であれば1189年までの「30年間」がそっくりあてはまる計算になるのだが、ルイ・アンビスは、このことに気付かなかった。ただ「欠如している」と記さざるを得なかったのである。これは単なる偶然の表現ではない。文はさらに次のように続く。

　「原史料といわれるものは数多くあるのだが、それらは必ずしも互いに一致していない。主要な文献だけに話を限るとしても、ペルシャや中国の歴史家たちによってつくられた混乱がある。これらの史家は、それぞれ自分向きにモンゴルの資料を解釈したり、さまざまな伝承を保存していた人々を訪れて参考資料を得たに違いないのであるが、資料提供者の身分・出自に従って、その内容も互いに矛盾することがあったと思われる」と。

　ここには、日本人からの資料は入っていない。彼がもし、この背景を知っていたなら、どのような結論を導き出したことであろうか。例えば「ボルテ」をなぜ「蒼」と訳し、「青」としなかったのか。中国人の訳のみに制約された結果である。

　ここで「成吉思汗」に関する原史料とされる文献の主なものを

述べておきたい。ここにはアンビス研究以外の書も含まれている。

① 『元朝秘史』モンゴル語で書かれた『秘史』とも呼ばれる書、作者不明、1240年頃の作

② 『聖武親征録』著者不明、漢文で書かれた元朝時代の書

③ 『元史』中国の正史・宋濂ら編、1369年作

④ 『蒙古源流』17世紀、汗の末裔であるサナング・チェチェンが原書名『源の実史綱』として書かれていたものを、明の乾隆帝の命で漢訳されたもの。（特に井上靖氏が尊重したとされる書）

⑤ 『総合史』または『集史』と呼ばれる。当時イル汗国の宰相で史家であったラシード・アッディーンが1311年にペルシャ語で書いたもの。下記の２書とは別とされる。

⑥ 『アルタン・トプチ（蒙古年代記）』蒙古の古い伝承や信仰の説話集。作者不明。

⑦ 『アルタン・デプテル（黄金の史書）』1303年頃、上記と同じペルシャ語で書かれたもの。

※黄金の史書とした名も気になるところである。

⑧ 『元朝史（大唐史綱）』18世紀フランス人のイエズス会士ゴービル（中国名・宋君栄）が当時清に渡り独自の研究で1750年代に著したもの。

⑨ 『P・Pelios　Notes（ペリオ・ノート）』ペリオはルイ・アンビスの師で1959年に出版された研究書。その内容の多くは聖武親征録に載る元人の楊維槙の説を採っているという。

⑩ 『チンギスカンとモンゴル帝国』ジャンボール・ルー著、2003年版（創元社）

前記の成吉思汗に関するすべての史料で重要なことは、彼が歴史に現れる年代は共通して「西暦1189年（己酉）」であった

## 第6章 静の舞

と記されている点である。

　それ以前の内容の年代は、ことごとく曖昧な記述となっていて、実際にあったことかどうかさえハッキリしてはいない。例えば『元朝秘史』の冒頭からして「蒼き狼と青白き雌鹿」が先祖となっているのだから、史実であるはずはない。しかし、この「第1次即位・鉄木真」として出発した1189年だけは明確に記されている。この年が、彼にとってどれほど重要であったかを宣言していることは確かである。まさしく1189年以前の30年間は「牛若・義経の時代」であり、それをそっくりあてはめることによって、すべての謎が解けるのである。彼がなしたそれまでのすべての経験、ノウハウを、叙情的に色々な形で述べたのが『元朝秘史』とみるべきであり、また、関連するそれらの書は、共通した謎を秘めながら世界に向けて発信されたと言う訳である。

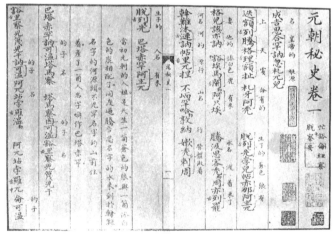

『元朝秘史』巻1・1
（岩波文庫　青411-1『元朝秘史』、岩波書店より転載）

for the soul,lay

**鉄木真時代　1190〜1205**

# 第7章　衣川からバイカル湖の畔まで

　第3の「鉄木真（テムジン）時代」は、まさに深い霧に包まれた謎の期間となっている。義経31歳から46歳までの時期にあたるが、この間の消息は、これまでほとんど語られることはなかった。1206年、成吉思汗として即位するまでの、大変重要な時期であるにも拘わらず、その記録はあまりにも少ない。だがその中に、真実の驚くべき歴史が隠されていたのである。

　義経一行は、陸奥の国の北の彼方、さらに奥深く、霧の中へと消えて行った……。やがて16年の歳月が流れ、そして、舞台は、東アジアの大草原へと移る。それはあたかも、砂漠の中に、突然、巨大なピラミッドが出現したかのような出来事として映ったが、そこには実に逞しく威厳に満ち、力強く野生的に成長した義経、否「鉄木真」の姿があったのである。

　果して、ここに至る道程とはいかなるものであったのだろうか。彼の負った運命の重大な転換は、実に「奇跡の復活」に相応しい「時と道」とが与えられた結果である。


　義経が、心底嘆き慟哭した藤原秀衡の死と、想像を絶する残酷なまでの平泉の陥落は、彼に死よりも過酷な責務を与えた。それは、まさにモーゼの歩んだ道のように険しいものとなったが、これまでにない次元を超える運命として、大陸への道を開かせたのである。しかし、ある意味では仏に導かれた「九横（くおう）の大難」（釈迦が在世中に受けた9つの大難）の道であり、「衣川からバイカル湖の辺まで」に要した時の流れこそは、かくも義経

215

第7章 衣川からバイカル湖の畔まで

を、大陸にふさわしい風貌へと変えたのである。この歳月に、彼は3つの海峡を渡り、アムール河を溯り、その上流オノン河の畔りに拠点を築くと、逐次モンゴルの諸民族を統一して行った。この間、人は彼を「黄金の鹿」と呼んだ。冬の厳しさに耐え、降り積もる雪にもビクともしない、その威厳ある雄姿、それでいて言い知れぬ優しさをたたえた北国の象徴は、彼のこの時期に最もふさわしい姿と言えよう。後にこの鹿は、「蒼き狼」と一体となる。

（1166、1206年の項参照）

　小さな島国から、見晴るかす大陸の天地を舞台に、まったく「新しい国の建設」を目指して、彼は歩もうとしていた。そこに至る16年が「鉄木真時代」と呼ばれる、黄金の鹿の時代である。

# １１９０　建久元年（庚戌）【31歳】（第82代後鳥羽天皇）
## 笛吹峠

　義経一行は、遠野から六角牛山の北を通る峠へと差し掛かり、太平洋岸の湊村宮古（現・岩手県宮古市）を目指していた。義経は初めて奥州に来て間もなく、泰衡たちに連れられ、その「浄土ヶ浜」に遊んだことを思い出した。

　「あの頃は、本当にすべてが明るく楽しい日々であった。」

　そんな中、ふと平家討伐の志がよぎる時、私は急に顔を曇らせたことがあった。すると泰衡殿は決まって、

　「体のお加減が悪いのではないか？」と心配してくれたものだ。しかし、今の立場を思う時、私は何と答えればよいのであろう。すべてが遠い過去のこととなり、あの頃抱いた志とはいったい何であったのか、すべてが空しく時は流れ去ってしまったようにも思える。それどころか、私はいくら償っても償い切れない、取り返しのつかない罪を犯してしまったのだ。

赦してくだされ、赦してくだされ。今はもう戻るべき都も
ないが、この奥州のすべての大地に、私は今、経文の一句一
句を刻み込み、法名を唱え懺悔するばかりである

　義経は改めて、深い慙愧の念に苛まれるのである。その時、
ふと懐かしい鞍馬のことや、静のことが思い起こされた。義経
はまた、傍に控える弁慶のことを思った。そして共通するもの、
それは「笛」であることに気付く。久しぶりに彼は笛を取り出
し万感の思いを込めて吹き始めた。美しい笛の音は、山々にこ
だまし、深山に住む鹿や野うさぎの耳にも、その音はとどいて
行った。この峠を人々は後に「笛吹峠」と呼ぶようになった。
昔から伝わる2つの悲しい物語と共に。


## 西行の死

2月16日（新暦3月30日）
　義経一行は、北陸奥の深い雪の中をもくもくと歩んでいた。

　　**願わくは　花の下にて春死なむ**
　　　**そのきさらぎの　望月のころ**

　丁度その頃、西行はこの歌の如く河内・弘川寺において、早
咲きの桜の下に、72歳の安心立命の生涯を閉じた。北面の武士
であった彼は、鳥羽上皇と崇徳天皇をめぐる皇位継承に関わる
戦乱から、身を引くことを決意し23歳の時に出家して以来、人
間愛を求め、煩悩多き純情の人生を送ったのである。彼は、歌
人僧として天台止観を学び、念仏浄土・真言密教に共鳴しなが
らも、敬神の念を深めて行った。そして、中国、四国、紀伊、
高野、東国を流浪、この間、鎌倉では頼朝と、奥州平泉では藤

第7章　衣川からバイカル湖の畔まで

原秀衡などに会い、武門哲学の側面をみせることもあったが、定家や俊成らと交遊しては、名利を離れ、自然と芸術の世界に生きたのである。有能な武士から、放浪の歌人としての生涯を送った彼は、当然、秀衡や義経にその知識と思想において、大きな影響を与えていた。また、ここで思い起こされるのは、同じ北面の武士であり同年に生まれた平清盛は、天下を制しながらも、この9年前に、地獄の熱病に苛まれながら悶死しているのである。あまりにも、対照的な死と言わなければならない。

> ※　同年（庚戌）『元朝秘史』の解説によれば、成吉思汗は、ダラン・バルチュドの地にてジャムカ（幼少時代から兄弟としての同盟を結んでいた友）との戦い敗れ、オナン河のジェレネ峡谷に逃れる、と記されている（この表現は、兄・頼朝によって平泉が敗北を期した、その時の状況を物語るかのようである）。

　陸奥本道を北上した鎌倉軍は、遂に、津軽半島の西北端の十三湊に到達した。福島城を根城に最後の反撃を試みた奥州軍ではあったが、この100年まったく戦いの経験がなかったが故か、たちまち湊は火の海と化した。人々は山奥へと逃げる他はなかった。義経一行の北東側経路は、正しい判断であったと言えるだろう。

# 1191　建久2年（辛亥）【32歳】（第82代後鳥羽天皇）

## 鈴ヶ神社

　一行は大槌に出ると、二手に分かれて北へと進んだ。山際を行く義経一行と、海岸沿いに進む伊勢三郎のグループである。「三千巻写経の願」達成までは、死ぬ訳にはいかないと追っ手の目を逃れ、川井村に達した義経一行は、その山に鞍馬山で拝した「毘沙門天」を奉納した。その時、義経の耳に鈴の音が聞

こえたのである。彼は、即座に静のことが思い出された。すると、その足元に美しい石があったので、その石を拾い上げ「静」と認めた。現在この川井村には「鈴ヶ神社」として静の霊が祀られているという。鈴とは東北人特有の「しず」が訛ったものとも言われるが、幼い静の帯には、確かに鈴が結ばれていたと、義経には思えたのである。 (1170年の項参照)

さらに新里に入った一行は、この地にかつて「保元の乱」で敗れた源氏の落人が建立したという「日月山神鏡宮」に遭遇した。義経にとっては大きな驚きであった。そして、今戦いに敗れた自分がいることを改めて思った。何という因果であろうか。義経には、先祖が自分に何かを教えているのだと感じた。

---

※　ここで「日月山神鏡宮」について、実に興味深い歴史の関わりを述べたい。モンゴルの『元朝秘史』には、成吉思汗の家系である「蒼き狼」から数えて、12代目に「日月の精」とアラン・ゴアとの間に3人の男子が生まれた、と記されている点である。その末子であるボドンチャル・モンカクこそ「成吉思汗」の実質的祖先として位置づけられているが、論理的にみると「蒼き狼」から11代でひとまず人的血統（？）は途絶え、新たな「日月の精」から、さらに11代目で鉄木真（成吉思汗）が誕生した系譜となっている。義経自身が清和天皇から11代であることはすでに述べたが、『元朝秘史』は、ここで何を言いたかったのであろうか。「日月は、源氏あるいは奥州藤原氏」、「アラン・ゴアは、モンゴル語で美しい人の意（母常盤のことか？）」、「その3人兄弟の末子（牛若？）」。『元朝秘史』には、実に多くの点で義経の経歴と共通しているのである。 (1206年の項関連)

---

### 鈴木三郎重家

宮古に入った一行は、大槌で別れた伊勢三郎たちと合流し、断崖迫る海辺より少し奥まったところに居を構えた。ここなら

ば鎌倉方の探索も及ぶまいとの判断であった。一行は、この地で暫く徹底した写経の行に専念することとなる。記録によれば３年３ヶ月ほど滞在し「般若経六百巻」を写経したとされている。

　しかし、実際は足掛け３年の意で、実質的には１年３ヶ月程度であったと考えられる。と言うのも、いつ鎌倉方にみつからないとも限らない点と、重臣の１人であった鈴木三郎重家が、この地に留まることになった背景がある。老齢であった重家は、名を「重三郎」と変え、当村の「横山八幡宮」の神官となって余命を全うした。なお、彼らが残した般若経は、九郎の名を残す「黒森神社」に、重家の手によって奉納されたと言われている。義経一行の未来を信じ、後のことを引き受けたのである。

# １１９２　建久３年（壬子）【33歳】（第82代後鳥羽天皇）
## 不行道と畠山重忠

　宮古に留まることになった重家は、義経一行を普代村まで見送った。ここは実にさびしい寒村である。すると向こうから１人の少年が牛を引いてやって来た。「この道はどこへ通じておるか」と伊勢が尋ねると、少年は持っていた棒で、地面に「不行道」と書いたという。このような辺鄙なところで、しかも、みるからに貧しい身なりの少年が、字を書くとは信じ難いことであったが、意味するものは「行ってはならない道（進入禁止）」とのこと。一行には、錚々たる家臣団がついている。何事かあらんと、彼らは歩を進めた。しかし、油断は禁物であった。頼朝の重臣の１人で、優れ者といわれた畠山重忠（27歳）が、ひそかに義経を待ち伏せしていたのである。集団ならともかく、プロの刺客、強弓の狙撃をもって仕留めんとするものであった。

しかし、重忠はたじろいだ。義経のあまりに清らかにして、神々しい姿を目のあたりにして、遂に、弓を引くことができず、その矢は天空に向かって放たれたという。

「思い起こせば、一ノ谷の合戦や、屋島、壇ノ浦での、義経殿のあのご器量に感服し、さらには敗残した敵の者にさえ、深い情けをかけられたこの御仁を、何で私如き者が手を掛けることができようか。恐れ多いことである」と彼は泣いた。重忠といえば、一ノ谷鵯越の折、日頃、世話になっている馬を、谷に落とす訳にはいかないと、自分の馬を背負って下りたという逸話の持ち主である。強く優しい、武士の中の武士であった。この時、放たれた矢は現在、久慈市にある「諏訪大明神」の御神体として祀られている。頼朝を始めとした鎌倉方は、やはり義経は衣川では死せずとみていた証である。

一行は、さらに八戸高舘に移った。この年は例年にない深い霧が陸奥を包んだ。この霧の中にいると、義経は、幼少の頃、鞍馬山で日夜拝した「毘沙門天」のことが思い出された。彼は、川井村についで、この地にも毘沙門天を祀り、般若経を奉納した。この辺まで来ると、義経は不思議な違和感に襲われた。これまで、自分たちが話していた言葉が通じないのである。まさに異国である。幸い、吉次一族の通詞がいたので事なきを得たが、それだけに義経は、なぜか嬉しくもなった。もはや頼朝でさえ、この地までは及ぶまい。だが反面、天竺に近いのか、黄泉の国辺りなのかとさえ思えたりもするのである。奥州に来たばかりの若い日に一度、泰衡の案内で、このような情景をみたような気がしたが、あの時はただ若さに任せ、この広い陸奥の国を駆け巡るだけで精一杯であった。今は、帰るべき国を失い、ひたすら報恩供養のため、一歩一歩この最果ての地を歩む自分

たちではあったが、ここで感じる国土世間の空気は、これまで
のものとはまったく違っていたのである。

### 頼朝鎌倉幕府を開く

　一方、頼朝（45歳）は、遂に朝廷主導の権力機構から独立し
た武家による「鎌倉幕府」を開くに至る。この報は、吉次一族
のルートで義経にも伝えられた。義経は、この時「そうか」と
答えただけであったが「心大きくみれば、遂に源氏の世となっ
たのだ。これは私のことより、亡き父上にとって、どれほどの
朗報であろうか。この国のことは兄者に任せよう」何とした寛
容さであろう。義経ほど、人のいい人間も珍しいとは、このこ
とである。

### 後白河法皇、波乱の生涯を閉じる

　3月13日

　天皇家のため、知恵の限りを尽くし、策謀と文化を使い分け
た「天下の大天狗」と称された後白河法皇は、その波乱の生涯
を閉じた。66歳であられた。そして、後白河法皇が亡くなってか
ら、ようやく頼朝は朝廷より「征夷大将軍」の詔を賜ったので
ある。

# １１９３　建久４年（癸 丑）【34歳】（第82代後鳥羽天皇）
## 秀衡の遺言

　八戸高舘にいた義経のもとに、重要な書簡が届いた。北津軽
からの悲しい通知である。十三湊はすでに合戦に敗れ、辛くも
逃れた秀栄（秀衡の弟）も亡くなり、本日、その子・秀元殿が
相続したとの、極秘の報せであった。義経一行は、秀栄の菩提

を弔うため、野内、安方、油川を経て十三湊郊外にある福島城の仮城「隠れ出城」に向かった。一行はこの地に至り、どうにか謝恩と供養のための「写経三千巻」を終了したのである。追い討ちをかけるような悲しい報せの中ではあったが、喪に服し、足掛け5年目となった奉納の儀も、一応済んだので、義経は、秀衡が病床で義経に託した「錦の遺書」を開封したのである。ここには驚くべきことが記されていた。

　貴下がこの地に至りし時、日高乃国、日高見乃国なる中央に建たれし碑と共にあるを知るべし。そは東日流なり荒吐神の帝にして五王を治むるなり。五王とは五色人の王なり、即ち赤・白・青・黄・紫人の住める国なれば、貴下は直ちに渡島に赴きアイヌモシリ（静なる大地）の酋に遇うべし、されば渤海への道開かれ、それより、新しき真なる国を作られよ。

「衣裏宝珠」（1062年の項参照）とはこのことか、と義経は思った。そこにはさらに、それに至る詳しい地図と方途が丁寧に記されていた。そして驚くべきことはさらに続いた。それは新当主である秀元から伝えられた。

「この日が、このような形で訪れようとは。しかし、義経様は遂にお越しになられました。亡き父・秀栄も、また何よりも秀衡様がどれほど、待っておられたことでありましょう」

　そう言って秀元は、一行を、隠れ出城から10里ほど北の三厩に案内し、沖の方を指さした。するとどこから現れたのか、この港へ向かって、大きな船が入って来たのである。人馬共に幾10人も乗れるほどの大船である。また、その帆にはくっきりと、源氏の紋章「笹りんどう」が染め上げられているではないか。

「何という立派な船か、京の都を後にし、大物浦から西国を目

第7章　衣川からバイカル湖の畔まで

指した時、『月丸』という名の船に乗ったが、その船にも勝る見事な御座船ではあるまいか」と、家臣の亀井六郎重清が叫んだ。岸壁に着いた見事な大船を前に、再び秀元は義経一行に言った。

「この船は、義経様のために建造いたした船でございます。必ず、このような日が来ると、秀衡様が、わが父・秀栄に内密に申し付けて置かれたものでございます。どうかお納めくださり、ご本懐の一助として、お使い頂ければ幸いでございます」

義経は、ここに至ってもなお秀衡始め、この敗れし陸奥の国の人たちであるのに、それもこの義経が滅ぼしたにも等しいにも拘わらず、これまで尽くしてくれるとは……。義経とその家臣一同は、拭いても拭いてもその涙は止まらなかった。関西育ちの喜三太には「何と、人のよすぎる奥州の人ではないか」と思われたのも当然かも知れない。

---

※　時代は下るが、伊達政宗が、江戸幕府の許可を得てとの手順はあるが、当時としてはわが国最大の南蛮船を、呉壺浜に建造し、支倉常長をスペインへ送り込んだことがあった。日高見乃国の伝統は生きていたのである。なお、五王・五色人については後述。

---

義経は、改めて秀衡の遺した文を読み返した。そして、思い起こしたことは、秀衡殿や西行法師と共に交わした宴の日のことである。「そういえば、秀衡殿も言っておられた。西行法師の名の如く『西へ行け』と。西方浄土と仏典にはあっても、それは爾前経（法華経以前に説かれた諸経教）でのこと、実際の西方は、広きは広き国なれど穢土（汚れ乱れた国々）なりき、義経殿が真の武将なれば、一刻も早く行かれて、それらの国々をお治めなされよ。」これは、お2人の遺言でもあったのだ。義経は深く秀元に礼を述べた。

224

「義経　蝦夷ケ島渡海の図」江戸浮世絵版画(七海晧奘所蔵)

「天が私を生かす限り、私はこの恩に報いるため、その教えのままに進んで参りましょう」義経は、海浜の蟹から脱皮した。

## １１９４　建久５年(甲寅)【35歳】(第82代後鳥羽天皇)
### 義経「誓願を起て」

　義経は、本州の最北端である三厩に至り、恩人・恩師であった秀衡の意思である「遺言書」に篤き涙を流した。そして岸壁に佇み「誓願」を立てたのである。「誓」とは、自分の身代わりとなって果てた、愛する静の魂魄に誓い、その約束を果たすこと。「願」とは恩人秀衡の遺した願いを、是が非でも現実のものにすることであった。彼はここに「黄金の鹿」として起ち上ったのである。

　３月25日

　義経一行は、風吹きすさぶ三厩村竜飛崎から秀衡、秀栄が遺してくれた北海用の御座船に乗って荒れ狂う津軽海峡へと船出し、「蝦夷ヶ島」へと向かった。ここに一つの印象深い歌がある。是非ご披露させていただきたい。

第7章　衣川からバイカル湖の畔まで

作詞：中谷純平　作曲：原　譲二
歌　小金沢昇司（キングレコード　2002年版）

石がころがる　波がころがる　風が巻いて吹く
　津軽竜飛崎　荒波吠える海峡を大陸へ
渡った武将がいるジンギス・カンは
　義経か、男のロマンが翔び立つ岬……
山をゆさぶる　沖をゆさぶる　舟が夢を漕ぐ
　津軽竜飛崎　渚をあらう　海鳴りも
静御前の泣く声になる　運命抱いた悲しみか
　女の涙が　とびちる岬……

　実に竜飛崎は風強く、海流の激しい岬である。義経の乗った
船は、その激流に耐える船ではあったが、最初は蝦夷ヶ島に辿
り着けず下北半島まで流された。この時、重臣の1人常陸坊海
尊が何を感じたのか、自分は大和に残ると言い出したのである。
頼朝の治める「日ノ本」を見極め、ご報告したいとのことであっ
た。義経は、これまでの海尊が尽くした忠義に篤く礼を述べた。
そして共に健在であることを誓ったのである。
　再び、竜飛崎三厩に戻った義経は、聳り立つ巨巌に登攀、そ
こに端座し3日3晩海上の安寧を「普門品経」を唱えながら祈
願した。すると、白衣白髪の老人が現れ、3頭の龍馬を遣わし
海の安全を約したと、三厩にある「義経寺」の縁起は伝えている。

蝦夷ヶ島（北海道）へ

　船はやがて、渡島（北海道）のマトマイ（松前）に無事上陸し
た。色々なことが溢れんばかりにあった本州も、遂に彼方の地
となったのである。マトマイの小高い丘に登った弁慶は、大き

な石を担ぎ上げたかと思うと、何やらノミで彫り始めた。4、
5日してみるとその石には「義経山」と刻まれていた。「殿が、
この地を正しく踏んだ証である」と弁慶は応えた。この碑は現
在松前町の光善寺に保存されている。

　4月

　ある晴れた日、一行は、海岸沿いに現在の函館へと向かった。
そして、この地にこれまでの船旅の安全と感謝を込めて「貴船
神社とした祠」を建てた。武運長久と共に深く祈る「貴船神社」、
この名を聞くと義経にとっては、忘れ難い思い出が蘇った。鞍
馬山奥の誰もいない貴船神社に、平家討伐の願をかけ、千戸の
礼の約束をしたのだ。確かに今、源氏の世となりはしたが、今
ここに生かされている立場は、それらの過去ではないような気
がしてならない。まったく別の未来のために、あの時の貴船の
誓いがあったのだ。現に私は今、同志とともに船に乗り、この
蝦夷ヶ島に着いたではないか。時折、漁をしている民に出会うが、
その姿は明らかに日本人ではなく、言葉もまったく別のもので
あった。まさしくこの地は異国であると義経は感じた。だが秀
元が付けてくれた通詞のお陰で、一行はつつがなく旅を続け
ることができた。マトマイからウシヨロ（有珠）へと向かう、
ペケシラウオイ（白老）、シノタイ（門別）、ピポク（新冠）を経
て、6月に入り、ピラトウル（平取：崖と崖との間の意）に入っ
た。秀衡が、その遺書に述べていた「アイヌモシリ（静かなる
大地）」である。ピラトウルは、シシリムカ川（沙流川）畔のア
イヌの古い都である。この頃、すずらんの花は、一面に咲き誇っ
ていたであろうか。

第7章　衣川からバイカル湖の畔まで

> ※　甲寅のこの年、鉄木真はケレイト族と連合し、金軍と共にタタル族を討つと『ラシード』には記されている。しかし、清の『洪鈞』によれば1196丙辰年となっている。

## １１９５　建久6年(乙卯)【36歳】(第82代後鳥羽天皇)
### ピラトウルの1年

　義経一行はこの1年、大陸への準備期間として居住するが、この間アイヌに稗、粟の農耕技術他、狩猟、文字など衣食住に関する教育を施し感謝されている。義経は、アイヌの酋長の娘ピリカに恋い慕われるが、ピリカにとっては悲しく辛い恋となった。この辺の詳しいお話は、平取町観光協会発行の『カムイ義経』を是非お読み頂きたい。とてもロマンチックなイヨマンテの祭りなどが、悲しくも美しく綴られている。

> ※　この頃、『集史』には、ケレイト部族のトオリル汗と盟約し、タタル部族のメグヂン・セウルトを討つとされ、また、メルキト族征伐とも記されている。

## １１９６　建久7年(丙辰)【37歳】(第82代後鳥羽天皇)
### 静かなる大地よさらば

　ピラトウルを後にした義経一行は、鵡川、千歳、石狩を経て積丹に向かった。ピリカは、1人小さな舟に乗りその後を追った。寿都では、弁慶が十三湊(秀元)からの物資、奥州戦争で破れた藤原一族の残党、そして路銀を待ったのである。義経一行も、寿都で合流することになっていた。弁慶は、海を向いては藤原残党とその兵糧を乗せた船を待ち、陸に向かっては義経

一行を待った。気の短い弁慶にとっては、まさに一日千秋の思いであったろう。その姿を後世の人々は「弁慶岬」と呼び顕彰した。日本海側にそり出たその半島には、現在2mを越す立派な「弁慶の銅像」が立っている。

弁慶の銅像(寿都・弁慶岬)と筆者

※ 室町時代の『お伽草子』に、義経を扱った「御曹司島渡り」がある。そこには平泉から千島に渡った義経が、そこの喜見城の「かねひら大王」から「大日の法」を盗み取った、との巡島伝説として語られている。大陸へ渡るには、かなり遠回りの説であるが、喜びをみる城と言い、カネヒラ(秀衡?)大王と言い、「大日の法」の言わんとするものは、秀衡の遺言書を連想させるものがある。また、盗み取ったとの表現も、アイヌ民族から、「悪人と評された義経」の一面があるのと共通する。それは、色々な技術を教え尊敬された反面、アイヌの心ある若者たちが、こぞって義経と供に大陸へ同行したことによるものとされている。確かに将来、頼りとする若者が多数いなくなり、酋長の娘も、その後を追うことになるのだから、残されたアイヌの人達にとっては、これ以上の盗人はいない、と言いたくなるのも当然であったろう。

※ タタル族制圧に、金朝の王京丞相は成吉思汗に「チャウド・クリ(小隊長)」の称号を与えた年とされる。

## １１９７　建久８年(丁己)【38歳】(第82代後鳥羽天皇)
### 最後の海峡を渡る

　義経一行は蝦夷の日高乃国をいよいよ離れることとなった。寿都より海路、石狩湾を北上、利尻・礼文島を西にみて、第3の海峡（宗谷海峡）を越えて樺太に上陸する。樺太上陸後、陸地沿いに馬や食料を補給しながらさらに北へと向かった。

　やがて海を隔てた西側に大陸がみえてきた。後年この樺太と大陸間の海峡は「間宮海峡」と呼ばれるが、その丁度、対岸には中国名での「黒龍江」、ロシア側からは「アムール河」と呼ばれる大河の河口が広がっていた。

利尻島（日本最北の島）を左にみて義経一行は樺太に上陸する

※　秀衡の『錦の遺書』に示された「五王とは五色人の王なり。赤・白・青・黄・紫　人の住める国なれば云々。」現代では白・紫・黄は、白人・黒人（紫）・黄色人種、赤人はインディアン、青は北欧人（特にスカンジナビア）とされていたが今日では白人と同化したとされる。『桃太郎』物語に出て来る「赤鬼・青鬼」は実在したのである。

# 第8章　天命のままに

　義経一行はいよいよ、この大いなる大陸に一歩を踏み入れた。ここは、流れ来る砂金の大宝庫であり、かつて奥州藤原氏が全盛期の時に、吉次一族の通商によってもたらされた鉄器（今に言う、南部鉄）と、この地の黄金が交換されていたところである。狩猟を主とする当地の民族には、いくら美しく朽ちなくても、柔らかい金は、何の役にも立たなかった。しかし、鉄でできた農機具や鍬は、大いに彼らを喜ばせたのである。彼らは、義経一行を「テムジン（鍛冶屋）」と呼んで暖かく迎えた。「鉄木真」の名の一つの由来である。

## １１９８　建久９年（戊午）【39歳】
### （第83代土御門天皇）
### 大陸に立つ

　船で海峡を３往復ほどすれば、樺太で準備した物資のほとんどを運び終えることができた。通詞を伴い、奥州藤原氏が健在な時に往来していた者たちの案内で、一行は黒龍江岸に最初の拠点を築いた。「黒龍江（アムール河）」は、まさに大河である。河底には、豊富な砂金がキラキラと輝いていた。奥州藤原氏は、この地と交易を精力的に行っていたのだ。義経は、その広域性に驚くと共に、改めて吉次一族のその力量を知らされたのである。この素晴らしい商人魂を、最大限に生かす者こそ、最も求められる政治的手腕を有した統治する者の責任である、と義経は心から思った。そして、奥州藤原氏が湯水の如く黄金を使え

第8章　天命のままに

た謎が、ここに解けたのである。「平和裏における交易」こそ「人間社会全般の文化と富」を豊かにするものはない。義経は、この大地に立って、改めて知らされたのである。地上から、すべての争いをまず収めねばならない。そのためには、力をつけ、誠意を尽くして、この大地に生きとし生けるもの、すべての平穏を取り戻さねばならない。それにしても、この大地の広さは、気が遠くなるほどではないか、と義経は思った。河口は海と見間違うばかりに遥か遠くに霞んでいた。

※　この「黒龍江」の名がいつ、誰によって付けられたものか、これにも一つの謎が付きまとう。「黒とは九郎の意である」。これは、奥州北上の折に何度も触れたが、さらに「龍も、静を象徴する最も縁深い」名でもある。またアムールが訛った amural, amurag はモンゴル語で「休息、愛人」を意味したものとされる。

　義経は、この地に至って、心から安堵したのであろうか。遠い旅の果てに辿り着いた、あまりにおおらかな大地に立った彼は、遥か東方を望み、これまで歩んで来た様々な思い出を残した日本の島々のことが、春霞の中に遥か遠くに望めるような気がしたのだった。「私は未だ39歳である」。彼はふと我に返った。

# 1199　正治元年（己未<sup>つちのとひつじ</sup>）【40歳】

## （第83代土御門天皇）

### 極寒のアムール河を遡る

　この年、義経一行は大陸における初めての冬の只中にあった。大陸の冬、それはまさに想像を絶する極寒の世界である。しかし、現地の民はたくましくも義経一行を暖かく迎え、親切に大陸での生活のノウハウを教えてくれた。移動が目的であるならば冬に限るとも言った。つまり大河は凍りつき巨大な道となる

からである。そして、その氷の下には豊富なたんぱく質があった。「穴釣り」である。一行はただひたすら、凍てついた黒龍江を上流に向けて進んで行った。これは、当初、秀衡、泰衡が義経に託した計画に添うもので「錦織りの託書」とも一部重複するが、遥か遠い道のりの果てにあるモンゴルのある氏族を訪ね、折衝し多くの駿馬と黄金とを、奥州の鉄器と種々の貢物によって平泉に持ち戻るというものであった。今、その行程にあるのだと義経は一瞬思ったが、すでに戻るべき都はない。しかし、ともあれ残された一本の道を、一行は進んだのである。人は時に何者かに導かれて歩む。モーゼも、キリストも、また時代は下るがガンジーも歩み続けたのである。

　義経は思った。振り返れば文治五年（1189年）、平泉が落ちて丁度10年、陸奥を彷徨い蝦夷地に渡り、今極寒の大河を、自分を信じ慕う家臣たちとこうして定かでない氏族を求めて進んでいる。

　厳しい北国蝦夷での訓練は、義経一行に多くの知識と技術を教えてくれた。また大陸に渡ってからも、現地人の使う移動式住居ゲルの機能性や、氷に穴を開け必要に応じ魚を採りたんぱ

ゲル（移動式住居）。らくだが２頭のんびりと草を食べている

第8章　天命のままに

く質を補うことなど、その知恵には驚かされるものも沢山あった。義経は今生きている悦びになぜか感謝したい気持ちでいっぱいになった。

その頃、日本では重大な日を迎えていたのである。


## 頼朝の死

1月13日

鎌倉幕府にとって、最高の権力者であった頼朝が落馬が原因で死去したのである。53歳であった。ところで、頼朝の死にも大きな謎が残された。『吾妻鏡』には、肝心の死の記録が欠落しているのである。さらに『玉葉集』もまた、はっきりした記載がない。兼実は、頼朝の推奨によって御所内での地位を築いたほどの贔屓（ひいき）ぶりからして、当然その恩義がある重要人物の死にも拘わらず書いていないのだ。彼は本当に落馬がもとで死んだのであろうか。

この時、義経は不思議な「胸騒ぎ」に襲われた。自分の命を狙い、さらには最も大切であった奥州平泉の都を滅ぼした憎い兄、その頼朝が、なぜか無性に恋しいのである。兄と交わした多くの会話、思い出が走馬灯のように頭をよぎるのである。そういえば、平家討伐に旗揚げした時、大庭景親らの連合軍に敗れ、山中に逃げ込み大杉の根元の洞穴に隠れていた時、兄は梶原景時に発見された。しかし、この時、景時は素知らぬふりして兄を見逃したというではないか。変なことを思い出したものだと義経は思った。

兄は、「もしあの時がなかったら黄瀬川での出会いもなかった」と言っていたな。梶原景時、あやつも許しがたい者であるが、兄の立場を思えば、やむを得ない処遇であったのだろう。

234

あの頃のことを思い出すと、次から次へと多くの場面が浮んで来るが、それは遠い「前世」の出来事のように義経には思われた。しかし、ふと思い返した時、前世とは片付けられないことがあった。それはやはり「静」の面影である。

※　この逸話は『元朝秘史』（巻2・82、83、86）にあり、兄弟族のタイチュウド族に鉄木真が嫉まれ、その命が狙われるという時、前記とそっくりの内容でソルカン・シラという敵方の者が、鉄木真を救ったという話として記されるのである。

# １２００　正治２年（庚申）【41歳】（第83代土御門天皇）
### バイカル湖の辺まで

　義経一行は、壮大なる大地を流れる黒龍江（アムール河）を上流へと何者かに導かれるように進んだ。幾日かするとその大河は大きく２つに分かれた。現地の猟師に訪ねると、北側の河を遡れば大きな湖に出るのだという。バイカル湖である。そこまでの道なる河は、現在「シルカ（shilka）川」と呼ばれる。冗談交じりに、仲間が弁慶に「この川は何というのか」と聞いたところ、即座に返ったことばが「知るか！」であったとか、なかったとか。

　季節も春を迎え、湖への距離はまだあったが、一行はほどよい地形の場所にひとまず腰を落ち着けることにした。思えば長い道のりであった。ここまで付き従う者、実に200余騎。この時、歴史は新しい「世紀」に入ろうとしていたのである。実質的な「世界史」との遭遇13世紀の幕開けである。何と言う時代の符合であろうか。ところで、今いる地に名を付けようと義経は思った。「平泉」か、否それはあまりにも悲しい。そこで義経は、

第8章　天命のままに

原点は何であったかを考えた。私の運命は、どこから始まった
のか、生まれた時？　父は知多の庄で討たれて死に、母は私を
懐に抱いて吹雪の中を逃れたが、清盛に捕らわれた。ところが、
清盛の乳母知多尼とも称された池禅尼のお陰で兄頼朝も、さら
には、私たちも生かされたのである。「生と死」を分けた原点、
「知多としよう」。この最初の幕舎は「チタ」となった。多く
を知ることにも通じる。北緯52度東経114度に位置するチタ
（chita）は、現在飛行場もある大きな市となっている。ここは
特に、この説の本流とも言える小谷部全一郎氏が、半年近く在
住した場所でその著『成吉思汗ハ源義経也』には、特に多くの
頁を割いている（詳しくは大正13年・冨山房版を参照されたい）。

（1160年の項参照）

### 悲嘆に暮れるボルチギン一族

　そこで、一行は、秀衡遺命にあった、ある部族を訪ねること
となった。通詞の話では、モンゴルの各部族は、チタのあるシ
ルカ川からもう一つ南を流れるオノン河沿いに、或いはケルレ
ン川周辺には多く住んでいるという。そして、現地の噂による
と、草原国には珍しいと言われている、立派な人物イエスゲイ・
バートルに会って、尋ねれば判るかも知れないということに
なった。しかも、そのイエスゲイ・バートルなる名の意味が「第
九の勇者」というのである。九郎義経には、ただならぬ意義を
感じた。そこで、彼の率いる一族「ボルチギン部族」と会うた
め、一行は出発した。そして、広い草原の中、やっとその部族
を探しあてると、何としたことか、その部族は悲嘆のどん底に
あったのである。

　その部族というより、その家族の事情を聞いた義経は驚いた。

その将イエスゲイ・バートルは、タタール族によって謀殺され、イエスゲイの妻ホエルンは、幼い子供3人をかかえ、路頭に迷っていたのである。身内だった者たちまでもが、ことごとく去って行き、自らの命の保障まで危うく、まさにその悲しみは極限にあったのである。

## 運命の出会い

その姿に接した義経は、自分が生まれて間もない、母の姿（常盤御前）のあの時と、まさに瓜二つではないかと思った。悲しみに沈み、幼い子供を抱くその姿に、義経は、再び自分をみる思いがしたのである。義経はこの時、即座に思った。

「秀衡殿が認めて下さったモンゴルの部族の名も、言葉の違いからか、明確に判断することも適わない今、これぞ運命の部族との出会いである」

さらに話を聞くと、この家には長兄がいるがオンギラドという部族に預けられてから久しいという。しかし、この大事を知らないはずはなく、ここに至ってなお、姿を現わさないところをみると、もはや殺されたものと思われると言った。それは許婚とした名目の人質として預けられていたからである。義経は、木曽義仲の子「義高」が頼朝方に預けられていて、結局、殺されたことを思い出した。そこで彼は、自らこの一族の兄、その帰らぬ「長兄」となることを、ここに約束するのである。

私は、これまで、末子としての自覚しか持ち合わせていなかった。一武将としての長で満足し、兄を立てることのみ考えていた。結局、そのことが、秀衡殿が私に託された御意志まで曲げてしまい、大恩ある泰衡殿の100年栄えた平泉の都

第8章　天命のままに

まで、灰にしてしまったのだ。私は今こそ、一族の長兄となって、全責任を負わなければならない。これぞ天の与えた使命である。今こそ、「成すよしも哉（成吉思汗）」なのである。

義経の覚悟は、ここに及んで決定した。

ホエルンにしてみれば、義経を自分の息子とするには少なからぬ違和感を感じないでもなかったが、心なしか、亡き長男の面影をも宿しており、他人のような気にはなれなかった。よりむしろ、心から信頼できる人間と思われたのである。

---

※　『元朝秘史』には、テムジンはオン・ハーンと父子の誓約を結び、タイチュウド族を討伐したと記している。『元朝秘史』はもとより叙情的な口承典で、年代は必ずしも正確ではないが、兄弟族タイチュウド族について前記に触れた通り、義経としては日本国で起こったこれまでの出来事のすべてを、この年に整理しておきたかったのかも知れない。一方日本では、頼朝が死んで丸1年の丁度7日後（1月20日）、幕府内において将軍職擁立の内紛から、梶原景時（59歳）、景季（38歳）親子が殺害されるという事件が起きたのである。義経をあれほど、執念深く悩ました悪人の、彼等らしい末路の姿であった。

---

# １２０１　建仁元年（辛酉）【42歳】（第83代土御門天皇）
## 新世紀を迎え、名を鉄木真とする

歴史はここで大きく変わろうとしていた。1189年（文治5年）の時点で、すでに決めていたことではあるが、義経はここで、名を正式に「鉄木真」と公称した。これは712年『古事記』の項でも述べたが、第10代崇神天皇が「初国しらしし御真木天皇」の意と、「鉄」即ち「陸奥の国の主神荒吐」から採られたものである。

この年『元朝秘史』には、テムジン、コイテンの戦いでジャムカと共に破れ負傷する、と記している。現地での新たな戦いに、初めて大きな傷を負ったのである。生易しい出発ではなかった。だが、ここで大変重要なことは、この時から、具体的な「紀年」が明示されたという点である。まさに、西暦年譜による13世紀の幕が開かれたこの年に「干支暦辛酉」を発行したと『元朝秘史』には記されている。何とした偶然であろうか。西欧と東洋の歴史年としての歯車が噛み合った瞬間であった。（1205年の項参照）また、彼の年齢の上から言えば、この年は、わが国で言う「厄年」にあたっていた。

# １２０２　建仁２年（壬　戌）【43歳】
（第83代土御門天皇）

## 見晴るかすモンゴルの大地、33の部族

鉄木真（義経）一行は、「ボルチギン一族」として、現在のモンゴルの首都ウランバートルの東、オノン河の上流ヘンテー辺りまで南下し、幕営した。そして、改めて天地の他に何もない果てしない大地をみつめた。ここには、樹木さえ見当たらず道もない。ただ、大草原が地平線の彼方まで広がり、「五畜」と呼ばれる馬・牛・山羊・羊・駱駝を飼う僅かの人間社会が、草を求めて移動し、生活している。文字もなく、暦も使わず、墓も寺も持たない。五畜の盗難などは茶飯事で、女性の略奪も家畜同然であった。これで国は、成り立つのだろうかと思えた。この見晴るかす大地には、突然現れる33の部族が、入り乱れ群雄割拠し、覇を競っていたのである。とりあえずこのオノン河の畔に幕営はしたが、その四方八方には以下のような部族が、回りの動向を伺いながら、隙を狙って生活していたので

ある。当座の許し難い敵族・東のタタール族を筆頭に、音沙汰のないオンギラト族、西のケレイト族、北のメルキド族、南のタイチュウド族があり、タングート（西夏）族がいた。さらに南へ西へ、ドタウト族、アルカイ族、アルチ族、チャガン族、アイリウト族、ブイリウト族、ツングース族、ナイマン族、トルグト族、オイラト族、ジャライル族、コンギラト族、ソロン族　キタイ族、女真族、キルギス族、カルルク族、カンクリ族、マンクト族、ウルウト族、ケレイト族、ニルキン族（ニルンとも発音され、小谷部説ではこれが日本人族の意であり、義経の部族ではなかったかと推察している）、ドルベン族、カタギン族、サルジウト族、そして南東には大国、金などが控えていた。

（ルイ・アンビス著『征服者の生涯』より抜粋）

　これら大小の部族は、70家族の小集団から、２万人に及ぶ大部族まであったとされている。


## 父子の盟を結ぶ

　鉄木真となった義経は、周りの状況、これまでの経緯などを詳細に聞いて、一つひとつその課題を解決して行くことにした。まず第１は、父イエスゲイ・バートルを毒殺した、東のタタール族を討つことであるが、現在のボルチギン族に、その力はない。そこで、昔好誼のあった西のケレイト族のトオリル汗に貴重なイエスゲイの遺品である毛皮を贈り「父子の盟」を結ぶことにした。トオリル汗からみた鉄木真は、十数年来会ってもいなかったから、難なくイエスゲイの息子として通用した。それを後ろ盾に彼は、敵討ちの理由を作り上げ、ついで北のメルキド族も討ち果たしたのである。鉄木真の部隊は、勢いを付けダランのネムルゲスの丘でタタール部族を壊滅させ、さらにオン

ギラト部族も制覇して行った。このオンギラト族こそ、ボルチ
ギン族の長兄が人質にされていた部族である。もしその子が生
かされていたのであれば、こんなにも早く制覇されることはな
かったに違いない。この点からも、実のボルチギンの長兄の
死は確実であった。この戦を「コイテンの戦い」と『集史（ラ
シード)』には記されている。

---

※　その後トオリル汗と組んだ鉄木真は、ナイマン族を攻めることに
なるが、この時ジャムカ（鉄木真の当初からの友人とされる）は、ト
オリル汗に対して、多少の妬みを含めて、次のように述べた件がある。

鉄木真は、モンゴルの部族ではない、われらはこの地に住む白令雀、
だが彼は、鴻雁（渡り来た白鳥）である

『元朝秘史』（巻５・160）

親友であるはずのジャムカが、「われらはこの地に住む白令雀（土
地の雀）であるが、鉄木真は、外の国から来た、渡り鳥である」と
漏らしている点である。これは大変重要なことを意味している。『元
朝秘史』自らが鉄木真なる者は「外から来た者」異民族である、と記
しているのである。

---

万里の長城の北には、果てしないゴビの砂漠が広がっている。
北緯45度より北になると、緩く傾斜する草原が現れる。バイカ
ル湖に注ぐオルコン、トラ、セレンガの３川、アムール河上流
のオノン、ケルレンの流れは、豊かな水を提供し、この地方は、
古くからの遊牧民族の理想の根拠地となっていたところであっ
た。

（『ガッケンエリア教科事典・世界歴史』より）

# １２０３　建仁３年(癸 亥)【44歳】(第83代土御門天皇)
## 十三翼の戦い

盟友ジャムカの心の片隅にあった鉄木真に対する嫉妬心は、

第8章　天命のままに

遂に、決裂を招き対決へと進んだ。両軍はダラン・バルチュド
の地において戦闘に入る。ジャムカ率いる13部族3万の兵力に、
鉄木真も13群団で対決したのが、この「十三翼の戦い」と呼ば
れるものである。結果は、鉄木真側の敗北となった。彼はオノ
ン河の支流ジュレネ峡谷に身を隠した。

　ライバルに勝ったジャムカは、鉄木真の配下の将70人を見せ
しめのため煮沸した大鍋に投げ込んだのである。しかし、この
残虐さは、ジャムカの家臣たちに大きなショックと疑念を抱か
せる結果を生んだ。鉄木真は計らずも一命をとり止めたが、こ
の敗北には深い教訓を残したのである。

---

　※　ところで『元朝秘史』に語られる「十三翼の戦い」は1190年頃と
なっているが、実際にあった戦いとしての可能性は疑問視されている。
別モンゴル史である『集史』や『聖武親征録』には、鉄木真側の勝利
と記され、逆の結果となっている点もある。実はこの年こそ、奥州平
泉が陥落した翌年にあたり、北辺の大国際港として繁栄していた「十
三湊」は、最後の抵抗も空しく鎌倉軍の追撃に、壊滅的打撃を蒙った
とされる時であった。義経は、この「十三湊の顛末」をこのような形
で残そうとしたのかも知れない。

　　　　　　　　（1179、1193年、エピローグ「13の月」の項参照）

---

## 力が付けば敵となる

　部族間の争いは頻繁に起こった。鉄木真は、時に負けながら
も次第に力をつけて行った。するとなぜか、当初親しかった者
が離れて行くのである。それだけならまだしも救われるが、敵
と化して行くのである。好誼を通じて父子の誓いまでしたケレ
イト族のトオリル汗にも裏切られ、「濁水の誓い」は、水泡に
帰した。実際は、トオリル汗の息子が裏切ったのであるが、父
子の誓いは破られた。だが鉄木真の軍は、ジュジェルの丘でそ

れを破り、ケレイト族は滅びたのである。そして、ジャムカと鉄木真との仲も、遂に最終段階に入る。この年の夏、バルジャナ湖の誓いはそこで葬られることになる。

# １２０４　元久元年(甲子きのえね)【45歳】(第83代土御門天皇)

## 鉄木真、モンゴル文字を作らせる

　春になり、鉄木真は、西モンゴルのナイマン部族を攻めた。そして、ナイマン王タヤン汗はハンガイ山に破れた。この戦いは、かなり有名な戦いで「ナクの懸崖けんがい」と呼ばれ、ナイマン側は8000騎から１万5000騎の大軍、一方の鉄木真側は2000騎足らず、圧倒的な数の差があった。そこで彼は、夜戦の策をとり、１人ひとりの兵士に、10ヶ所以上の松明を焚かせて10倍の軍に見せかけると、銅鑼や太鼓で静寂を破らせた。柵崖に陣を張り休んでいたタヤン汗たちは、闇の中、争って断崖から重なって落ちて行ったと言われる。まさに、この戦術こそ、かつての富士川の戦や三草山、鵯越、屋島の夜襲と、そっくりなのである。また、この時ナイマン軍に合流していたジャムカは、モンゴル軍の陣容のあまりに整備されているのをみて、自分の兵を引き連れて遁走したともいわれている。メルキト族もこの年に降伏している。

(『元史』より)

## 文字と暦

　この時、鉄木真は捕虜にした敵将タヤン汗の実務顧問であったウイグル人の「タタトンガ」の有能さを認め、彼に命じてこれまでになかった、独自のモンゴル文字を作らせたのである。ウイグル文字のアルファベットを使い、日本語と同じ50音訓縦書きの流れるようなモンゴル文字である。このような指示、配

第8章　天命のままに

慮ができる武将が、果たして義経の他に考えられるだろうか。

　文字に関心を寄せていた時、ふと気が付いたのは、省みる年月のことであった。数え直してみると、鉄木真は大変なことに気付いた。今年は「子の朔、甲の年」ではないか。

　「何という心改まる天地の原初、太初年とは！」

　『元史』によると、暦の使用始めは翌1205年からとなっている。鉄木真は、すでにこの年に、暦の発布を準備していたのであったが、彼としてみればもっと早く気付いていれば、この意義ある年から始められたのに、と悔しがった。

# １２０５　元久２年（乙丑）【46歳】（第83代土御門天皇）

## 鉄木真　全モンゴルを統一

　ほぼ全モンゴルを制覇しつつあった鉄木真は、その隣国、西夏（タングート）への侵攻を試みようと思った。西夏は、モンゴルの真南に位置する独特の文化を持つ国である。この高度な国を包囲し、支配下に置くべきと鉄木真は考えた。かつての野蛮な坂東武者が、高度な文化を誇る愛すべき陸奥を滅ぼしたように。あの平泉の文明と比べれば、西夏など何ほどのことがあろうか。祖国を出て15年、彼は遂に復活を果たしたのである。第１回の西夏（タングート）侵攻が始まった。その頃、祖国日本では、畠山重忠（41歳）が、鎌倉幕府内における詮議で北条義時に討たれ死去している。もし義経がそれを知ったら惜しい武将をなくしたと思ったに違いない。


## 暦の発布

　鉄木真が、文字の次に手を打ったのが「暦」であった。鞍馬山で覚日坊から、唐（中国）から伝えられたという暦のことが

思い出された。昔（紀元前104年）、前漢の武帝が、この年の陰暦11月（子の月）の朔が六十干支の最初の「甲子」の日であり、しかも、この日の夜明けの時刻が「冬至」であること、暦学でいう、宇宙の原初の時間と同じ状態が到来したのに合わせて「太初」という年号を建てたというのだ。この時、太史令の司馬遷らによって暦法が改正され「太初暦」が作られた。鉄木真の心には、いよいよ「建国」への具体的な姿がみえて来たのである。彼は、そこで何を基本とすべきかを考えた。かつての日本国で使用していた暦は「元号」と「干支暦」である。国家の長期計画には、この干支暦が最適であると決断した。だが、前述の如くその発布にあたっては１年遅れとなってしまったことは、彼の人間らしい側面と言えるかも知れない。一方、元号の必要性も考えてみた。自ら皇帝となり自分の暦を民衆に押し付ける、果たして受け入れられるであろうか？　今その必要はない、混乱を招くだけである。彼は、当分元号の使用は行わないこととしたが、「国名」は考えておかねばならないと思った。

※　成吉思汗は、『元史』において「太祖」と称しているのはなぜであろうか。意味ありげな「十干十二支暦」の使用であると言わねばならない。余談ではあるが、野球の殿堂「甲子園」は廻りまわった甲子の年（1924年大正13年）に建設されたことによる名称とされ、また、本書の起源たる小谷部氏が『成吉思汗ハ源義経也』を世に出したのも、この年である。

（岡田英弘著『モンゴル帝国の興亡』ちくま新書等を参照）

for the calm,world

**成吉思汗時代　1206〜1227**

# 第9章　成吉思汗即位

　彼は、モンゴルを統一し、遂に「成吉思汗」として即位する。西暦1206年のことである。彼のその時の年齢が、イスラム系書『集史』では51歳であり、中国系史書『元史』などでは44歳とされている。ところで義経の場合なら47歳にあたる。ここで彼が、もし地元の英雄であった場合を考えた時、これだけの才能を持った人物にしては、あまりにも遅い頭角、即位と言わなければならないのに気付くだろう。そこには、遅れるべきそれなりの理由があったからに他ならない。だからこそ、即位してからの彼の才量統治は、恐るべきスピードで進むことになる。

　それは想像を遥かに超えた能力が、一気に爆発したようなもので、より多くのより高い文明国家を次々と掌中に治めるという、考えられない戦功の連続となって現れるのである。即ち当初から「大帝国建設」へのシナリオが確立されていたのである。このような超人的な人間が果たして、文字もなく暦も使わず、一切の教育機関も持たない、ただ広漠たる草原を周遊するだけの環境から生まれるであろうか。当然、そこに備わるべき条件は、騎馬を自在に操りつつも軍略に精通し、あらゆる戦いの経験とその実績があり、文化宝物の価値を識り、「国家観」を知悉し、プライドと信念と、深い何者かの「愛」の裏付けがあって、初めてなし得ることのできる、極く限られた条件を持つ人間にのみ与えられた壮挙なのである。ここからは『元朝秘史』に秘された、謎の解明を追って進めることとしよう。

　この時代を彼は、自らを一匹の動物に喩えた「蒼き狼」であ

る。これをもって、彼の人生は完成する。牛若時代の「白き大鳥」、義経時代の「赤銅の蟹」、鉄木真時代の「黄金の鹿」、そして、成吉思汗としての「蒼き狼」である。それは「空を海を山を平原」を駆け抜けた人生の証でもあった。ところで忘れてはならない、もう一つの動物がいる。これこそ「薄紅色（薄紫）の牝鹿：静」である。不思議なことに、これをもって５大色がすべて揃う。能舞台における「鏡の間」より出る、「橋掛かり」との境に架かる５色の幕（紫・白・赤・黄・青）こそ天地を織り成し、現世と霊界とを結ぶ「情念の糸幕」である。これは奥州秀衡が極秘に、義経に与えた「錦袋に納められた」御文「五色人統一」に叶う標しと同じものなのである。　（1193年の項参照）

# １２０６　建永元年（丙 寅）【47歳】（第83代土御門天皇）
## 九尾の白旗

　オノン河の上源にてクリルタイ（即位大礼）が開催された。大汗・鉄木真は、モンゴルの王となったことを宣言し、名を「成吉思汗」と号した。大草原には、巨大な王宮包（ゲルバオ）を中心に、数百のゲルが従い囲み、数万頭の軍馬が居並んでいた。人類史上これほど壮観な即位式典が、かつて行われたことがあったであろうか。抜けるような紺碧の空の下「白旗」なびく陣張は荘厳に、「九琉」の槍を高く掲げて、大礼は厳かに開幕した。この時から「白色」が、モンゴルでは吉とされ、「数字の九」は聖数とされた。また、純白の旗には守護霊「スルデ」が宿り、その軍隊は常に勝利に導かれるとされた。大汗（カーン：国王）の下は、特に「九尾の白幡」をもって陣を構え、赤き太陽と、黒い月が描かれていた。白旗のはためく本陣こそ源氏の構えであり、九はまぎれもなく九郎判官義経の標しである。そして白旗の黒い

月影こそ、八幡大菩薩を象徴したものであった。

　この即位式を前に、成吉思汗は、日本で使われていた暦「十二支十干暦」を採用したのであるが、記録（当初ウイグル語）を残すことも義務付けた。さらには組織法制として「千戸の制」を設け、千戸・百戸・十戸長、及び近衛輪番兵制による1万人体制を確立したのである。この昼夜を問わぬ輪番集団を「大中軍（イエケ・ゴル）」と呼ばせた。

---

※　この「千戸の制」こそ、彼が幼い日、鞍馬の「貴船神社に祈願した千戸の礼」による約束事であった。唯一、彼の生涯を記録した歴史書とされる『元朝秘史』の冒頭には次のように記された。

　成吉思汗は、源である。
　天の定めをうけて生まれし、蒼き狼ありき。
　その妻は白い雌鹿であった。
　彼は、海をこえてやってきた。
　オノン川の源頭なる、ブルハン・カルドゥン（山）
　そこに牧営して生まれたのがバタチカンである。

（『元朝秘史』巻1・1）

---

　成吉思汗は、冒頭から「源氏」であると明言しているのに、中国人はこれを「成吉思汗の源流は……」などと余計な解釈をしている。「天の定めは、私を青き狼（静と一体）として生を与えた」「その妻は薄紅色の雌鹿であった」（過去形になっている、その妻とは静を意味している）。そして「青き狼となった私は、遥か海を越えてやって来たのだ」この冒頭の4行は何を語っているのであろう。『元朝秘史』とは、誠に不思議な史書である。なぜ「秘」なる「史」なのか。ここには、もとより秘められた何かが隠されているのである。

第9章　成吉思汗即位

第1に成吉思汗とは静の詠んだ歌に込められたものである。
　「しずやしず賤のおだまき繰り返し、昔を今になすよしも
かな」の最後の言葉である「成す・吉・思・汗」を充て
たものである。この説の最初の発見は『針の館』の著者、
仁科東子氏によるものであると、高木彬光氏はその著書『成
吉思汗の秘密』（光文社版）に書いている。

第2に当時の中国でも、人の名は2文字か3文字である。「成
吉思汗」だけがなぜ4文字なのか。伝承によれば読み書き
ができないはずの彼が、自ら認めた名だともいう。「4」
と言う数字も、この物語では重要なキーワードとなってい
る。

第3に「成吉思汗」とは「吉成りて、汗を思う」と読む漢文で、
「成る」とは、約束が今なったという意であり、「吉」とは、
2人が別れた「吉野山」の意であり、「思」とは「今思い
起こすのは」の意である。そして、ここでの「汗」の字は
「あせ」ではなく「水干」所謂、白拍子の舞衣「狩衣」
のことで「静」その人を象徴しているというのである。つ
まり「あの悲しい別れをした吉野山で2人で誓った約束が、
今ここになすことができた。そして、思い起こすのは、静
おまえのことであるよ」これこそが「成吉思汗」の名の真
の由来なのである、と。

> ※　義経及び成吉思汗の肖像画（扉参照）を見比べて戴きたい。顔全
> 体の輪郭、その涼しげな目と眉との間隔、薄毛の体質、ひげの生え具
> 合、口元の形、通った鼻すじ、恐れられた人間とは思えない柔和な表
> 情。ここに多くの一致点を見い出すことができる。以上の指摘は、日
> 本国史学会会長・東北大学名誉教授：田中英道氏の新書『やはり義経
> はチンギスハーンであった』（2023.10文芸社）でも記されている。

## ボルテ・チノ！　声を限りに

　蒼く光る海底のように、果てしなく広がる大草原。その天空高く満月は煌々と輝いていた。それを見下ろすような巨大な岩頭に、１匹の狼の王がいた。彼は月に向かって大きく吠えたが、なぜかその声は悲しげに響き渡った。

　西塔（弁慶）は言った。

　「殿はいつぞや、この天地（モンゴルの大草原）に向かって、響けとばかりに『ボルテ・チノ！（蒼き狼）』と叫ばれましたな。確かに殿は戦（いくさ）の前など、まるでお人が変わられたように、恐ろしいほどの眼をなされ、あたかも狼の、そう　狼のあの蒼い眼のように……ところがその目は、みる間に涙に濡れておいでであった」

　成吉思汗（義経）

　「蒼き眼の狼か、青き狼、悪くはないな、私が初めてこの地を踏んだ時、土民に尋ねたものだ『静』とは、この地で『静』とは何と言うのかと。いつも皆の前で『静、静』というのも気が引けたので、内密に土民たちといた時、懸命に身振り手振りで聞いてみるが、一向に埒（ラチ）が明かない。確かに『静寂』という概念を、この静かさをと、両手を広げて表現し試み伝えてはみたが、これが難しい。尋ねられた方も理解に苦しむのは当然だろう。そこで私は一計を案じ、静という字を『青』と『争う』とに分けて聞いてみることにしたのだよ。『青』は空の青、水の青、『争う』を私は、両手で２匹の動物が争い噛み合う仕草をしてみせたのだ。すると彼らは『チノ！（狼だ）』と言った。青は『ボルテ』、争うは結局オオカミ『チノ』と言うことになってしまったが、私はこの言葉がとても気に入ったのだ。私は、この眼の前に広がる果てしない大平原に向かって、声を限りに

第9章　成吉思汗即位

呼んでみた『ボルテ・チノ！』と、静おまえは、この大いなる
大地のすべてになったのだ、これからは、おまえが私であり、
私はおまえなのだとな。皆には恐らく、私が『蒼き狼』だと宣
言したものと、思えたのだろう」

　弁慶は、暫く黙っていたが、

「それで殿の、この度のお名前の謎が解け申した。なぜ『成
吉思汗』なる妙な名にこだわられ、そして『蒼き狼』を宣言さ
れたか、そうでしたか　静殿の……」

「そうゆうことだ」と、成吉思汗（義経）は嬉しそうに答えた。

---

　※　『元朝秘史』が、明代に漢訳された時、モンゴル語の「ボルテ（青）」
はなぜか「蒼」と記訳され、それが世界的に定着した。この「蒼」か
ら受けるイメージは、いかにも冷酷野蛮な狼と結び付き、恐怖のシン
ボルとしては相応しい表現にはなったが、もし、日本人が素直に「青」
と訳しておれば、もっと早い段階でこの謎は解明していたのではない
かと筆者は考えている。また、この「青色」こそ、モンゴル国におい
ては白と共に「聖なる色」として位置付けられており、山々の頂には
必ずこの旗が翻っている。さらに対をなす「聖なる数」が「九」である。
そして相撲、鷹匠、流鏑馬など、日本とモンゴルの共通点は実に多い。
　※　即位した年齢に関して、中国における別史書『蒙韃備録』では52
歳、『集史』では51歳、『元史』で44歳となっている。これはあまりに
も遅い即位といわなければならない。もし彼が現地の出身者であって
これだけの天才であれば、秦の始皇帝やアレキサンダー大王、ナポレ
オンなどの例を引くまでもなく20代か30代ですでにその頭角を現して
いて当然である。なぜこれほどの時間を要したのであろうか。義経で
あったが故の、やむを得ない、回り道であったと考えられはしまいか。
ともあれ「義経」が「成吉思汗」となった年齢は、上記の各史誌に載
る年齢の平均値ともいえる47歳に当てはまるのである。

## 法律ヤサの制定

　成吉思汗は、最後に法律「ヤサ（オロン・ヤサ）」を制定した。千戸長に代表される組織の規律もさることながら、この法律で最も興味深いのは「女性に対する徹底した配慮」であった。女性に関する法制で、男に課した規定には姦通、男色、獣姦、虚言、魔術、密告、私闘などは即刻死刑とされた。女性の管理下にある水を汚したり、火に唾を吐いたりした者は、重罪が課せられた。これは殲滅した敵の女性たちにも適用され、征服先から得た女は、１人残らずまず汗直轄の管理下に置かれ、勝手な横奪などは許されなかった。その後、本人の同意を得て各武将に引き渡されたのである。この乱世の時代にあって、また略奪の対象とされて来た女性たちをかくも優しい法律をもって、その身を護らせたのである。この法律の内容は、聖書や仏典にも説かれる人道主義であるが、宗教特有の観念的側面がないため、その実施にあたっては、目を見張る即効性をもたらした。

　彼には、母の歩んだ道や、静への思い、また彼を心から愛し尽くした北の方や、郷御前、皆鶴姫、アイヌのピリカなどなど、思い出せば、彼に巡り会った女性は、皆泣いていた。彼にとっては、世の女性すべてが愛しく、哀れで可愛そうでならなかった。すべての女性が幸せであって欲しい、と心から願わずにおれなかったのだろう。ヤサとは、その名のとおり実に女性にとって「優しい法律」であった。


## nam妙法蓮華経

　成吉思汗は、後になって「静」とは、モンゴル語で「ナンnam」と発音することを知ったのである。何としたことであろう。彼があれほどムキになり「静とは何というのか？」と尋ねたこと

がおかしくさえ思われた。確かに「静寂の状態を」いかに表現しようかと、苦慮しながら「何と申すのか」と遂、日本語で発音した時、土民は確かに「nam・nam」と言っていた。最初は単なる口真似かと思っていたが、まさしく「静」の意であったのには驚いた。考えてみれば、実に不思議な言葉の縁であり、縁ある国であると、彼は改めて思ったのである。当然、これは、仏法における「南無」と同音であり、意は「帰命：即ち仏に身命を捧げ尽くす」ことであるから、彼の意志は、充分に満たされたことになる。そして仏法の根幹と言えば、幼少の鞍馬山より「法華経」を基本として学び、また、平泉を都とした陸奥の国全体が、法華経を根幹とした理想の仏教国家であったことから、彼の心身の大半、またはその精神に占める世界観は、当然「愛する静と法華経」とが共存して望ましいものであった。それが不二一体となって「南無・妙法蓮華経」として、統一され構成されたとしても何ら不思議はないのである。

※　成吉思汗の孫、モンケ帝の時代、日蓮大聖人は「南無妙法蓮華経」を1253年（建長5年）に唱え始める。義経（成吉思汗）と日蓮大聖人と共通する「法華経」の不思議な縁には、実に恐ろしいまでに、その運命を変えた共通の場所があった。それは、現在の「江ノ電」が通る、藤沢〜鎌倉間にある「江ノ島」の、竜ノ口と、その隣の「腰越」である。この2つの場所は、当時を考えれば、ほとんど同一地とみて差し支えないところと言えるだろう。「腰越」は、義経の鎌倉入りが認められず「腰越状」（1185年5月24日の項）をもって、頼朝に訴えた地であると同時に、文治5年（1189年6月13日の項）義経の首が届けられ、検視を受けた場所ともなっている。実に、この地は運命的な場所と言える。また「竜ノ口」は日蓮大聖人（50歳）が「頸の座」（1271年9月12日の項）に処せられたところとして有名な場所で、その時のことを大聖人は『種種御振舞御書』（創価学会版・御書ｓ27）で次のように認めている。

江のしまのかたより月のごとく、ひかりたる物まりのやうにて、辰巳のかたより戌亥のかたへひかりわたる。十二日の夜のあけぐれ人の面もみえざりしが物のひかり月よのやうにて人々の面みなみゆ太刀取り目くらみ、たふれ伏し兵もの共　おぢ怖れ、けうさめて一町計りはせのき、或いは　馬よりおりてかしこまり、或いは馬の上にてうずくまれるものあり……

突然天から訪れた火球に、日蓮を捕えた役人たちは、慌てふためき慄いた。日蓮は天の加護により死を免れ、以後佐渡へと流されたが、この時をもって日蓮は「発迹顕本（仮の姿から真実の姿を顕すこと）」し「久遠元初自受用身の御本仏」になられたとされている。確かにこの地は、法華経を縁とした２人にとって、実に命にかかわり再生を期した意義深い地なのである。一度は訪れるべきところである。

（1945年の項参照）

# １２０７　承元元年（丁卯）【48歳】（第83代土御門天皇）
## 成吉思汗　西夏遠征へ

　成吉思汗の本格的な遠征は秋から冬にかけて始まり、再び西夏（タングート）へと進撃は開始された。シベリアの広野を燎原の火のように進み、バイカル湖周辺からキルギス地方へと征服は進んだ。彼の治世の法こそ、前述の「法華経に勝る兵法なし」に貫かれているものではあったが、彼は権力をもってしての宗教を臣下・民衆に押し付けることは一切なかった。完全な政教分離を貫いているのである。むしろ宗教に関しては実に寛容であったことは、この時代にあっては奇跡的な指導者と言えるだろう。しかし、当初のモンゴルでは、具現化した宗教がなかった訳ではない、敢て彼が用いた宗教的儀式は「テングリ」と称し蒼天（青い空）を意味する、上天神に対するシャーマンを介した畏敬の礼であった。

## 第9章　成吉思汗即位

※　「テングリ（天狗理？）」義経らしい鞍馬山が偲ばれる表現ではないか。強烈な唯一神を崇めない自然信仰という点では、天照大神を信ずる日本人の神道信仰とよく似ている。

（白石一郎著『歴史よもやま話　蒙古来襲』ＮＨＫ出版参照）

※　彼は、出陣の時、山頂に登り、首に帯を掛け、ひざまずき、シャーマン(巫術師)を介してテングリに祈りを捧げた。「上天より双手をもって、我を救いたまえ、善神・悪神に命じわれを助けたまえ」と。かつてモンゴルの民間においては、このような祈りを捧げる風習はなかったとされている。山伏としての風習を彼は取り入れたのであろうか。

前述の田中英道先生の『やはり義経はチンギスハーンだった』では鉄木真は「天神（菅原道真)」からでは、と述べている。

# １２０８　承元２年（戊辰）【49歳】

### （第83代土御門天皇）

### 抜擢幕僚体制を構築

　春になると、成吉思汗は西夏（タングート）より引き上げ、ウイグル地方を下した。西夏の将クチュルクは西遼（カラ・キタイ）へと亡命する。この年隣国、金の章宗が死し、允済が即位して、衛紹王となった。成吉思汗は、征服した相手の敗軍の将であっても、これぞと思う人であれば人種を問わず、賢臣・逸材として採用し、才能に応じた抜擢幕僚体制を構築して行ったのである。古いしがらみに拘束されることなく、おおらかに新人事を推められた背景には、外から来た者として、正しく客観的に物事がみれたことと、今日的にいう能力主義を徹底して取り入れたからなのである。

# １２０９　承元３年（己巳)【50歳)（第83代土御門天皇）

　第３次西夏（タングート）遠征、特異な文化を誇った西夏王

朝も、遂に成吉思汗に降伏する。世に言う「西夏文字」は、この国のものである。1038年以来チベット・ビルマ系であったこの民族は、独立心が強く、さしもの成吉思汗も、手をこまねいた相手であった。この時も、実際は和議による一時的従属であった。完全に滅ぼされたのは、成吉思汗死の間際の1227年春のことである。国境を接する隣国であったが為の、互いの意地だったのかも知れない。お隣同士とは、以外に冷たいものである。

## １２１０　承元４年（庚午）【51歳】（第84代順徳天皇）

　西夏を制した成吉思汗は、いよいよ中国の本拠、金国に向けて準備を進めた。しかし、それは、大変な戦いになることが予測された。というのも、誰人もこれまで落とすことなど不可能とされた「万里の長城」を越えるからである。しかし、彼にはある戦略があった。後年ナポレオンがアルプス越えをする壮挙が語られるが、恐らくその比でないことは想像に難くない。

## １２１１　建暦元年（辛未）【52歳】（第84代順徳天皇）
### 万里の長城を越える

　春を迎えると成吉思汗は、２方面から金国に出征、初めて万里の長城にトライしたのである。この時恐るべき新兵器が登場した。「巨大投石機」である。その頃、モンゴルの西端では、西遼（カラ・キタイ）が滅びナイマンのクチュルクが皇帝となっていた。金国は、100年ほど前に女真族によって建てられた国だが、蒙古の民を絶えず迫害し、生活の厳しい漠北の環境に付け込み、部族同士を戦わせ、疲弊させる方策をとり続けて来たのである。

　大和朝廷が「夷は、夷をもって制せ」として、奥州を苛め抜

いた手法とまったく同じではないか。成吉思汗は、許せないと思った。彼は、自ら指揮する軍団を旧北宋領土へ、裏手から送り込み、河北省の要衝を占領した。実にモンゴル軍の10倍もある金軍は、彼の戦略、勇猛さ、意欲、迅速さに屈したのである。

（『中国の群像・成吉思汗』旺文社参照）

　義経ならではの戦法は、アラビアのロレンスにも共通する。


# １２１２　建暦２年（壬申）【53歳】（第84代順徳天皇）
## 耶律楚材

　成吉思汗の軍隊は、金国の臣であったキタイ族出身の「耶律楚材」を捕虜とした。成吉思汗は、彼の義とその才能を見込み、敵将である彼を重臣として迎えたのである。この人物こそ、モンゴル軍団をヨーロッパまで駆けさせる、知識と智慧を成吉思汗に与え、この大陸の広さを示したのである。耶律楚材は、後に『湛然居士集』『西遊録』などを著し、成吉思汗のその度量の広さと偉大さを後世に伝えた。互いに尊敬し合った証である。


# １２１３　建保元年（癸酉）【54歳】（第84代順徳天皇）
## 金国制覇

　金国の中都（現・北京）に叛乱があり、衛紹王が殺されるという事態が起こった。帰順したはずの金皇帝アルタイが再び叛いたのである。成吉思汗は、当然この事態を放置しなかった。

---

　※　この頃、日本では、頼朝の子・頼家は殺され、北条義時が執権となる。なんとおぞましい自界叛逆難ではないか。

## １２１４　建保２年（甲戌）【55歳】（第84代順徳天皇）

　成吉思汗は、金国に向けて出征する。彼は、四天王（四狗・ドルベンノカイ）の１人ジュベ（鷲尾のことであると小谷部全一郎氏は述べている）を潼関口に派遣する。そして、全軍団を河北、河東、山東へと、成吉思汗の３人の子（オゴテイ、チャアダイ、ジョチ）をそれぞれの指揮者として進攻させた。諸州は、次々と開城し、金の兵たちはなりふり構わず逃げ去ったという。

## １２１５　建保３年（乙亥）【56歳】（第84代順徳天皇）
### 金国を陥落

　５月、金の中都は陥落する。時の宣宗は財宝と王女を差し出して和睦を請うたが、それも空しく金は、中都を放棄して南の開封へと移って行った。しかし、このような時でも、成吉思汗の指揮するモンゴル軍は奢ることはなく、この地が古来から中国の文化の土台であることをわきまえ、決して文庫文物、旧跡、それに民と財産を傷めてはならないと、兵たちに厳しく伝えていたのである。特に女性の略奪や強姦は、死刑をもって処したといわれている。

---

　※　成吉思汗には、思い出すことが沢山あった。義仲の節操の無さが招いた敗北、平家はこぞって屋島へと都を移したこと。壇ノ浦での女御たちの扱いなどである。

---

## １２１６　建保４年（丙子）【57歳】（第84代順徳天皇）

　成吉思汗が即位して10年になった。モンゴルの勢いは留まるところを知らなかった。別働隊は北のメルキド族を統合した。

## 第9章　成吉思汗即位

## １２１７　建保５年（丁丑）【58歳】（第84代順徳天皇）

　再び、成吉思汗の大部隊は、西夏（タングート）を越えて、南下して行った。商人たちの自由な広域化が、彼の最大の目的であったからである。そのことを理解した各地の商人は、成吉思汗への支援を惜しまなかった。そして、決して名を馳せようとはしない彼らの努力に、成吉思汗は、また別の尊敬をもって接したのである。

## １２１８　建保６年（戊寅）【59歳】（第84代順徳天皇）
### ホラズムへの怒り

　成吉思汗は、遥かなる西の国ホラズムの王、ムハマド・フエアレズム・シャーと友好通商協定を締結するため、季節の良い６月に貢物を山と積んだ使者450人を送った。ところが、とんでもないことが起こったのである。彼らの物資は、オトラルの街ですべて没収された上、その使者たちは、ことごとく殺害されたのである。かろうじて１人だけ逃れた使者は、かつての西遼・ナイマンまで進めていた汗の部隊まで、辛くも辿り着き、この事実を伝えた。この報告を聞いた成吉思汗は、天が裂けんばかりに激怒したのである。

　成吉思汗がこれほど激高した姿を、これまで誰もみた者はなかった。思い出して頂きたい、1174年の「吉次の死」のことを。汗は武人ではあったが、命を掛けて「富と文化」を大衆にもたらす「商人」の行いを、誰よりも強く尊敬し、支援を惜しまず大切にして来ていた。実に、汗の運命こそ彼ら、商人によって開かれたのである。商人に何の罪があろう。これまで汗が率いる軍には、かつてない厳しい規律があったが、ホラズム進攻に関してのみは、何をやっても構わないとの、特令が発せられ

た。強奪、強姦お構いなしと言うのである。早速、将軍ジュベを呼び、２万の兵を与えてナイマンの皇帝クチュルクを早々に追い払わせると、直ちにホラズムへ向けて15万の大軍を進撃させた。

モンゴルの通った後には、草木１本残らない。
焼き尽くし、奪いつくし、殺し尽くす。

まさしく成吉思汗は、人間の知覚と欲望と、視覚が耐えうる限りの虐殺を部下たちに許した。抵抗した敵将たちの眼、耳には銀を溶かして流し込み、城の外には人骨の塔を築かせた、と伝えられるほどであった。どこまでが事実かは判らないが、それにしても、この異常さはただごとではなかったようである。

# １２１９　承久元年（己卯）【60歳】（第84代順徳天皇）

　６月に入り、成吉思汗の本陣は、イルテイッシュ河畔に駐営する。そして、ホラズム帝国攻略の指揮を執った。ホラズムの旧都ウルゲンチでは200万人が殺されたとされ、将軍バトウ（馬頭）に率いられたモンゴルの騎兵隊は、さらに怒涛の如くボルガ川を渡り、ドナウ川を越えて進んだのである。人々は恐れ慄き、

彼らは来たり、彼らは破壊せり、彼らは焼けり、
彼らは殺戮し、彼らは掠め、そして彼らは去れり

と後々まで語り継いだ。　　　　　　　　　　　（352頁　地図参照）

# １２２０　承久２年（庚辰）【61歳】（第84代順徳天皇）

　２月、オトラルは完全に攻略され、ホラズム王国は壊滅した。軍はさらに、ブハラに侵攻、そして、サマルカンドも陥落した。

第9章　成吉思汗即位

ブハラ城に、無血入城した成吉思汗は、イスラム教のカラン寺院を視察、初めて、その経典の「コーラン」を手にする。その時成吉思汗は、聖なる櫃を外へ出させ、大切な馬の労に報いるため、それを「かいば桶」にしたといわれる。これは、大きな誤解を生んだが、太夫黒や畠山重忠の例（馬を背負った逸話）を引くまでもなく、価値観の相違である。彼の占領した都市では、徹底したダルガチ（人口調査）が行われ、徴税と同時に破壊した都市の再建が進められた。成吉思汗は近隣の都市、統治者たちに通達を送った。

服従によって生き延びるか、

抵抗によって虐殺されるか

と明確に提示したと言う。

　4月には、ホージェント、ニシャブール、ホラサンの諸都市が攻め落とされた。そして、遂に、この地の栄華の頂点にあったムハマド・フエアレズム・シャーは、カスピ海の小島でその生涯を閉じるのである。この時期の中央アジアの諸国にとっては、まさに、恐怖のどん底に落とされた時代だったに違いない。

---

※　この頃日本では、天台座主・慈円が『愚管抄』を著している。

（あとがき参照）

---

# 1221　承久3年（辛己）【62歳】

（第85代仲恭天皇・第86代後堀河天皇）

長春真人

5月

西域ナイマンのオルドにいた成吉思汗は、以前からもその名

を知っていた耶律楚材と並ぶ、偉大なる導師と聞いていた「金の長春真人」に、是非とも会いたいと思っていた。汗は、大陸の東端・莱州（山東半島）にいるという長春を、家臣・劉仲録以下20人のモンゴル兵に命じて、前年から迎えにやらせていたのである。「道教の教義と、不老不死の道を聞きたい」という汗の招きに、真人は、70歳を超える身で応じた。しかし、実際の会見までには翌年の5月まで待たねばならなかった。長春真人（1148〜1227）は、金末〜元初期の「道教（全真教）」の導師で、三東省の人である。

　成吉思汗の遠征隊はその間バルク市を春に占領し、11月に入ると、その南軍はジュラールのウッ・デイーンを追ってインダス河畔に勝利している。ウッ・デイーンはアフガンへと逃れて行った。信頼する盟友スベイテイは、カフカスを征していた。

---

※　日本では「承久の乱」が起こる。後鳥羽上皇が公家政権の復権を図ったが失敗。北条政子・義時の軍に敗れ、隠岐へ流される結果となった。上皇は隠岐に19年、かの地で60歳の生涯を閉じられた。

---

## 1222　貞応元年（壬午）【63歳】

### （第86代後堀河天皇）

### 成吉思汗、真人と会見・日蓮誕生

　果して、長春真人（74歳）は、成吉思汗の招きに応え、高齢を押してやって来たのであった。何と直線距離にして5000kmの長途である。成吉思汗は、4月、バーミヤン近郊のヒンドウクシュ山の南麓で長春真人を、それは厚く持てなした。花咲き誇る絶景の離宮である。成吉思汗の胸中には、ある懐かしい思い出が蘇った。それは、忘れもしない1187年（文治2年）。悲痛な

## 第9章　成吉思汗即位

思いで、奥州平泉秀衡殿のところへやっとの思いで辿り着いたあの時。その年の9月のこと、そこに尊敬する西行法師殿がおられた。当時、西行殿は70歳であられ、遠い京の都から奈良・東大寺の再建勧進のこともあったが、激動する世の流れを、奥州に知らしめるためにやって来られたのである。今「長春真人殿」を拝する成吉思汗には、あの時の「西行殿」その人ではあるまいか、とさえ思えたのであった。

　2人はその年齢も忘れ、まるで青年のように、この地上のありとあらゆることについて語り明かした。何と、充実した時の流れであったろう。実のところ、成吉思汗にも内心不可能と思えた真人との会見であったが、使者を出して本当によかったと改めて思った。人間、幾つになっても挑戦してみることだ。この世には人生観・世界観を心の底から語り合える、深い思索の人間がいるのである。それに応えてくれる同時代の人間は、必ず存在するのだ、と。法華経に曰く「唯仏与仏乃能究尽（ただ、仏と仏いまし、能く諸法実相を究尽したまえり）」とはこのことなのか、と義経否、成吉思汗は心の底からそう思った。汗は避暑地パルワーンでひと夏を過ごしたが、10月に2人は、再びサマルカンド（チムール）で会見した。

　この間にも、蒙古軍はウルゲンチ、ガズニ、ヘラト、メルヴを陥落させ、統治はさらに広がっていた。

　この年2月16日、わが国においては、日本一の智者といわれる「日蓮」が安房に誕生している。その日、海面はすべて蓮の華に覆われたと言う。静海と太陽の輝きがそのようにみせたのだろう。

# 1223　貞応 2 年（ 癸　未 ）【64歳】

（第86代後堀河天皇）

4月

　長春真人は、成吉思汗との会見を終え、シルダリア河畔で別れを告げ、再び遥か燕京（北京）まで戻って行った。そして、この時のことは『長春真人西遊録』として記録された。そこには、成吉思汗の西征の足跡に沿って、河北の農耕文化、モンゴル遊牧民の世界、天山山脈を越えたイスラム教徒とオアシス農耕文化、さらには、サマルカンド市民の姿、パミール・ヒンズークシュの山岳、アフガンの人々などの様子が生き生きと描かれたのである。弟子である李志常が口述筆録したものとされている。

　成吉思汗の長い戦いの間には、悲しい出来事も決して少なくはなかった。この年に重臣ムカリが死去している。だが一方、スベイデイは、カルカ河畔にてロシア諸侯の軍を撃破していた。

# 1224　貞応 3 年（ 甲 申 ）【65歳】（第86代後堀河天皇）

　スベイテイがロシア遠征から、ひとまず帰還したので、成吉思汗はカラン・タンの平原で、その軍功を労った。そんな儀式の時決まって汗は、「すべての者」に感謝し、その功に報いたいと思った。それにしても、タイチュウド族のジュベ（鷲尾）や、オゴテイ（三男・御子）など、随所に日本語の面影を残す表現があると、小谷部全一郎著でも述べているが。アイヌ語やチベット語からも、大きな影を残しているとも言われている。

---

※　筆者はモンゴル訪問の折、通詞に『元朝秘史』に掲載された、成吉思汗の系譜の人物名の意味を尋ねたところ、その大半が、チベット

第9章　成吉思汗即位

語音であると言うのである。だからモンゴル人としては不明との返事だった。果たして、この系譜にある人物の名の意味が、解明された時、どれほどの謎が解け、真実がより明らかにされるのか、大きな展開が期待できるのである。

（348、349頁参照）

# 1225　嘉禄元年(乙酉)【66歳】(第86代後堀河天皇)
## モンゴルへの帰還

　成吉思汗は、何を思い起こしたのか、モンゴルのオルド（宮廷）へ帰還すると発表した。そして、一族郎党・息子孫たちその妻たちの全員を召集し、わが思いのすべてを語る機会を得たのである。思い出と、未来と、現在と、さらには、治世・国家論、法律、兵法、宗教、文化観に至るまで、ことごとくを語った。秀衡が、最後の月見の宴を開いた時のことが、懐かしく成吉思汗の脳裏に甦った。

　　わが大父なる秀衡殿が病床に伏せられ、すべてを我らに託された御年（66歳）に、今私もここに迎えたのである。秀衡殿に習い、今こそ、後継のすべてを子・孫たちに遺し、託さねばならない時が来た。幸い私は今病床にはない。何と有難いことであろうか

　成吉思汗の胸には、遠いあの日のことが昨日のことのように思い起こされた。そして久しく、秀衡殿の法要を怠っていたことを、心で深く詫びたのである。考えてみれば、これも不思議な啓示である。彼がもし、この時に帰還しなかったなら、2年後に訪れる死に、間に合わなかったことになったのである。実に、この時の言葉こそが、モンゴルの国史『元朝秘史』として地上に残されるのである。

その場には、聡明な孫のフビライ（11歳）がいた。彼は、祖父の言う言葉の一つひとつを目を皿のように見開き、食い入るように、聞き入っていたのである。

## １２２６　嘉禄２年（丙戌）【67歳】（第86代後堀河天皇）
### 旅人成吉思汗

オルドでの一連の話を終えると、成吉思汗は再び遠征へと旅立った。第５回目の西夏への出陣である。子供たちにはすべて語り終えたはずではあったが、まだ一つ言い忘れたような気がするのである。確かに、心に蘇る思い出は尽きることはなかったが、自分という１個の存在に、どれほど多くの人々との出会いがあり、また別れがあったことか。このような時、成吉思汗の前に耶律留哥の妻、姚里がご機嫌伺いに現れた。汗には、その顔に見覚えがあった。他人の空似があるとは、よく聞く話ではあるが、その身のこなし声の響き。ああ、その最後に残る１人こそは「静」、やはりおまえのことである。そして、彼は王包（ゲル）を出て、天を仰いだ。果てしなき草原、広がりゆく大空、おまえはいったいどこにいるのだ。

## １２２７　嘉禄３年（丁亥）【68歳】（第86代後堀河天皇）
### 六磐山にて

春、隣国西夏（タングート）は最後の最後まで手こずった国であったが、遂に陥落した。この時、成吉思汗のところに悲しい報せが届いた、長子ジョチの死の報せである。

永遠なる天よ、お聞きください。私はわがモンゴルの民を一つの旗の下に結集して人々を安堵せしめ、世界の半ばを占め

る大いなる国を築きました。そのために多くの苦しみも与え
ました。これは大罪でしょうか。また、多くの兄弟、盟友に
も恵まれました。それも今は去り、そして　ここに私一人が
残されました。あゝジョチ、ジャムカ、ジュベ、カサル皆は

どこに？　母よ、そして愛しきボルテ（静）はどこに……


　成吉思汗の大軍は、タングートに攻め入り、その王イラホは
討たれた。成吉思汗はその夏、避暑のため六盤山におり、鷹狩
を挙行していた。その時、成吉思汗が突然落馬したのである。
彼は本陣の王包に運ばれ、医師たちの手厚い看護を受けたが、
一向に良くなる気配はみせなかった。そして、見守る妻や重臣
たちの中、次のような言葉を残して静かに息を引き取ったので
ある。

故山（故郷の山）に帰りたし

　彼の脳裏に、最後によぎった故郷の山とは、いったいどこの
山であったのだろうか。それは「丁亥の八月十五日」（『元朝秘史』）
のことであった。『蒙古源流』では7月12日、『鉄木真用兵論』
では8月16日を命日としている。しかし、彼の死は遺言により
極秘事項とされ、その葬送の列をみた者はすべて殺された、と
『史記』は伝えている。彼の遺体は、成吉思汗として即位した
モンゴルの地に戻り、ケルレン川の上流サリ・コール・サラト
に葬られたとされるが、その谷が、どこにあるのか、また陵墓
さえ現代に至っても未だに発見されてはいない。モンゴルでは、
この8月15日を中心に夏の7月から9月の間、国家的神聖行事
として「オボー祭」が催され、有名な「ナーダム祭」は、この

オボー祭に付随した庶民参加の祭りとされている。蒙古暦の７月20日が太陽暦の８月15日となっていることも、多少混乱があるのかも知れない。

> ※　紀元前の秦の始皇帝の墓さえ明確に知られているのに、その1400年後の13世紀に、しかも、空前絶後の大帝国を築いた初代の王の墓がみつからないとは、何という不思議な話だろう。それも、この一族は15代の皇帝160年間も続いた帝国である。この事実をどうとらえるべきなのか。

## １２２９　寛喜元年（己 丑）（第86代後堀河天皇）
### 成吉思汗の意志を引き継ぐ一族

三男のオゴテイが、第２代大ハーン（太宗）として即位する。『元朝秘史』が上梓される。長男、次男が次期ハーンに即位しなかった、或いはできなかった理由には、すでに長兄が亡くなっていたこともあるが、成吉思汗にとっての実子ではなかった可能性が高いのである。わが子として育ててはいても、その生年には無理があった。結局、後から生まれた三男、四男が、実質的な汗の子としての認知度は高かった訳である。

## １２４６　寛元４年（丙 午）（第88代後嵯峨天皇）

オゴテイの長子・グユグが第３代ハーンとして即位する。ここで世界最初の「紙幣制度の試行」が行われた。これは大変な流通革命であったことを、世界の人々はもっと高く評価すべきである。これはどのような経過で生まれたものであろうか。

## １２５１　建長３年（辛 亥）（第89代後深草天皇）

そして歴史は、成吉思汗の四男トルイの長男モンケが、第４

第9章　成吉思汗即位

代ハーンとして即位することになる。

## １２５３　建長５年（癸 丑）（第89代後深草天皇）
### 日蓮大聖人立宗宣言

　モンケの弟・フビライは、中央アジアの大理を制覇、着実に
その力を蓄えて行った。この頃、日本では32歳となった日蓮が、
千葉・清澄山において法華経を根幹とした「立宗宣言」を行っ
たのである。４月28日のことであった。1204年（甲子）から50
年目、成吉思汗入滅から25年後のことである。

1253-1260

# 第10章　フビライ汗とマルコ・ポーロ

　成吉思汗が亡くなり30年が過ぎた元帝国は、有能な孫である
フビライ世祖の治める時代となった。その領地の占める広大さ
は、まさに地球の半分を有したのである。全中国は当然ながら
チベット、朝鮮半島、ベトナム、シベリア、トルコ、ロシアの
大半と東欧、イラク、イラン、アフガニスタン、パキスタン、
ポーランド、東は太平洋から、西はペルシャ湾、地中海、黒海
に面し、カスピ海・アラル海・バイカル湖をそっくり包み込む
と言う大帝国が、現実に地球上に現れたのである。空前絶後の
壮挙という他はない。この壮大なメリットは、何と言っても旅
の安全に現れた。諸国がバラバラで群雄割拠している間は、治
安においての保障はまったくなかったが、それが統一されるこ
とによって、その危険性は激減したのである。当然、その恩恵
は長途での交易を旨とする大商人を喜ばせた。もとより「富と
文化」好奇心を汲めどもなく誘う、珍しいものを運ぶ勇気ある
「平和の使者＝商人」を、誰よりも尊崇した成吉思汗の魂を受
け継いだフビライ汗は、この時遥か、ベネチアから訪れたマル
コ・ポーロをどれほど歓迎したかは、想像に難くない。そして、
彼はマルコにとっておきの話をした「黄金の国ジパング」の事
である。

## １２６０　文応元年（庚申）（第90代亀山天皇）

　　成吉思汗の孫フビライハン即位　世界で初の紙幣発行
　成吉思汗の末っ子（四男）トルイの次男であるフビライ汗（ハー

273

第10章　フビライ汗とマルコ・ポーロ

ン）は、1214年（甲戌）の生まれで、すでに46歳になっていた。

　兄モンケの逝去に伴い、急遽ハーンの座に就いたのである。偶然かも知れないが、祖父・成吉思汗が即位した時と、同じ年齢であった。それだけに多くの経験を積み、多くの知識を持っていた。その施策の一つが、世界で最初の「紙幣発行」である。これは画期的な流通革命となった。持ち運びの利便さに加え、物価基準がより明確になったことである。この時の紙幣は、9種類作られた。「九は成吉思汗の聖数」であり、この物語に一貫して流れるキー・ナンバーにもなっている。また、これまでの金貨、銀貨、銅貨などの現物流通を、すべてではないが「権力証明書たる紙切れ」にすることにより、そのほとんどを城の中へ貯蓄できたことである。これは、今日のすべての国家が「金保有量」をベースに、紙幣発行する制度として定着したものであるが、世界で初めて行ったそのメリットは、想像を絶する大きなものであった。軍隊も物もすべてが「この紙切れ」で動く一方、城の中には溢れんばかりの黄金・貴金属・宝石が蓄積されたのである。

　この発想は、どこから生まれたのだろうか。これこそ祖父・成吉思汗（義経）の発案に他ならない。彼は1180年に兄・頼朝の下に駆けつけて以来、権力の中枢たる朝廷との関わりの中で、幾たびの苦渋とともに、国家のあり方で多くのことを学んだ。その中で、特に奇異に思い、大きな力を発揮する「ある事象」に気付いた。それは天皇の発する「宣旨」と、法皇の発する「院宣」であった。

　「何と『紙切れ1枚』で、軍も物も、自由に動くではないか」義経は、いつの日か、もし国の王となった時、すべての民のレベルでそれが活用できるのではないかと考えたのである。この

274

1260—

紙幣の試行はすでに、2代のオゴテイ汗の時に一部行われている。それをフビライ汗は、制度として実行したのであった。

※　その頃、日本は疲弊のどん底にあった。思想の混乱、暴力の横行、政治の完全な誤りである。

### 日蓮「立正安国論」を鎌倉幕府に提出

7月16日

日蓮大聖人（39歳）は、鎌倉幕府の北条時頼（34歳）に『立正安国論』を提出し、このまま誤った考え（思想・宗教）で進むなら「七難競い起こり国家が滅するであろう、はやく正法に帰依し安穏ならしめることを」と箴言した。

　旅客来りて嘆いて曰く、近年より近日に至るまで、天変地夭・飢饉疫癘遍く天下に満ち、広く地上にはびこる。牛馬巷に斃れ骸骨路に充てり、死を招く輩すでに大半に超え、悲しまざる族敢えて一人もなし。……

仏教上での七難は、経文により多少異なるが、立正安国論で主に用いられたのは、薬師経による七難①人衆疾疫難（病で多くの人が死ぬ）②他国侵逼難（外国が侵略して来る）③自界叛逆難（内乱に至る）④星宿変化難（星星座・惑星系に異常が起こる）⑤日月薄蝕難（太陽・月が力を失う）⑥非時風雨難（異常気象による洪水・竜巻など）⑦過時不雨難（大旱魃）である。日蓮は、現時点で起こっていないのは②他国侵逼難であるとし、このままでは蒙古が日本にやって来る、とただ1人予言したのである。しかし幕府は日蓮の言に耳を貸さなかった。

第10章　フビライ汗とマルコ・ポーロ

# １２６４　至元元年・文永元年（甲子）（第90代亀山天皇）
### 暦に拘るフビライの思惑

　フビライ汗（50歳）は、巡りくる暦の意味に深く思いを馳せていた。「私が生まれる丁度10年前、祖父が成吉思汗として即位する２年前にあたる年が、この甲子年であった。そして、即位と同時に発布された暦こそが、この甲子から始まる『干支暦』であった訳だが、晩年、祖父は、私に真剣な目で語られたのは『甲子』が巡りきた時こそ『宇宙元初の事始め』である、と言われたことだ。祖父がやろうとしたこと、遺り残したことを、今こそ始めねばならぬ」そこで、フビライは大変重要なことを思い出した。それは忘れもしない、1225年（乙酉）の夏、祖父が長い遠征から、１度モンゴルのオルドに戻られ、私たち親子親族一同を集めて「これまでのこと、これからのこと」を語られたが、その時、祖父は私だけを呼んで言われたことがあった。

　「これはフビライにだけ話しておく。決して外の者には語ってはならぬぞ」それは、祖父と私だけが交わした約束となった。私は、その時初めて、祖父がどこからやって来たかを知ったのである。フビライは、この年をもって「至元元年」と定めた。

# １２６６　文永３年（丙寅）（第90代亀山天皇）
### 文永の役の怪

　わが島国日本にとって「元寇の役」の歴史的意味は、1853年（嘉永６年）のペリー来航と1945年の太平洋戦争敗戦に匹敵する重大事であった。何れも対外国からの恐るべき脅威として共通した認識の意味合いである。ところが、「元寇の役」は、後者とは異なる、驚くべき側面を持っていた。

　世祖フビライ汗は考えていた。祖父との約束を、今こそ実行

に移さねばならない。それは祖父・成吉思汗の語り遺した壮大な世界戦略の具体化と同時に、まったく特殊な方角違いの密命であった。

『元史』（巻5、十一月の条）に、当時元国に服属していたアムール河流域に住む吉里迷族（オホーツク系のアイヌ民族とされる部族）から、同じアイヌの骨嵬、亦里干族が、毎年侵入して来て困っていると、元に訴えて来た。そこで元は大軍を送り、この2部族を攻撃したという記録である。文永の役（1268年）の丁度10年前で、フビライが即位する2年前にあたる。当時フビライは、東部戦線の将軍であったことから、実際にこの方面の情報を詳しく知っていた可能性は高い。しかし、この件に関するその後の報告記録は、ほとんど残されなかった。ところが、制圧軍と称されるこの謎の船団は1286年「弘安の役」が終了した後までも、断続的にやって来るのである。これは実に妙な遠征隊といえる。僅か1000人にも満たない、小さな部族間の争いごとに、これだけの大軍を率いて来るとは、理解に苦しむのは当然のことであるが、実際にそれらの動きは、別の角度から確認されていた。

### 侵略、それとも？

フビライ汗は、日本という国を、鎌倉幕府が仕切る一つの国としてはみていなかったのである。幕府が都とする鎌倉、朝廷のある京都が同一国であることは知ってはいたが、さらにもう一つの大きな幻の国、所謂「黄金の国ジパング」の存在が気になって仕方がなかった。フビライは最初の使者を九州に送るが、なぜか途中で引き返している。使者の乗った船が嵐に遭い、やむを得ず引き返したとも言われるが、この頃から、日本海沿岸

では次のような子守唄が謡われるようになっていたのである。

> おら家のめご子は　泣くなじゃよ
> 　泣けば海から　蒙古来るネ
> 泣かねでけろじゃ　めご子あヨ
> 　泣くなじゃ　泣くな

　上記は、隠岐の島から出雲にかけての子守唄と言われているが、東北地方の日本海側（特に秋田）における内容は少し違っている。

> おら家のめご子は　泣くなじゃよ
> 　泣けば　山から　蒙古来るネ
> 泣かねば　海から　ジョジョ（魚）来るネ
> 　泣くなじゃヨ　泣くなヨ

　いずれも蒙古は怖いぞ、との印象を与える歌ではあるが、不思議なのは山から蒙古が来るというのである。泣かなければ海から沢山の魚が来て大漁になるとゆう。いつの頃からか、蒙古人（大陸からの元の編成部隊）が北日本の山深く入り、寄せ付けない意図を持って、何かを行っていたのではないか、と推察される内容である。

## １２６７　文永４年（丁卯）（第90代亀山天皇）

　元は、２度目の国書を高麗に委託し、日本に派遣して来た。しかし鎌倉幕府はこれを無視して返書を出していない。文面末尾に「兵を用いたくはない」とする一行が恫喝と見て、態度を硬化させたのである。だが、それにはそれ相当の返事の仕方もあったのであろうが、無視するとは、非礼この上ない外交と言

１２６７－１２６８

わなければならない。

## １２６８　文永５年（戊辰）（第90代亀山天皇）

　１月、フビライ汗は、日本に３度目の使者を派遣「国書を鎌倉幕府に通達」し、日本との通商を望む内容であったが、今回も「兵は用いたくはない」とした一行が、幕府を刺激した。それにしても国家間の公式な使節に対し、返事もしない上に、事もあろうに幕府は、その使者を処刑するに及んだのである。これを知ったフビライ汗は、これはダメだと思ったに違いない。ところで、この年の北日本では、不思議な出来事が起こっていた。

　　蒙古軍はこの年日本に上陸し、首都を占領したが、この地に永住することを条件に降伏した。しかも蒙古に逃げ帰った将軍は、フビライ汗によって処刑された。また日本人の中に、刃物ではどうしても殺すことのできない８人の勇者がいて、彼らは魔術で施された不思議な石を抱いていた。

　（『全訳マルコ・ポーロ東方見聞録、驚異の書fr.　2810写本』岩波文庫より）

　上記はマルコ・ポーロの『東方見聞録』に記載された「ジパングの島について」の項である。実に謎に満ちた一節である。占領しておきながら、その地への永住を望み降伏、さらに、この地から本国に帰った将軍たちは、フビライ汗によって処刑されたというのである。この記録は尋常ではない。何かがそこに隠されていることを物語っている。実際そのような記録は、日本側（西国）には存在していない。さらに、ここに記された「首都」とは、いったい何処を指していたのであろうか。これは、

279

フビライの密命によって、北日本へ派遣された別動隊（ある記録によると3000隻余りの艦隊）で、秋田沖に現れた後、二手に別れ、ひっそりと暮らしていた「旧日高見乃国・奥州と蝦夷ヶ島」に上陸した者たちである。そして、この地域には完全な緘口令が布かれたが、この想像を絶する大軍はそこに住む者たちに対して、何ら殺戮する訳でも、略奪することもなかった。ただ黙々と奥州の山奥へ、また蝦夷ヶ島の中心へと入って行き、膨大な物資を運び揚げていたのである。いったい何が運び込まれたのであろうか。

　だがやはり、北からの圧迫を受けたとされる奥州の民は多少いたらしく、この時期、関東近くまで、頻繁に姿を現したとされる記録がある。鎌倉幕府は、そのような「東の俘囚」の動きに気がかりではあったものの、九州に現れた蒙古への対策で一杯であった。当時、わが国第一の智者と言われた日蓮の記載『日蓮遺文』にはひと言、次のような文面として残されている。

　　　而るに去る文永五年の比、東には俘囚をこり、
　　　西には蒙古よりせめつかひつきぬ　と。


# １２６９　文永６年（己巳）（第90代亀山天皇）
## 不思議な行動

　10月、4度目の蒙古使者が到着。「日蓮は法華経の御使いなり」と再び日蓮は諫暁する。これも、不思議な行動としか言いようがないが、蒙古の使者及び尖兵は、必ず九州にしか姿を現さなかったことである。これほど広い海岸線を持つ日本である。本気で日本を攻める気であれば、若狭湾が最も都に近く、鎌倉へも短時間で侵攻がなせるはずである。彼らには、日本の耳目

を西側へ向けさせるべき、別の目的があったのではないのだろうか。その目的とは？

# 1271　文永8年（辛未）（第90代亀山天皇）
## 蒙古、元国を宣言

フビライ汗は、1266年から大都（北京）に進めていた大規模な首都建設が、一応完成をみたので国名を正式に「大元大モンゴル帝国」と定めた。そして、大漢民族が治める南宋との統一を進める一方、日本には5度目の使者、趙良弼を再び筑前（北九州）に派遣し、鎌倉及び朝廷からの返事を待った。しかし、時の幕府執権・北条時宗は、若さ故かこれを狭い度量で拒否し続ける。さらに国内においては、国家諫暁の日蓮大聖人を平左衛門頼綱によって捕えさせ、首を刎ねようとまでしたが、日蓮は、天の加護によって、その身は救われたのである。

## 日蓮大聖人、竜ノ口法難

9月12日

日蓮は有名な「竜ノ口法難」に遭遇、発迹顕本（仏の身として証明される）」が起こった。その後、大聖人となった日蓮は、佐渡へ流罪となったが、その地において『開目抄』『観心本尊抄』『顕仏未来記』など数々の重要書を表し、人類の救済、及び恒久平和理論と幸福論とを後世に遺すのである。

10月28日

佐渡での大聖人は、その沖合いを北上する大艦隊の情報を内観で知悉された。鎌倉幕府は流罪地として、最遠の絶海の孤島である佐渡と認識していたが、大聖人にとっては、大陸に最も近い「世界に開かれた窓」であり、宇宙と相通じる門扉でもあっ

たのである。1272年（文永9年）5月「真言諸宗違目」には次のように述べられている。

日月は四天の明鏡なり、諸天定めて日蓮を知りたもうか、日月は十方世界の明鏡なり、諸仏も定めて日蓮を知りたまうか、一分も之を疑う可べからず

また、佐渡に関しては（1689年の項参照）、歌聖松尾芭蕉が『おくの細道』で奇しくもその宇宙観を句に託している。

荒海や　佐渡によこたふ　天の川

そして、大聖人は1274年3月の赦免まで、佐渡にその身は置かれたが鎌倉に帰還すると、直ちに、第3回目の国家諫暁を行うのである。しかし、幕府は聞き届ける器とはなってはいなかった。いよいよ、この年の10月、遂に元（蒙古軍）は3万の兵と900艘の艦隊を率いて、防人である対馬をまず襲った。対馬では、昭和史における沖縄戦のように、あまりにも残酷な記録が残った。

この頃、マルコ・ポーロ（17歳）は、父、叔父と供に元国の首都「大都」を目指して、イタリアはベネチアを出発したのである。

# １２７３　文永10年（癸 酉）（第90代亀山天皇）

3月、6度目の元使・趙良弼が大宰府に着いた。大宰府代官に都への奏上を訴えるが、どうしても許されず帰国。

日蓮大聖人（52歳）は、佐渡にあって4月25日『観心本尊抄』を著し、翌日その抄書を富木入道に送っている。

# 1274　文永11年（甲戌）（第90代亀山天皇）
## 文永の役

10月20日

　元・高麗軍 2 万6000の兵を乗せた、戦艦900余隻の大艦隊が博多沖にやって来た。そして、次々に上陸。これはわが国にとっては大変なことであった。度重なる蒙古の使者によって、ある程度の覚悟と、そのための防衛処置はしていたものの、想像を絶するその規模に度肝を抜かれた。さらに驚くべきは、その近代兵器である。世界初のロケット砲まで使用されたのである。この日の夕暮れ時には、博多の西部及び東部は、元軍にあっけなく占領され、やむなく幕府軍は博多を捨て、16km南の水城まで退却しなければならなかった。ところが、その翌朝（21日）奇跡が起きた。これほどの大軍がその夜の内に、跡もなく消え去っていたのである。

　この時期は、新暦で10月下旬にあたり、台風による元軍壊滅はあり得ないことが、後の研究で明らかになった。また、その残骸が打ち上げられた形跡もなかったのである。さらに妙なことには、高麗に、それらの艦隊が帰還したとする記録もないというのである。いったい、その戦艦はどこに消えたのか、大きな謎を遺したまま今日に至っている。

　元軍撤退の報が、京都に伝えられたのは11月 6 日のことであった。第91代後宇多天皇（8 歳）の御世になっていた御所では、ただただ祈祷の賜物であるとしたのである。それにしても元寇の役の真意は何だったのであろうか？　実は、ここにフビライ汗の当初からの計画が浮かび上がって来るのである。

　この時「謎の大船団」は、北に向かっていた。それも3000余隻に膨れ上がり、秋田・江差沖に現れたのである。これらの船

第10章　フビライ汗とマルコ・ポーロ

には、元帝国が、ユーラシア大陸から70余年にわたり集められ
たという、目も眩むような膨大な宝物が山と積まれていた。

### マルコ・ポーロ一行歓迎される

　商人マルコ・ポーロ一行は、長い旅路の果て、遂に元の首都・
大都に着いた。フビライ汗は、大変喜び一行を歓迎し優遇した。
これには大きな理由があり、フビライ汗が祖父より良く聞かさ
れていた「商人カネウリキチヂ」への強い思い入れがあったか
らである。祖父は奥州の商人・金売吉次によって運命が切り開
かれたことを、繰り返し話していた。「真の商人こそ、遠い道
程をものともせず、命をかけて交易し、相互の文化と富とを多
くの人々にもたらす、まさに平和の使者であり、喜びを運ぶ菩
薩である。商人こそ最も大切にすべし」これが祖父・成吉思汗
の重要な遺言の一つであったからである。

# １２７５　建治元年（乙亥）（第91代後宇多天皇）
### 国　書

　フビライ汗は、杜世忠を使者として国書を鎌倉幕府へ送った。
７度目の使者である。ところが、鎌倉幕府は、またしても、そ
の使者を処刑したのである。国際法上許されざる蛮行である。
７度に及ぶ国書、これほど寛容に礼を尽くした国書は他に例を
みない。それも、不思議なことに、ほとんど九州博多長門経由
である。そして、大軍もまた九州に絞ってやって来たのである。
日本を、本当に征服する気があれば、まっすぐ若狭湾に上陸し
た方が効果的なはずである。しかも、最新兵器ロケット砲まで
あったのだから。黒船が直接「浦賀」に入って来た時のように。
だが、元軍はやはり九州を狙った。なぜこうも、回りくどい戦

略が取られたのだろう。

　フビライ汗の本当の日本に対する目的、その達成はいよいよ佳境に差し掛かっていた。2003年12月14日のＮＨＫスペシャル番組で「クビライの夢・ユーラシア帝国の完成」が放映された。場面は長崎県の島原の本光寺が保有する元時代に描かれたとされる世界地図（縦2.2×横2.8）「混一疆理歴代国都乃図」が初めて公開されたところから始まったが、ここには実に興味深い凄い内容のものが描かれていた。右端にある日本地図の上に、赤丸で囲まれた「日本」という字は、京都のある山城国に重複して記されていたが、陸奥から上は、なぜか空白であった。蝦夷叛乱の記録ありとしながら、蝦夷ヶ島（北海道）が記されていないのである。目は当然、中央部の詳しい中国本土からインド、ヨーロッパへと移り、驚くべきことにアフリカ大陸が、ほぼ正しい輪郭で描かれていたことである。これほどの世界観を、フビライ汗は、有していながら、日本を異常なほどに大きく扱い、圧力もかけ、しかも「黄金の国」とまで称した「ジパングの国」の本当の場所は、この地図上からは海として扱われて、その姿はなかったのである。

# １２７９　弘安２年（己卯）（第91代後宇多天皇）
### 日蓮、本門戒壇を顕す

10月12日

　日蓮大聖人は、歴史的な本門戒壇の「南無妙法蓮華経の大御本尊」を顕わした。まさしく、全人類への不朽の大宝塔遺産である。そこに、ご図顕された中央の、文字曼荼羅・宇宙すべての森羅万象の集約「南無妙法蓮華経」には、「立正安国論」の立証として、左右の不動明王（信念）と愛染明王（愛情）をもっ

第10章　フビライ汗とマルコ・ポーロ

て支え、4隅の四天王、大増長天王（勇気）には「立」を、大広目天王（知識）には「正」を、大毘沙門天王（健康）には「安」を、大持国天王（国家社会）には「国」を。南無を「帰命」とし、妙法は「宇宙の法則」とし、蓮華は「因果倶事（原因結果が今に備わるを具現したもの）」を中央に、経として纏められたのが「論」とするものであった。

　フビライ汗はこの年、中国大陸で唯一「元」と対抗していた「南宋」を遂に掌中に収める。ここで始めてフビライは、祖父がいつも語っていた「本来の目的、政治とは商業（経済）振興の手助けであらねばならない」とする遺言に着手するのである。


# １２８１　弘安４年（辛己<sup>かのとみ</sup>）（第91代後宇多天皇）
## 弘安の役起こる

閏７月１日

　今度の兵力は凄まじいものであった。元の兵員14万、文永の役の約５倍にあたる軍船4400艘。それが来襲して来たのである。日蓮大聖人は、蔭ながら懸命に国家安寧のために祈り、無用な命が奪われることのないようにと祈願した。

　「南無妙法蓮華経・南無妙法蓮華経……」

　まさしく、この時、諸天善神は動き神風が吹いたのである。本物の台風が、実際に襲ったのだ。蒙古軍は大敗した。

---

※　以後日本国は、日蓮大聖人の祈りを忘れ、神州・神風を信奉するようになり、大きな歴史の誤りを犯すことになる。

---

## １２８２　弘安５年（壬　午）（第91代後宇多天皇）
### 日蓮大聖人入滅

　日蓮大聖人は武蔵の国池上で60年の生涯を閉じられた。法華経の実践と立正安国論、そして、その根幹である「末法の人々への救済の大哲理・究極の文字曼荼羅（大御本尊）」を遺されたのである。

　フビライ汗はこの頃、祖父・成吉思汗の壮大なる構想、その実現のために果敢に挑戦していた。陸路の交易もさることながら、さらに大量の物資が運べる「海上交易策」の振興である。それは、これまでの権力者のほとんどが考えたこともない、次のような施策であった。

　官自具船給本（国家が船と資本を貸し与える）という、

　有史以来かつてない政策であった。当然資本を持たない世界中の商人たちが集まって来た。泉州の港は、世界最大の貿易港になり、景徳鎮の陶器「青花」は、ユーラシア文化の結晶として全世界へと運ばれて行った。また、流通には欠かせない「通貨紙幣」もさることながら、さらには信用性の高い「銀」の基本通貨が組み込まれた。雲南省大理の「馬蹄銀」である。ともあれフビライ汗の政策には、あらゆる点において、目を見張るものがあった。まさしく義経の孫だったのである。

## １２８４　弘安７年（甲申）（第91代後宇多天皇）
### 悲壮の執権　時宗死す

　４月４日

　鎌倉幕府の執権、北条時宗は元国との対応の中、病に倒れその生涯を閉じた。34歳であった。18歳から16年間執権の座にあったが、彼の一生は決して幸福なものとは言えない。それは、彼

自身による心の狭さがなさしめたものである。この頃、元の大船団は、今度は九州方面ではなく軍船1000余隻をもって北に向かってやって来ていた。鎌倉幕府は、ほとんどこの行動には気付かなかった。果たして、この船団は何を目的としての動きだったのであろうか。交易なのであろうか、どこの国と、それほどの物資交流を図るというのであろうか。そのような対等に付き合える国が、その地域にあるのだろうか。まともに考えれば夢のような話である。しかし、そこには理解の領域を遥かに超えた現実として、確かに進められていたのである。

## １２８５　弘安８年（乙酉）（第91代後宇多天皇）

　元の軍船1000余隻が秋田沖に現れ、ひそかに渡島（北海道）と日高見（陸奥）の二手に分かれた一団は、各々の地に上陸し奥深く入り込んで行った。そして、何やら大規模？　に、進められたのである。この頃、時宗を失った鎌倉幕府内では「霜月騒動」なる血なまぐさい内紛が起こった。11月、幕府重鎮の１人安達泰盛（静が鎌倉逗留中、居所とした屋敷の家系）が、日蓮大聖人迫害の張本人でもある平頼綱に殺害されたのだ。

## １２８６　弘安９年（丙戌）（第91代後宇多天皇）
### 成吉思汗即位80年記念事業？

　フビライ汗は、日本のことを一見諦めたかに思われたが、真の目的は、完了しつつあったのである。４度に及ぶ北を訪れた大船団の意味するものこそ、フビライが祖父・成吉思汗即位80周年を記念した、一大プロジェクトだったのである。

　「元は、兵数万隻をもって骨嵬（樺太アイヌ）を鎮圧した」（元文類）とアイヌ関係史録には、このように記されている。ここ

で実に不可思議に思えるのが、たかが樺太の小民族鎮圧のために、元の大軍がわざわざここまでやって来るかである。ここには重大な、別の目的が隠されていた。それは、成吉思汗が孫フビライに託した、遺言の実行に他ならなかった。この遺言こそ、徳川３代将軍家光が日光東照宮をもって荘厳したように（歴史的には前後するが）、祖父の偉大な顕彰と、その遺言の実現に他ならなかったのである。

　そのための西日本への揺さぶりが、文永・弘安の役であった。フビライ汗は、当初から日本という国を一つの国とはみていなかったのである。日本の国を、別の呼び名として「二本の国」と見ていた。所謂、関東以西の幕府が朝廷と管轄する日本と、祖父・成吉思汗から聞いていた本来の日本、所謂「陸奥の国」なる「日高見乃国」は、かの鎌倉幕府によって滅ぼされた国であったことから、そこに圧力を掛けたまでである。

　祖父が最も愛し、大恩を受けた国とした陸奥「日高見乃国」については、祖父66歳の時、一時大遠征から戻り一族を集めて「これまでのこと、これからのこと」を全員に話した時、当時11歳であったフビライ汗は、祖父のその時の、悲壮とも映ったその訴えに耳をそば立てて聞いたのである。礼儀を知らぬ鎌倉幕府には「圧力」を、北の御ふるさとである、陸奥の国には「報恩」を、これがフビライ汗の心となった。


## 報恩寺の謎

　さてここで、大切な読者の皆様に、極秘中の極秘である「元寇の役の真の目的」をお伝えし、そこに秘められた、想像を絶するその副産物をご披露しようと思う。

　岩手県盛岡市北山にその名も「報恩寺」という名刹がある。

第10章　フビライ汗とマルコ・ポーロ

盛岡市北山の報恩寺（羅漢堂）に祀られるフビライ汗像（右）とマルコ・ポーロ像（左）（報恩寺蔵）

ここの羅漢堂には何と「フビライ汗とマルコ・ポーロの像」が安置されているのだ。誰しもなぜ？　と思いたくなる事象であるが、その意味も、ここに明らかになる。本来の歴史観で行けば当然「元寇の役」の張本人であるフビライ汗は、敵国の侵略者であり、許すことなどできるはずもない。像を祀るなどもっての他(ほか)である。ところが、この東北の地においては、まったく違っていた。その理由として、交易に対する感謝の表意と、これまでは解釈されても来た。しかし、これだけでは説明としては不十分である。単なる交易した相手とするだけで、そのような像をしかも、当初は陸奥の国全体の寺社仏閣に安置されていたとの記録さえも残っているのだ（現在は当寺だけになっているが）。さらになぜマルコ・ポーロまで安置されているのだろうか。思い出して頂きたい。「マルコ」は、勇気ある商人である、それはかつての「金売吉次を顕彰すべし」とする意義が、強く込められているとすれば納得が行くことである。本論に入る。フビライ汗による「元寇の役」の真の目的は、実に「祖父からの約束を果たす報恩」にあったのだ。祖父・成吉

思汗（義経）の慟哭の、あの日の無念さと、自責の念は、繰り返し繰り返し、孫・フビライ汗に語られた。

　私は、１代でこの恩に報いることは、恐らく不可能であろう。そこで、願いというのは奥州藤原氏も３代で築かれた都ならば、３代をもってその恩に報いてくれよ

これが孫フビライ汗に託された、成吉思汗の切なる遺言であったのである。フビライ汗は、それを巧みに実行に移して行ったと言う訳である。

## １２９０　正応３年（己 丑）（第92代伏見天皇）

　マルコ・ポーロは、フビライ汗から多くの知遇を得て、元国16年にわたる滞在を終え、遥かなるベネチアへの帰途に着いた。

## １２９３　正応６年（壬 辰）（第92代伏見天皇）
### 世界の中心・大都

　フビライ汗は、その都と定めた大都（北京）へ大運河「通恵河」を開通させるという、一大土木工事を完了させた。これは、内陸50kmに及ぶ運河をもって、大海と直接結んだのである。大都は、大陸からの「陸の道」と、大海洋の「海の道」との交差点になった。ここにはありとあらゆる物資が世界中から集まり、史上空前の最も華やいだ時代を迎えたのである。それは祖父・成吉思汗が夢にみた、平和な花の世界が現実のものとなったのである。この年は元国歴で「至元30年」となっている。

## 1294　永仁2年（癸巳）（第92代伏見天皇）
### フビライ死す

　1月22日

　フビライ汗は、大都にて80歳の生涯をここに閉じた。在位は35年に及び、世祖と呼ばれた。そして、彼が、死の床にあって子孫に遺した言葉こそは、祖父・成吉思汗が常に言っていた次の言葉である。

　　わが息子たちよ、帝国を治めるためには人々を力ずくで従わせようとしてはならない。何よりも大切なこと、それは、人々の心をつかむことである


　この一言をもって、彼の生きた心情・精神を読み取ることができるだろう。

## 1295　永仁3年（甲午）（第92代伏見天皇）
### マルコ・ベネチアに帰る

　マルコ・ポーロは、ベネチアへと帰国するが、祖国ベネチアは、ジェノヴァとの戦争下にあり、彼もその海戦に参加することとなった。だが不運なことに、祖国ベネチアは敗北。命は助かったものの彼は、牢に繋がれた。ところが、その牢には歴史作家ルステイケッロも入っていたのである。もし、マルコ側が勝っていればルステイケッロにも会えなかったろうし、後に続く『東方見聞録』も生まれなかったかも知れない。人生とは、また、歴史とは、実に際どい道を歩んでいるのである。それに、何が幸いするかも覚らないというのも、不思議な世界である。

１２９４−１２９８

# １２９８　永仁６年（丁酉）（第92代伏見天皇）
## 『東方見聞録』なる

　マルコ・ポーロ（44歳）の語る、足掛け24年に及ぶ、遠い東方のフビライ汗の治めた「大元国」での出来事は、歴史作家の同囚人ピサのルステイケッロによって『東方見聞録』として纏められた。そして、この本は200年後の世界を揺るがすほどの大きな歴史を開く鍵となったのである。中でも、そこに記された「黄金の国ジパング」の項には、驚くべきことが記されていた。

　　サバング（ジパング：日本）の島について、サバングは東方の島で、大洋の中にある、大陸から1500マイル離れた大きな島で、住民は肌の色が白く礼儀正しい、また偶像崇拝者である、島では黄金が見つかるので、彼らは限りなく金を所有している、しかし、大陸からあまりに離れているので、この島に向かう商人はほとんどおらず、そのため法外な量の金で溢れている。この島の君主の宮殿について、ひとつ驚くべきことを語っておこう。その宮殿の屋根はすべて純金で覆われているので、その価値は計り知れない。床も２つのドアの厚みがある金の板で敷き詰められ、窓もまた同様であるから、宮殿全体では、誰も創造することが出来ないほどの並外れた富となる。多量の宝石も産している。さて、クビライ・カーンはこの島に魅かれ、ふたりの将軍を派遣した。将軍の一人はアラカンと言った。……

（『全訳マルコ・ポーロ東方見聞録』岩波書店より）

　住民は色白く礼儀正しいと記され、色白くも、礼儀正しいも北日本の住民を表している。偶像崇拝とは、仏像を拝している

293

第10章　フビライ汗とマルコ・ポーロ

ということである。また、この場合の君主は、天皇でも幕府でもないことは明らかである。いずれも黄金の宮殿には住しておらず、あるとすれば奥州平泉しか該当しないからである。

また、ここにも商人という言葉が出て来ている。さらに派遣したアラカン（阿羅漢：Arhat声聞が、修行によって到達した最高の境地）なる将軍の名からも、ある使命を帯びた役割が感じられるのである。

（1286年の項参照）

## １３７０　正平25年（庚 戌）（第98代長慶天皇）
### 元国の終焉

成吉思汗の築いた「元」国は、第11代順帝（1333年即位）まで続いた。第２次即位より汗帝５代を含め「15代164年間の帝国」は、その権限を「明」へと移した。第１次即位1189年、平泉滅亡時における再起から181年に及ぶ叙事詩は、ひとまずここで終わることになる。

> ※　東京外国語大学名誉教授の岡田英弘氏は、その著書『モンゴル帝国の興亡』（ちくま新書）で次のように述べておられる。「モンゴル帝国がユーラシア大陸の大部分を統一した事によって、それまでに存在したあらゆる政権が一度ご破算になり、改めてモンゴル帝国から新しい国々が分かれた。それがもとになって、現代のアジアとヨーロッパの諸国が生まれてきたのである。」と、世界史の起点とする、意義付けは、ここにも証明されるのである。

## １４９２　明応元年（壬 子）（第103代後土御門天皇）
### 黄金の国とは

コロンブス（1451〜1506）は、マルコ・ポーロの『東方見聞録』を座右の書とし、そこに記された「黄金の国ジパング」を目指

して出航した。ところが、それは新大陸発見へと繋がり、世界史は大きく変わることになる。コロンブスは、スペイン女王イサベル１世の援助を得て、同年８月３日サンタ・マリア号を指令船とする３隻の船でパロス港を出発。これが驚くべき新たな歴史の開幕を告げるものとなった。新大陸発見、そして、アメリカ建国への道を拓くという、地球規模の世界史へと時代は開かれたのである。

※ 21世紀のアメリカと世界は今新たな歴史を開こうとしている。

# 第11章　甦るふたり

## １５４８　天文17年（戊 申）（第105代後奈良天皇）
### 大槻城主・伊藤高行、静御前堂建立

　陸奥の国・安積の里（現・福島県郡山市）は、久しく荒野原
となってしまっていた。この年、安積郡のほぼ中央に位置する、
花輪の里の針生という小さな丘裾で夜毎、怪しげな光がその茂
みから立ち上るので、里人は恐れ、その噂はたちまち近隣に伝
わった。時の領主であった大槻城城主・伊藤左衛門尉高行は、
家臣にその茂みを払わせてみると、そこに、２つの古びた石塔
が現れたのである。何とそれは360年の昔、この地で果てたと
伝えられて来た「静御前とその従者」の標石であるらしいこと
が判った。伊藤高行は、自らの先祖である、伊豆伊東の祖・工
藤左衛門尉祐経が、縁深き「静御前」の、鎌倉は鶴岡八幡宮で
の舞いの折、祐経自ら鼓を打ち、畠山重忠が笛を吹いたという、
家系に残る言い伝えを思い起こした。高行はその秋、早速この
地に「静御前堂」を建て、わが祖の供養と共にその霊を祀った
のである。

---

　※　当時、鎌倉での静御前は、いくら強い要請があっても、敵である
頼朝の前で、舞を舞う気持ちなど毛頭なかったが、なぜそれを受けた
のか、との背景には次のような記録も残っている。その時、要請の労
を修めたのが、実は工藤祐経の妻（平重盛が屋島におられた頃、冷泉
殿の局として仕えていた穏やかな才女で、入水の折、祐経に助けられ
妻となった）の功績であったとされている。　　　　（1186年の項参照）

第11章　甦るふたり

　春の夜のおぼろの空にしとしとと降りそそぐ雨、あたりは誠にしっとりと静かであった。一日中の奏楽は千年の寿命を延ばします。と女同士の夜は更けた。密かに義経どのの御無事を祈られての舞と思し召されよ　と　語り伝えし……。と

　祐経の妻の仕儀により、静の気持ちは変わったともいわれる。

## １６５７　明暦３年（丁酉）（第111代後西天皇）
### 『大日本史』編纂

　徳川光圀『大日本史』編纂開始。文治五年六月中旬十三日の項には次のように記されている。

　　世に伝う、義経は衣川の舘に死せず。逃れて蝦夷に至ると。いわゆる義経の死したる日と頼朝の使者、その首を検視したる日とその間へだたること四十三日、且つ天時暑熱の候なるをもって、たとえ醇酒に浸し、また、これを函にすといえども、この大暑中いずくんぞ腐爛壊敗せざらんや。また、誰かよくぞ真偽を弁別せんや、しからばすなわち義経死したりと偽り、しかして逃走せしなからんか　と

　この年、江戸・明暦の大火で10万人を超す死者が出ている。

## １６８９　元禄２年（己巳）（第113代東山天皇）
### 平泉滅亡500年、松尾芭蕉、おくの細道へ

　松尾芭蕉（46歳）は、「おくの細道」への旅に出る。平泉滅亡から丁度500年目の年にあたる元禄２年、芭蕉にとって、それは、運命の時の巡り合わせであった。彼は、どのような動機で奥州への旅を思い立ったのであろうか。歴史にも詳しかった

1657-1689

芭蕉は、考えたに違いない。まさしく500年の昔、奥州平泉で何があり、西行や義経は、その時どのような思いで、どのように生きようとしたか、これは大きな関心事となった。この時を除いて「陸奥の国」へ行く機会は永遠に失われる。と

　月日は百代の過客にして行かふ年も又旅人也……
　そゝろかみの物に付てこゝろをくるはせ……

と何者かに魅せられ招かれるように、芭蕉は百代（はくたい）への思いで旅に出たのである。ここでの百代は正しく「500年の歳月」の意であった。

　3月27日（新暦5月16日）

　早朝、江戸深川を出発した芭蕉は、奥州3000里（実際の旅程は2400㎞ 150日に及ぶ）への旅立ちであった。そして、第1の目的地、奥州平泉には、44日後の5月13日（新暦7月初旬）に到着。杜甫の詩「国破れて山河あり城春にして、青々たりと」と吟じつつ次の歌を遺したのである。

夏草や　　兵 共（つわものども）が　夢のあと

　芭蕉は高舘に腰を降ろし、夏草の間に遥かに続く北上川を望みつつ涙を流した。また

五月雨の　降り残してや　ひかり堂

　歴史という名の雨は、さみだれのように切なく降りそそぐが、そこにはひっそり悠久の時を越えて、金色堂だけが佇んでいた。芭蕉はこの旅から5年後の1694年（元禄7年）満50歳の生涯を閉じることになる。

　　　　　　　　　　　　　　　　　　（1945、1989の項参照）

第11章　甦るふたり

# １７０９　宝永６年（己 丑）（第113代東山天皇）

## 新井白石『蝦夷史』

　儒学者の新井白石（1657〜1725）の『読史余論』（３巻）に、

　　義経、手をこまねいて死に就く人にあらず、不審の事なり。
　今、蝦夷の地に義経の家の跡あり、又、夷人飲食に必ず祭る
　と

また、水戸藩の朱子学者である安積澹泊との書簡集『新安手
簡』には次のように記している。

　　義経　蝦夷へ渡被候と申す説、荒唐之談にも之有間敷きと
　存知被候と、澹泊語れば、白石も寛永年中、大陸に漂流した
　越前の船頭の談を紹介し、義経主従の韃靼渡海の事にもふれ
　る有

さらに『蝦夷史』には『続・本朝通鑑』に関連し、

　　俗伝にまた曰く、衣河之役　義経死セズ　逃れて蝦夷島に
　到ル、其の遺種今に存ス、アイヌは飲食の時、之を祝してヲ
　キクルミと云う。之を問えば則ち判官と曰ふ。判官蓋し所謂
　ヲキクルミ。夷中延尉を称する所の言なり

と述べている。

　実に北海道には、60ヶ所にのぼる義経伝説の遺跡があると言
われている。それでいながらこの地で亡くなったという形跡は
なく、しかも大陸へ渡ったと伝えられているのである。

１７０９−１７８８

## １７８１　安永10年（辛　丑）（第119代光格天皇）
### 静御前堂再建

　陸奥の国、安積郡花輪の里（現・福島県郡山市大槻町針生）の静御前堂は村人の寄進によって、朽ちていた御堂は真新しく再建された。１本の釘も用いない匠の御堂であった。

## １７８３　天明３年（癸　卯）（第119代光格天皇）
### 仮静像の入仏開扉法要

　この年浅間山の噴火に伴い、東北もかつてない飢饉が続いた。人々は静御前の霊力をもって、雨乞いの祈願を行ったのである。この年、白河藩主であった松平定信は、その難局を克服し名君とされ４年後の1787年（天明７年）江戸城における老中首座に迎えられた。そして寛政の改革が始まる。

## １７８９　寛政元年（己　酉）（第119代光格天皇）
### 仏師右門

　６月11日

　その奥州白河藩・牧野内村八木沼の仏師「右門」のもとに、花輪（安積）の里人は「静像」の謹刻を依頼した。「静入滅600年」を記念しての勧進によるものである。ところが依頼された仏師・右門は、唯ならぬ仏像？　であることに、頭をかかえた。彼は根本から「静御前」を学ばねばならないと思い、江戸に出る。そして、静に関する情報を尋ね歩き、多くの能や歌舞伎の舞台をも鑑賞した。時に、白拍子から派生したといわれる花魁（太夫）の吉原にも足を運んだ。そして、数年後、彼は花輪の里に比較的近い、奥州田村郡小野仁井町（新町）の塗師のもとに住み込んで「静像」を完成させたのである。それは依頼を受

けてから、何と10年後の寛政10年2月のことであった。

# １７９８　寛政10年（戊　午）（第119代光格天皇）
## 静御前像、花輪に奉納される

２月吉日

　早速この「御神体・静御前像」は、里人の待ちわびた花輪の静堂に迎えられ奉納された。立派な厨子と、静と苦楽を供にした乳母「さいはら」の像も一緒である。里人は初めてみるその「静御前」のお姿に、心から嬉し涙を流した。そして、よくよく拝すると、静様が召している御着物には、恐れ多くも徳川将軍の「葵の御紋」が黄金に染め上げられ、ハッキリと刻まれているではないか。仏師右門は、思案に思案を重ねた上で「今様・静像」を刻んだのである。さらに白河城主、江戸城詰の老中首座・松平定信公にお目通りし許可を頂いた可能性が高い。お許しを得ないで「葵の御紋」が刻まれるはずはないからである。水戸黄門を御覧あれ。里人の喜びようは並み大抵のものではなかった。思うに徳川家も源氏である。静御前は最高のお着物を召されたのである。静像体台座底面には次のように記されている。

　寛政元酉年六月十一日　奥州白川牧野内村八木沼

　　　　　　　　　　　　　　　　　　佛師右門

　寛政十歳午　二月吉日　奥州田村郡小野仁井町

　　　　　　　　　　　　　　　　（以下　判読不明）

# 1799　寛政11年（己　未）（第119代光格天皇）

## 平取に義経像奉納

　奇しくも、１年遅れでこの年は、遠く離れた蝦夷地平取においても、義経の御神像が近藤重蔵によって奉納されている。そして何とした奇遇であろうか。その御神像の台座背面には、「寛政十一年己未四月二十八日」と記されているのである。

　さらに義経神社の創紀によれば、

　源九郎判官義経公、衣川に自決せず、密かに高舘を遁れ陸奥を潜行、北津軽三厩を経て海路北海道吉岡に渡られたとされ、蝦夷各地に残された数々の伝説を辿り、とりわけ沙流川流域ピラトリ（平取町）辺りの蝦夷人が源九郎義経公を真摯敬仰する情あるのをみて、その人々のため又、北辺の守護神として尊像を寄進し小祠をハピヨラの地に建立祀らしめた。

と記されている。

　また間宮林蔵が蝦夷地に渡ったのはこの年のことである。丁度この頃、伊能忠敬が蝦夷地南東海岸を測量しており、彼らは巡り合っていたのかも知れない。


## 花輪だった日本列島

　伊能忠敬の没後３年、1821年（文政４年）地図が完成し幕府要人がそれをみた時、彼らは一瞬息を呑んだという。「日本列島」の姿があまりにも美しかったからである。では何にみえたのであろうか。北東から南西方向にかけての大小三千数百の島々、それはあたかも花々で編み上げられた花飾りのように、弧を描いて連なっていたからである。

　「花の首飾りのようではないか！」そこで彼らは「花綵列島」

第11章　甦るふたり

「花綱列島」「花輪列島」などと表現したのである。それは、人類が初めて漆黒の宇宙空間に浮かぶ「青き地球」をみた時のような大きな感動であったに違いない。またもし「花輪の里の静」が、この事実を知ったなら、その慶びはひとしおであったろう。だが、この情報が広く大衆に知らされたのはずっと後になってからのことである。

（日本列島大地図館『テクノアトラス』小学館参照）

> ※　ところで間宮海峡は非常に浅く狭く、冬は結氷して橇で往来できるところであったため、一般に樺太は半島であると考えられていたという。近藤重蔵の方は、平取からさらに択捉島探検へと向かっていた。同年、本居宣長は『古事記伝』を完成する。
>
> 　それにしても、奥州の静と蝦夷地の義経は、不思議な縁として時を同じくして動いていたのである。

# １８１５　文化12年（乙亥）（第119代光格天皇）
## 欧州でのナポレオン時代の終焉

　ナポレオンは復活したかにみえたが、それは百日天下に終わった。彼は２度目の退位を余儀なくされセント＝ヘレナ島へと流された。そして、６年後の1821年５月５日、彼は52歳の生涯を流刑のまま閉じたのである。彼の逸話には次のような一節が遺された。歴史に精通していた彼らしい言葉である。

　余の人生は、ジンギスカンほど充分偉大であったとはいえない。ジンギスカンのあの底知れぬほどに大きい征服欲は、一体どこから来たのか、その秘密をわたしは知りたかった。

　この秘密こそ、義経とナポレオンの男の違いである。一つは宗教観であり、もう一つは女性観であったと思える。生死を越

1815-1868

えた愛の力をどこまで信じることができたかの問題かも知れない。

## 1823　文政6年（癸未）（第120代仁孝天皇）
### シーボルト、義経成吉思汗説を主張

ドイツ医師シーボルト（1796〜1866）が長崎に着任、彼は診療の傍ら、全国から集まった門人に薬の製法、実際に即した医学を教授する一方、日本の歴史、地理、風俗などを研究指導までする日本人以上の日本通だった。そして、著書『NIPPON』（日本：SIEBOLD, Ph.Franz Von.）で、彼は、義経と成吉思汗は同一人物の可能性大なることを主張し、歴史学者のさらなる研究を促したのである。この時代、遥か遠いヨーロッパから訪れた彼なればこそ、感じることのできた「地球感覚」ともいうべきスケールの認識は、義経の行動を唯一肉体で理解することができた1人なのである。外へも出ずに、机上論を交わす象牙の塔の学者たちには、無理な話であろうが、不可能と思われることを成し遂げた者のみが知る波動の共感は、時を越えた理解者となって現れるのである。

## 1868　明治元年（戊辰）（第122代明治天皇）
### 奥州連合再び破れる

尊皇攘夷に始まる王政復古は、薩摩長州によって東北は、再び賊軍とされ、白虎隊を含む大きな悲劇を課せられることになった。この時の戦が、奥州否日高見乃国にとっての真の「敗戦」となるのである。わが国の首都は、京都から帝（天皇）がお移りになることにより、江戸から東京へと名を改めた。時代はこの年9月に「明治」となり、これをもって武士の支配する

第11章　甦るふたり

世は、幕を閉じた。しかし、武家政治（鎌倉）から継承された
「軍事政権」は、第2次世界大戦終了（1945年）まで続くので
ある。

　この年会津藩は降伏。「奥州連合」東北は、再び平定された
所いわ謂ゆる「戊辰戦争」である。

# １８７２　明治５年12月３日（壬 申）が

（第122代明治天皇）

# １８７３　明治６年１月１日（癸 酉）となる

## 暦がかわる

　明治政府は、これまで使用していた太陰暦を「太陽暦」へと
切り替えた。生活感覚として約１ヶ月早まったことになる。こ
れより旧暦・新暦の名称で当分併用する庶民の知恵が生まれた。
また、この時キリスト教での休日・日曜日を休みにすることに
治安を揺るがすほどの大問題が発生している。ここで、これま
での干支暦としてもズレが生じた。

---

※　太陰暦とは、月の運行をもとに作られた暦で、閏月が５年に２度
の割合で廻って来た。太陽暦は、地球が太陽の周囲を１回りする時間
をもとにした暦で、４年に１度の閏年日（２月29日）がある。

---

# １８８９　明治22年（己 丑）（第122代明治天皇）

## 大日本帝国憲法発布

奇しくもこの年は、「奥州平泉滅亡700年忌」となっている。
　２月　大日本帝国憲法発布
　７月　東海道本線全通
新日本政府がこの年を憲法発布とした背景には、かつて源頼

朝が「宣旨」を待たずに全国の御家人を集め、奥州征伐のため自ら出陣し、わが国初めての完全奥州全土を掌握。遂に、実質的な全国統治をなした年としての、意識が指導者の脳裏にあったのか。或いは単なる偶然か。ともあれその時から丁度700年、そこに込められた国としての理念は、やはり「富国強兵」たる軍事政権（武家政治）の再認識であったようである。この年フランス・パリでは、フランス革命100年にあたり、エッフェル塔が建っている。

## １８９９　明治32年（己亥）（第122代明治天皇）
### 新渡戸稲造『武士道』を著す

　　武士道はその表徴たる桜花と同じく、日本の土地に固有の花である。……

　17章からなる『武士道』は、同年アメリカ・ペンシルバニアの病院から「BUSHIDO, THE SOUL OF JAPAN 1899 Inazo Nitobe」として英文で世界に発せられた、新渡戸稲造による日本人の魂の書である。近年この武士道は、再び世界的に評価され、ハリウッド映画『ラスト・サムライ』で大きな話題を呼んだ。そこには武士道の起源として、武家政治の始まった頼朝の時代からと書かれている。しかし、真に武士道を実践し、それを最初に極めた者が「義経」であったとまでは書いていない。義家・貞任の衣川合戦の逸話や平重盛の心境、また菅原道真の旧臣源蔵の忠義「偽首」などを述べていながら、義経に関する一言もないのは、何故であろう。後事を誰かに託したものであろうか。それとも最も重要と思える者を敢えて述べなかったのであろうか。ともあれ古代のあらゆる兵法をベースに

第11章 甦るふたり

しながら培われ、北日本の土地によって育まれ、真に開花した日本魂こそ、新渡戸稲造による「武士道」の精神であった。

この年はまた、深い縁に結ばれている。北海道の「義経神社」が創建100周年を迎え、且つこの社のある日高乃国・平取地方は8ヶ村が合併して「平取町」として発足した年にもなっていた。

義経神社（北海道平取町）

※ 本州東北地方が「日高見乃国」、北海道は「日高乃国」と表記されている。

## 武士道の要約

ここに「武士道」の一端を述べてみよう。その本義は、実践にあり、規範や条文は口伝とされている。仏教を重んじ、特に「禅」による修練で自己をみつめ、孔子・孟子の教えから「義・仁・礼・誠・名誉・忠」などを習得し、「武士に二言なし（約束は必ず守る）」「武士は食わねど・（忍耐）」また「犬死はしない（生き抜く）」「憂き事のなほこの上に積もれかし、限りある身

308

の力試さん（これぞ武士道の不屈の精神である）」などの格言の他、
「血を流さずして勝つをもって、最上の勝利とす」を勝海舟は
「己の刀は、ひどく丈夫に結えて決して抜けないようにしてあっ
た。人に斬られても、こちらは斬らぬという覚悟だった」と記
している。また本居宣長の言として「敷島の大和心を人間はば、
朝日に匂ふ山桜花」などを載せている。この５年後、日本は、
恐るべき大国ロシアとの戦争状態に入るが、これに勝ったので
ある。だがわが国は驕り始めた。「勝って冑の緒を締めよ（傲
慢になるな、謙虚さを失うな）」を忘れて行ったのである。そして、
1945年を迎えることになる。

（矢内原忠雄訳・岩波文庫青118-1『武士道』1999年参照）

# １９４５　昭和20年（乙酉）（第124代昭和天皇）
## 日本国敗戦

８月15日

わが日本国は、史上初めて無条件降伏をすることとなる。第
２次世界大戦の終結である。すべての統帥権を持していた昭和
天皇は自らマイクの前に立たれ、この日の正午、玉音放送とし
て全国民にその声を流された。

　朕　深ク世界ノ大勢ト、帝国ノ現状トニ鑑ミ……時局ヲ収
拾セムト欲ス……（中略）耐ヘ難キヲ堪ヘ、忍ビ難キヲ忍ビ
……以テ萬世ノ為ニ太平ヲ開カムト欲ス……（以下略）

この詔書をもって、大多数の日本国民は天皇の意をわが意と
定め、その戦後処理は他の敗戦国にはみられぬ秩序の下に推進
された。実に奇跡的ともいえる天皇制の存続と、祖国（国民）
の復活であった。しかし、この時点での、昭和天皇の心中たる

や1189年（文治5年）の時の義経の心境に、勝るとも劣らぬ思いであったに違いない。そして、歴史の妙は、この44年後の1989年（昭和64年）、昭和天皇は87歳で崩御されるが、この年こそ、奥州平泉が陥落して丁度800年にあたる年となっているのである。奥州並びに義経の歩んだ歴史と、この稀有なる天皇のご一生とは、あまりに縁深い時の巡り会わせと言う他はない。単なる偶然ではないのである。　　　　　　（1189、1989年の項参照）

### 8月15日の意味するもの

　ところで、この日本国が無条件降伏した「終戦記念日」たる、8月15日は、義経と成吉思汗が、さらに深い因縁にあることを述べておきたい。日本史上で1189年（文治5年）4月28日（或いは晦日）に、平泉高舘で亡くなったはずの義経の死が、まったく別のこの「8月15日」に集中している謎である。

　第1に、京都鞍馬山では、毎年旧8月15日を「義経忌」として祀り、昭和7年からは1ヶ月遅れの9月15日に「義経祭」として執り行われていること。なぜこの日なのかについて、鞍馬寺では次のように説明している。茨城県瓜連町にある静神社（水戸徳川家の専任祈願所）からの「御前集」による指示とされる。だが、この静は静御前ではなく、この地の古来からの地名「倭文（しづり・しどり）」から来ているとしている。しかし、ここで妙なのは水戸徳川家と言えば水戸光圀の『大日本史編纂』があり、当然その筋からは入ってきた情報とすれば、義経と静との関わりは否定できず、その名の神社名からして念頭になかったはずはないとするのが自然である。

　　　　　　　　　　（『大日本史』編纂　1657年の項参照）

　第2に、モンゴル国での「オボー祭」は、成吉思汗の命日と

され、この8月15日を中心に、地方毎の聖山の山頂近くで、毎年厳粛に国家的行事として行われていること。太陽が上る前から、身を清めた国の代表が東に向かい、その年の泰平を祈願する。その吉凶は指導者たちにとって、その責任の目安となるため大変重大である。また「ナーダム」と呼ばれる祭りは、庶民の本格的な祭りで7月から9月にかけて行われるが、近年は7月11日から23日にかけて「競馬・弓・相撲」で競い合う勇壮な祭りとなっている。また蒙古暦の7月20日が太陽暦の8月15日にあたるとされている。

第3に、日本国においては、奇しくも同じ呼び名に近い「お盆（盂蘭盆）」は、その終戦記念日と共に、先祖の霊を祀る催し日となっている。仏教国における最大の行事が、成吉思汗の祭典と深い縁を結んでいるのである。

第4に、北海道日高国沙流郡平取町の「義経神社」の例大祭日が、8月15日である。お盆の日のため、鞍馬義経忌と同じく1ヶ月遅れにすべきとの声もあるようだが、頑なにこの日を守っている。なぜこの日なのか、その起源は、当初からと言うだけで誰も知らない。まさに不思議な意義深い日という他はない。


## 二十八日の妙

関連談だが、郡山の「静御前例大祭」は旧3月28日である。ここも新暦には改めずこの日時をそのまま踏襲しているので、今日では桜咲く季節とはなっていない。1ヶ月遅れの「静桜まつり」にしては、との声も出ているが、旧来のままである。しかし、平泉での義経忌（4月28日）と合わせるように「28日」がキーワードとなっている。また、義経神社に近藤重蔵が寄進した義経像（御神像）の台座背面に「寛政十一年己未四月二十

八日」と記されているが、これも不思議な縁深い日付である。さらに驚くべきは、常盤・義経・静に流れる法華経の心髄は、末法の法華経の御本仏とされる、日蓮大聖人が「立宗宣言」された日が1253年（建長5年）の4月28日である。仏の縁とは、かくも歴史の周期と冥合（奥深く合一して滞りないこと）しているのである。　　　　　　　　（1189、1253、1798、1799年の項参照）

## 戦争前後の日高見（東北）国は

　この戦争の前後、東北（陸奥の国：日高見国）は、実に大きな役割を果たしている。その一端を述べてみたい。基本的に東北は、独立国としての名称こそないが日本国の一部ではなく、列島内で隣接した同盟国とする位置付けが正しい見方である。例えば、福島県会津若松市における「戦後」とは、第2次世界大戦（太平洋戦争）を言うのではない。明治維新に至る、白虎隊として名高い「戊辰戦争（奥州連合として破れた）」を指している。

　また、東北における敗戦の記念碑としては「第1次奥州戦争」である「阿津賀志の戦い」や「衣川の変」などが、より深く定着し顕彰されており、太平洋戦争での敗戦よりも遥かに大きな位置付けとなっている。それは「西日本国」が重点的に多くの被害を蒙った、広島・長崎の原爆などからも、窺い知ることができるかも知れない。この間、日高見国（東北）は、西日本からの要請のすべてに応えていた。（太古における貢金などの歴史も然ることながら）さらには、日本再生への使命をも担わされたのである。

　戦争中において、東北出身の兵隊は辛抱強いとおだてられ、最も過酷な条件の戦地へと送り出された。戦争末期になると東北の地へは、多くの学童疎開が行われ、苦しい中でも人々は見

知らぬ子供たちを温かく受け入れた。そして戦後には全員健康裡に親元へ帰した。その後は、どれほどの大量のヤミ米を西国側へ送り続けたことだろう。時に官憲は不法だからと罰を加え没収しては、その労に報いることはなかった。その米は、誰の腹に入ったのだろう。また「りんごの歌」（青森）は、打ちひしがれた人々に、どれほど勇気を与えたかは計り知れない。ラジオ番組「鐘の鳴る丘」や「さくらんぼ大将」は、福島や山形がその舞台になっている。古関裕而氏、丘灯志夫氏らの美しくも強い魂の歌は、どれだけ多くの敗戦日本人の心を、鼓舞し続けたことだろう。近年のテレビドラマでは、最上川（山形）が舞台となった「おしん」だが、東北人の辛抱強さにおいて世界中の人々に深い感銘を与えた。まさしく、福島県の生んだ野口英世の座右の銘「忍耐」そのものである。

　こうして日本は再起して行くのであるが、戦後は若い（中学卒業者は金の卵と呼ばれ）労働力と出稼ぎ農家の、圧倒的提供が科せられたのである。さらに「電力の供給地」としての役割を担う。水力、火力、そして危険性の高い原子力発電、それに伴う核廃棄物の処理地、その上に、許せないのは産業廃棄物の不法投棄である。関東地方の１万社から出たとされる有害な不完全廃棄物が、青森・岩手両県にまたがる山林に、数10万トン88万m³（計測不能ともいわれる）が捨てられた。

　少なくともこれらの撤去には700億円近い費用が掛かるといわれている。しかも、これらの不法投棄は東北全県に及んでいるのだ。どこまで痛めつければ気が済むのであろうか。そしてイラク戦争においても、その先陣は？　それは、景行天皇の御代から、東北は「土地沃穣て曠し、撃ちて獲るべし」との対象として、未だに、息付いているかのようである。わが国だけで

はない、武力に物言わせ、利権を貪ろうとする国家も現存する。その国家的組織強盗に対して、人々は、なす術がないのであろうか。否、「真の仏法」は、これを絶対に許してはいない。このことは、当事者自らがそれに相応しい厳罰を受けることになるとみる。清盛の死、スターリンの死に際の姿からも、おおよそ判断できる、歴史の証明である。

「奥州」とは、よく言ったもので、性質の悪い亭主が「奥さん」をいじめ抜き、いざ自分が困り果てると無理やり、あらゆるものを搾取する。絞り取って行く。礼もいわず、感謝もせず、威張り腐って来たのだった。そして負債のみを預ける。その末路は？ まさに「奥州は、辛抱強い奥方」なのである。

# １９５０　昭和25年（庚寅）（第124代昭和天皇）
## 金色堂須弥壇へ学術調査入る

　敗戦日本の新しい希望としての文化立国への手始めとして、奥州平泉の中尊寺は、朝日新聞文化事業団との共催で、金色堂須弥壇の学術調査を行った。そこでは、藤原四代ミイラの年齢・死因・身長・血液型などが解明されたが、その中で驚くべき発見の一つに、４つ目の遺体、それまで、泰衡の弟の「忠衡」の首と伝えられていたものが、総領の「泰衡自身の首」であることが判明したことである。この事実は、それまでの平泉滅亡時における歴史観の解釈を、根底から揺るがす重大な内容を含むものとなった。当時、泰衡の首は、頼朝の前に晒され残酷な仕打ちを受けている。誰が、その首をひそかに取り戻し、先代藤原氏が眠る金色堂に鄭重に納めたのか、さらにはその首桶には、蓮の種が遺されており、何とその種が1998年（平成10年）に「中尊寺ハス」として800年の時を超え、見事に開花したのである。

この蓮は、株分けされ縁深い東北の南端・いわき市の白水阿弥陀堂の池にも咲くのである。

（遠山崇著『奥州藤原四代甦る秘宝』岩手日報社版参照）


# １９８９　昭和64年・平成元年（己巳）

## （第125代今上天皇）

### 昭和天皇崩御・日高見滅亡800年忌

１月７日

　激動の昭和の時代は、ここに幕を閉じた。第124代昭和天皇は満87歳の生涯であられた。奇しくもこの年は「大日本帝国憲法発布（1889）」から丁度100年。「国民一同喪に服す年」となったが、歴史理論的には大変重大な回忌（回帰）年と冥合（奥深く合一）していたのである。歴代天皇の中で、昭和天皇ほど、その責任を痛感され、苦しまれた天皇はいなかった。わが国未曾有の無条件降伏。それは奥州滅亡の折の、「義経の自責の念」以上の重圧ともいえるものであったに違いない。


　　　　　国敗れて山河あり、城春にして草木深し……


　杜甫の詩は、古えを語るが、国破れし王の立場を、唯一知った天皇であられた。俳聖芭蕉が、『おくの細道』で記した「平泉・高舘」に佇み、この詩が自然に脳裏に浮かんだ300年の昔。そして、この年こそ「日高見国（奥州）が滅亡して800年忌」にあたっていたことは、稀有の天皇との、不思議な縁という他はない。　　　　　　　　　　　　　　（1689、1945年の項参照）


### 芭蕉・おくの細道300年祭

　松尾芭蕉が、元禄２年（1689年の項参照）門人・曽良（40歳）

315

第11章　甦るふたり

を伴っておくの細道へ旅立って300年の記念すべきこの年は、縁ある多くの地で、幾つかの話題を呼んだが、喪に服す一連の慎ましやかな中にあって、マスコミはさほど大きくは取り上げなかった。筆者は1987、88、89年と3年かけ、全行程を車で辿ってみたが、その行程のほとんどが、義経の歩んだ道を逆方向に辿ったものであることに気付き驚いた。何より芭蕉も、義経の大ファンだったのである。

### 成吉思汗復活

　一方モンゴルでは大変な年を迎えていた。1924年以来タブーとされて来たジンギスカンがソビエト崩壊により民主化の波が起こり、祖国の大英雄として復活したのである。

　まさしく汗第一次即位より奇しくも丁度800年の慶事となったのである。

# １９９９　平成11年（己卯）（第125代今上天皇）
### 歴史的な２人の再会

　6月17日

　静御神体（写真）が北海道平取町義経神社へ奉納される。2人が雪の吉野で別れて以来（本書では1187年の暮、安積の里・花輪長者屋敷での別れが最後であったが）、814年ぶりの再会が実現したのである。午後1時56分、福島県郡山市静町「静御前堂奉賛会」会員16名による義経神社訪問で、歴史的対面儀式が挙行された。平取町義経を語る会編『カムイ義経』には、この時の様子が次のように記されている。

　「この計画の発端は、福島県郡山市静町にある静御前堂奉賛会（会長国分庄司氏会員170人）が、静御前入滅八百十年で、静御

1999年(平成11年)6月19日(土曜日)　　　（第三種郵便物認可）

# 悲恋成就

## 静御前 郡山 ▼ 源義経 北海道

### 814年ぶり、神体"再会"

### 奉賛会が神社に額奉納

814年ぶりに神体同士が引き合わされた義経と静御前（北海道平取町の義経神社で）

平安・鎌倉時代の悲恋のカップル、源義経と静御前の恋を八百十四年ぶりに成就させようと、郡山市で静御前を奉っている「静御前堂奉賛会」の会員十五人が十七日、義経伝説が残る北海道平取町の義経神社を訪れ、二人の神体を引き合わせた。

平取町の義経伝説は、義経が平泉では死なずに北海道に渡り、平取でアイヌ民族に農耕などを伝えたというもの。一七九九年に蝦夷探検をした幕府の役人が神体を安置し、明治初期に義経神社が建てられた。一方、郡山市では、一一五五

年に義経と再会を約束して別れた静御前が義経を探して東北地方をさまよった末、絶望の余り市内の池に身を投げたとの伝説があり、十六世紀に静御前堂が建立されたという。

昨年暮れ、郡山市の奉賛会が平取の義経伝説を聞きつけ、神体を引き合わせることを町に提案。会員たちは、静御前堂に収められた立像の写真を額に入れ、神体を額に移して持参し、義経神社の北島義三宮司に渡した。北島宮司は、ほとんど人目に触れたことがない義経の立像を会員たちに披露し、静御前の額を脇に寄り添うように置いた。額は同神社に奉納された。二人は末長く連れ添えることに。

奉賛会の国分庄司会長(67)は「静御前堂が長年守ってきたかいがあった」平取の人たちと今後も交流していきたい」と感激した。

読売新聞（平成11年6月19日　福島県版・北海道版）

前堂開創六百年記念事業として、再会を計画しているので受け入れて欲しいと、当町観光協会に意向打診があった。丁度義経神社も創建二百年の節目の年なので、この計画に異議はなく、平取町観光協会の仲介で、神社側も了承し『平取町義経を語る

第11章　甦るふたり

会』も協力することとして計画は実行されたのである。当初、奉賛会側は静御前の御神体を持参したいと考えていたが、種々の都合により写真額とした。こうして平成十一年六月十七日午後一時五十六分、義経神社本殿で、二人の歴史的な対面が行われたのである。出席者は奉賛会の会長ら十五名、町側は上山助役と崎広係長、義経を語る会側は橘会長ら七名、神社側は北嶋義三宮司と木村神主、それに報道関係者数名であった。対面式で祝詞（のりと）をあげながら北嶋宮司は、感激のあまり声をつまらせ感涙に咽ぶ場面もみられた。また、殆どの参加者は義経公の御神像を見るのは始めてとのことであり、意義深い一日となった。」

　この時、奉納された「静御前御影（御分霊写真）」は、義経像の御厨子の傍に末永く納められることになったのである。

---

※　この年の間近に迫る「7月」は、ある一部の人たちにとっては大変気になる時期でもあった。それは16世紀の大予言者であるノストラダムスが「この7月」、やもすれば「地球最後の時」になるかも知れないと、その予言書「諸世紀の第10章72」に、この年月を明確に示していたからである。それは次のような4行詩からなっている。

　L 'an mil neuf cens nonaute neuf sept mois,
　　Du ciel viendre un grand Roy d' effrayeur,
　Resusciter le grand Roy d 'Angolmois,
　　Avant apres, Mars regner par bon heur,
（大乗和子訳『ノストラダムス大予言・原典・諸世紀』たま出版より）

　直訳では「1999年7の月・天から恐怖の大王が降ってくる・アンゴルモアの大王を蘇らせ・その前後火星はほどよく統治するだろう」こ

の文の解釈をめぐって、社会的には新宗教が蔓延し様々な問題（例えばオウム真理教のような）も引き起こされた。確かにこの詩は、ノストラダムスの予言の中で最も重要な詩の一つであり、何かが秘められていることは確かだが、その最も気になるのは「d 'Angolmois」と言う不思議な単語である。明らかに固有名詞である「ANGOLMOA（アンゴルモア）」とは何を示しているのだろう。それが蘇るとは何のことなのだろうか。

　この道の専門家であった五島勉氏の著書『ノストラダムスの大予言』によれば「MONGOLIA モンゴル国の変換文字」ではないかと述べている。確かに、たった１字の母音違いのみである。さらに続編である『スペシャル・日本編』（祥伝社1987）では「人類の滅亡を救うのは『日の国』だ」と言っておられる。実際には、この７月に天から恐怖の大王は降っては来なかったが、ホッとする間もなく１ヶ月遅れの８月18日に、フライバスと称する1997年10月に打ち上げられた土星探査機「カッシーニ」が地球再接近の際、機に積まれているプルトニューム原子炉電源の放射能拡散が大問題となり、その危険性が指摘されたのである。これも辛うじてクリアーされたが、ノストラダムスの警告には、無視できない怖さが潜んでいたのである。

　ところで、本論の「アンゴルモアの大王が蘇る」意は、「成吉思汗の新世紀における復活」と捉えるのは当書の主眼の一つでもある。蒙古班にみられる同民族の意義においても、今後の「日本・モンゴル共和国建設（案）」（2006年の項参照）の暁には、まさにノストラダムスが述べたかった、地上における最後の人類救済への道を示したものと解したいのである。1999年７月が迫る僅か２週間前に、「義経・静の再会」がなされた意味の大きさは、世界の破滅を救った第一歩と言っても過言ではなく、世界史的な成吉思汗の存在意義からみた時、改めて999の聖数が示す、その不思議な偶然性に「九郎義経」は、まさしく世界史と連動していることの証明となるのである。即ち、この１編（第10章72）に要点のすべてが込められていたと言う訳である。

第11章　甦るふたり

# ２０００　平成12年（庚辰）(かのえたつ)（第125代今上天皇）
## 北海道より義経公を迎える

2000年の静御前例大祭には義経神社より待望の御分霊が鎮座された。

3月28日

　静御前堂例大祭日、郡山市の静堂に待望の「義経像」（御分霊写真）が、遥か北海道の地より奉納、御分霊が安積の地に鎮座されたのである。晴れ渡るこの例大祭の日、平取町より上山助役・同町義経を語る会の姉崎事務局長が「義経神社」からのご分霊「御神像写真」を総氏として持参され、御堂において、その奉納式が厳かに執り行われた。義経神社における奉納式は「神式」であったが、当地における御堂での鎮座式は、磐石山長泉寺住職秋山方丈師の引導による「仏式」で執り行われた。郡山市を代表し小針助役も立ち会われ、堂内外では約300人の市民がこの式典を見守った。

> ※　例大祭前日の27日、平取町一行は郡山市長（市役所）を表敬訪問。記者会見が行われた。

２０００−２００２

# ２００２　平成14年（壬午）（第125代今上天皇）
## 静像の掛け軸発見さる

1月末

福島県郡山市大槻町のN家宅から1880年（明治13年）に、静御前御開扉の600年祭が挙行された記念としての「静御前像幅」が、床の間袋戸から発見された。（右写真参照）（縦130cm×横40cm）黄金の冠を被り、平安朝風の衣装を身に纏った静御前の姿が版木絵として描かれている。像の上部には、静御前の文字と円形の朱印。足元の台座には、ボタンの花が描かれ「安積郡大槻村花輪ノ里」と記されている。裏面には墨で「明治十三年旧三月乃七八九・三ヶ日・六百年祭・御開扉記念・N久三郎」と書かれ、この年に御前堂のご神体（静像）開扉600年祭が行われ、関係者に配られたことが判明した。裏書の名前は現N家当主から5代前の先祖である。

郡山市大槻町N家でみつかった静御前の掛け軸

第11章　甦るふたり

（『福島民友新聞』2002年2月10日より）

※　1880年（明治13年）の600年前は、1280年（弘安3年）で、元モンゴル国が南宋を滅ぼし中国を統一した翌年にあたる。世情は再び元が日本を襲うのではないかとする不安の中、鎌倉幕府は九州方面にしか頭が回らなかった。なぜこのような時に「花輪の里」静御前の御開扉祭が行われたのであろうか。多分に、義経を謀反人とした鎌倉幕府の権限が弱まったこと。また、幕府要人の中に、フビライ汗の統治する元国こそ、義経の末裔ではないかとする、払拭し難い疑問を抱く役人がいたことなどが挙げられるかも知れない。ともあれ、それまで日陰の存在としてひそかに里人によって護られて来た静御前は、この頃から「針生の御前様」として知られるようになったのである。なお、N家は江戸時代には二本松藩（丹羽家）から苗字帯刀が許され、巡視の折には「丹羽加賀守乃寓」として、お宿の役を賜った名主（庄屋）の経歴を持つ。（N家とは、実は筆者の本家である。）

## 著者モンゴルを征く

8月19日

成田発（OM502　17：00）、首都ウランバートルへは現地時翌0時1分着。夜明けを待って車で西南へ約4時間トーラ河畔の

モンゴル・ウンドゥシュレットにて（2002年8月22日）

*322*

2002 —

ウンドゥシュレットの村に着いた。

バイカル湖の真南に位置し、果てしなく広がる大草原と遊牧の国モンゴル。家畜（馬、牛、羊、山羊、駱駝）、移動式住居ゲル、男たちは駆け巡り、女たちはつつましやかな素朴な生活、太陽と共に起き、月光の中に休む、星を仰ぎ風を受け、吹雪に耐えて人々はこの幾百、幾千年を同じように生きて来たのである。何もない、ただ、あるのはあまりにも広い空と大平原。「おお、大いなるユーラシアの大地にいま紛れもなく立っているのだ。」と言う感動が、私を包んだ。草原の風を友として。

そして、私の思いはそのまま800年の時を越えた。今日こそ教育機関は整備され、識字率も高い国になっているが、当時は文字さえなく、暦も使わず、墓もつくらず、当然寺らしきものもない。あるのは遥かなる大地と透き通る空。毎日毎日は昨日であり明日であり、ただ季節の移り変わりと共に、牧草を求めて移動して行く遊牧の民。この広野に佇み、私は考え込んだ。まったく教育を受ける場のない、この広漠たる大地の上に「暦」を「文字」を「法律」を「秩序」を、さらには「技術」を「力」を「文化」を与えた男がいたのである。その彼が、遂には己の根拠としたモンゴルより、遥かに高度な文明を持つ国々を、次々と攻略しては、その広い懐に包み込んで行く、そして人類史上、空前絶後の「偉大なる国家」を建設したのである。それを可能にした男とはいったい何者なのだろう。と思わずにはいられなかった。

こうなると、その条件を満たす者でなければ、理屈に合わないではないか。「理想とする大国家建設」正しくそれは、王道学を身に付け、武将として優れ、騎馬を駆使し、経験と実績を積んだ者。しかも、その時代と空間において無理のない行程が

323

## 第11章 甦るふたり

組める者。そう考えると「義経」以外にはどうしても考えられなかったのである。彼であって始めて、すべてこれまでの謎が解けるのである。

その名もハンガイ（判官？）地方のウンドゥシュレットの草原に起宿した私たちは、連日馬に乗り、山に登ったり河を渡ったりして過ごした。夜ともなれば、見晴るかす地平線の草原に満月が昇るのである。私たちは、ゲル集落の広場のテーブルに集い、夜の更けるのも忘れてロシア語スペルの「CHINGGIS KHAN（ジンギスカン）」なる酒（ウォッカ）を飲みながら、語り明かした。実に、地球を独り占めするとはこのことである。宇宙と大地の接点ともいえる空間での会話と歌は、これまで味わったことのない思い出となった。

モンゴル最後の日は、ウランバートルのその名も「ジンギスカン・ホテル」である。このホテルで、私たちは不思議なシンボルを発見した「16弁の菊の御紋」である。なぜわが国天皇家の紋章が刻まれているのだろう。通詞に聞いてもその謎は解け

モンゴル・ウランバートルの「ジンギスカン・ホテル」にて「16弁の菊の紋章」
（写真提供　竹田忠史氏）

2003−

なかった。後日モンゴル大使館の書記官に伺ってもみたがいまだにその理由は判らない。

# ２００３　平成15年（癸未）（第125代今上天皇）
## 義経・弁慶ロマンの会開催

５月24日

「義経・弁慶ロマンの会、発足15周年記念総会」が北海道平取町のふれあいセンターにて開催された。全道より「ロマンの会会員」が集い、基調講演及び記念フォーラムが催された。これには、福島県郡山市の「静御前堂奉賛会」も特別招待され、筆者への基調講演の依頼と、奉賛会会長のフォーラムのためのパネラーへの要請がなされた。筆者は「ボルテ・チノ（蒼き狼を語る）」を演題に、約１時間半の基調講演を行わせて頂いた。北海道は、日本史上において、上古の地質学的分野と縄文時代などにおける民俗学的分野を除いて、比較的新しい時代区分でしか評価されていないと言う。中世時代における関わり（平安・鎌倉時代）は、伝説の類としてしか扱われていなかった。この点は郡山市とよく似た歴史的経緯である。その主たる要因は、何と言っても「文字」としての記録がなかった点にあるとされるが、伝説として親から子へ、子から孫へと語り継がれた民衆の素朴な魂は、生きた歴史として、いつも新鮮に蘇り、人々に夢と希望を与え続けていたのである。

　喜びの時も悲しく辛い時も、伝説はその重要な部分を的確に語り伝えてきたのである

　この日の会報には、このように記され、真摯に語られ、研究がさらに進んで行くことが、全員一致で確認された。

第11章　甦るふたり

# ２００４　平成16年（甲申）（第125代今上天皇）

## 薪能・船弁慶

　8月15日

　本書『真・義経記　ボルテ・チノ』発刊。

　9月15日（鞍馬寺義経祭り日）

　薪能「船弁慶」が静入滅の地・郡山市開成山において、初めて上演される事となった。「郡山名月薪能」実行委員会（市制80周年記念）によるものである。


# ２００５　平成17年（乙酉）

## 義経復活

　ＮＨＫは、その歴史大河ドラマで36年ぶりの「義経」を放映すると決定した。「21世紀の義経」はどのような姿で、どのような人物として展開されるのであろうか。19世紀における大英雄ナポレオンの言葉に次のような一節が蘇る。

　真の歴史は、伝説となって生き続けるだろう


# ２００６　平成18年（丙戌）

## 成吉思汗即位800年祭

　成吉思汗の国・モンゴルでは、現在自由開放政策のもと「成吉思汗即位800年祭」式典への準備が着々と進められている。この時、世界中から「バイカル湖の南に広がる壮大な草原の国」は注目を浴び、記念すべき彼の生涯を語る書籍や映画が披露され、改めて成吉思汗の歴史的偉業は顕彰されるに違いない。

　この年はまた、わが国の比叡山延暦寺において、最澄による開基1200年の大法会が開催される年でもある。最澄（伝教）が

唐より帰国し、「法華経」を依経とする天台宗を806年（大同元年）に開いたことがその起源となっている。延暦寺は、また弁慶ゆかりの寺で、西塔での鬼若丸時代の豪腕ぶりは有名であるが、「法華経」で結ばれる人の縁の深さを感じない訳にはいかない。

## 日本・モンゴル共和国の設立を

　今、私は新たなる夢をみることができる。21世紀の世界は開いたばかりである。夢とは「日本・モンゴル共和国」の設立である。両国には、実に不思議な基本的共通性があり、しかも、互いにまったくないものを所有している。この２国が、もし一つになった時、世界的にこれまで考えられなかった素晴らしい理想国家が生まれることを、私は予感して止まないのである。これは決して不可能なことではない。今日ヨーロッパはＥＵ（ヨーロッパ共同体）として歩み始め、通貨は共通、パスポートも不要となって来ているではないか。アジアにおいて、それができないはずはないのである。確かに、全アジア的な短期統合には無理があるかも知れないが、日本国民としては、人種的（モンゴロイド・蒙古斑）にも、心情的にも、言語文法的（アルタイ語系：主語・目的語・動詞の順）にも、共通なモンゴル国との統合・合併は誠に相応しい最初の相手国ではないかと考える。当初は「最恵国」待遇から出発してもよいが、演繹的に例えば10年後の合併を目指す、との目標の下に進めるべきであろう。

　今日のモンゴル国は、社会共産主義のソ連崩壊後、自由解放路線へと政治体制は替わり、これまでタブーとされてきた国家の大英雄たる「成吉思汗」も、やっと表舞台に登場できる時代を迎えた。人口約250万人（宮城県人口程度、日本の52分の１）、面積156万6500km²（日本の約４倍）、合併することにより、人口

は52分の１増えるが、国土は５倍の広さとなる。

　地下資源（石炭・銅・蛍石・モリブデンなど）は豊富で、高級衣料カシミヤの原料を始め、多くの酪農製品は果てしない草原と共にある。人種の双子とも言える両国民なのに、その置かれている環境が、実に対照的であることがかえって合併の必要性を説く最大の理由である。片や、超過疎、海のない国モンゴル。逆にわが日本は、四方海に囲まれ、資源のない超過密の島国である。これまで、技術力をもってする経済大国ではあったが、期待すべき未来展望はない。そこには開拓すべき未知の世界がなくなったからでもある。モンゴル国は、その救世主と成り得る国である。それはまたモンゴルの経済文化を短期間のうちに、日本の水準に押し上げることにも貢献できる。現在のモンゴル国自身も、実はそれを強く望んでいるのである。モンゴルにとっては、日本と一つになることにより、人口は50倍の大国となり、技術立国としての先進国、さらには四方海である領土を共有できることになる。


### 21世紀世界は大航空時代となり
### その時地球の中央となるモンゴル

　この両国は空で結ばれ「飛び地国」となるが、それ以上に大変重要な、大いなる夢と希望を有していると言うのは、その立地条件である。バイカル湖の南に位置するこの草原の国は、地球規模のあらゆる文明圏から等距離の位置にあり、そこには幾百もの空港（飛行場）を作ることが可能な平坦な地に恵まれている点である。21世紀は、これまでにない「空と宇宙の時代」が訪れる。所謂「大航空時代」の到来である。かつて人類史における文明の飛躍ごとに、交易網であるシルクロード（陸路）

2006−

の充実から、大航海時代（海路）の開発に伴う港の建設へと、特に力を注いで来た元（モンゴル）の最後の夢こそが、奇しくも、この全世界の空輸の一大拠点として、最適な場所と位置付けられるのである。乗客の乗り換え基地としての総合ターミナルはもとより、商業流通の貨物拠点として、大発展する要素を充分に秘めている。東は日本・中国、西はヨーロッパ・中東、南はインド・オセアニア、北はアメリカ・カナダの各都市である。710年前フビライ汗が、世界の貿易の中心地として成した「大都」の歴史は、21世紀に再びここに開花すると言っても過言ではない。

　世界に冠たる貿易の貨物輸送の一大拠点こそは、義経・成吉思汗が最初にして最終の、一貫した目的であった。真の世界商人「文化と富」を、より多くの人々に提供した金売吉次やマルコ・ポーロ、その魂が輝ける時代。彼らの苦悩と活躍の精神は、新しい世紀の新しい規模での機関組織として継承されることだろう。そこには、未来を開く理想の超近代都市建設も当然開始されることになるのである。

---

※　かつて中世の世界的予言者ノストラダムスが著した『諸世紀』第10章72にある「1999年7の月、その間マルス戦争（2003年の火星大接近・イラク戦争・中東紛争）がほどよく統治した後、『アンゴルモアの大王（成吉思汗）』が蘇る」とはこのことである。モンゴルであってモンゴルではない「Angolmoa」とは「統一化されたMongolia」の真の呼び名であり、それは地球全体が、やっと戦争の愚かさに目覚め、平和裏の中に統一されると言う確信の1章なのだろう。

（1999年の項参照）

# エピローグ

### 新しい世界史の枠組み・新しい暦

私は、深い霧の中にいる。
そこには、ただ時を刻む音だけが聞えている。
時とはいったい何なのだろう。
ここでは寒さも暑さも香りも、明るさも、
悲しささえも感じることがない。
ただ　時を刻む微かな音だけが
単調に聞こえて来るだけである。

　めくるめく空間が眼前に訪れても、またまったく闇の世界が続いても、時だけは刻まれて行くのだろうか。考えてみれば時間とは実に不思議なものである。遥かな地平線から上る太陽も月も、そして無数の星々も、この広い大宇宙の中で互いに巡りめぐり合いながら。悠久の時を刻んでいる。いつからか、人々はこの小さな惑星に住むようになり、色々な知恵を絞り「時」の存在を知った。その時から暦を用い、国の歴史が始まったのだろう。そして、21世紀を迎えた現在、其々の国の「歴史観」はいま、国連を通じて客観的に問い直されるべき重要な時期に入ったことを示している。時と暦と歴史そして未来は、すべて同一線上にある「生命の糸」である。それは地球そのものの姿として捉えてもいい、だからもう、戦争などと言う愚かな歴史は２度と刻んではならないと思う。そこで、これまでの悲惨な歴史の記録者たる「グレゴリオ暦（キリスト教下）」から、人類

エピローグ

はまったく新しい世界史の出発と秩序のために、その基盤となる「新しい暦（コスミックカレンダー）」をここに提案し、ご紹介したい。

コスミック・カレンダーとは

別名「13の月の暦」と呼ばれるもので、すべての月が4週間28日で進み13ヶ月で1年364日とし、プラス1日で365日となる暦である。この1日は、年と年の境の日として加え、新年を迎えるための「特別の休日」となるのである（因みに閏年には2日を加える）。この暦は、実にシンプルにできていて、毎月1・8・15・22日は日曜日、月末28日が土曜日で終わる。永久的に変わらない暦である。

7（日）×4（週）＝28日（1ヶ月）

28日×13（月）＋1（閏年は2）日＝365日（1年）

なお一週間は「南・無・妙・法・蓮・華・経」の意を有している。


「28日定月」は、女性にとって特に重要な意味を持っており（男性にとってもであるが）、曜日と日にちが永久に決まっているので、誰もが手帳をみるまでもなく計画が立て易い上に、各記念日も明確に何月何曜日と決まるので、利便性に優れることこの上ない。年間52週であることはこれまでの暦とまったく同じで、西暦年号も敢えて変える必要はない。日々の時間も秒もそのままである。ただ、これまでの月々による30日とか31日または閏年の2月29日などはなくなり、すべての月が28日に統一され「13の月」になると言うだけである。これは実にリズム正しい本来の宇宙の法則に添ったものであり、健康的な秩序ある暦である

ことが判るだろう。なお、詳しくは13の月各々に意義が込められているようだが、それらは逐次個人的に認識を深めれば良いことである。この暦の発案はアメリカ人ホゼ・アグエイアス、ロイデイーン・アグエイアス夫妻がマヤ暦から着想を得て1987年に提唱されたものとされている。わが国での旧暦や古代メソポタミヤ(紀元前4000年)において創始されたと言われる陰暦（月齢27. 32日・因みに満月は29. 5日毎に廻ってくる）と通じるものでもあるが、新しい世界秩序の新しい時の刻みは、この暦の導入から始めてはいかがだろうか。小さく分割された国家単位の思考は、もはや経済にしても環境問題にしても解決は不可能な時代に入っている。

　800年前、世界の再構築を目指した成吉思汗が「干支暦」の採用と共になした、建国と統一が語る歴史は、今日の新世紀における地球の抱える問題の解決策として、一つの大きな啓示を与えているのである。

# あとがき

　能に「二人静」と言うのがある。菜摘の女が法楽の舞を舞っていると、静の霊が現れ共に舞うというものである。いずれが真でいずれが影かさえ判らない。2人は一つになり、時を超越し共に生きるのである。義経と静もいつも一緒であった。そして、成吉思汗として同化された。

　さて、私の実家のある福島県郡山市郊外の針生というところには、その村はずれに「静御前堂」という古いお堂が建っている。里人はそれを昔から誇りとし、毎年花の咲く3月28日を祭礼の日として永く祀って来た。ところが、この御堂には反面呪いにも似た恐れも存在していたのである。と言うのは、娘の頃は「静様のような美しい女になりますように」と針供養と共にお参りするのだが、いざ婚約或いは結婚した者は、決して一緒に御参りしてはならないという口碑（言い伝え）があったからである。勿論のこと婚礼の行列などは一切近づかず、御堂から遠く離れた道を迂回するのが習わしとなっていた。それは、静御前が非業の死を遂げたが故の、村人の心配りでもあったのだろうが、事実「静御前が嫉妬心を起こし、羨むような夫婦には必ず悪さをする」という噂も拭い切れなかった。しかし、歴史の好きだった私の両親は、それを迷信だとして、その掟を破ってしまったのである。ところが「案の定」と言うべきか、父は私が3歳の時に他界し、母はそれから大変苦労をして私を育てる羽目になってしまった。その母も平成9年9月に90歳で亡くなったが、時折思い出したように「あの時、お参りしなかった

あとがき

なら……」と幾度か耳にしたことがあった。その母の葬儀の折、本家当主が「静御前堂」の屋根吹き替えをしなければならないが、なかなか資金が集まらず困っているとの話が出たのである。私は、静御前堂奉賛会（旧村時代は縁下と言った）だけでなく、静御前と言えば誰もがよく知っている人なのだから、もっと広く市民全体に呼びかけても良いのではないかと提案した。ここで再び浮上したのが、前述の呪いである。確かにこの呪縛の被害者は、私の両親だけではなかった。近隣には、同じような不幸が点在していたのである。そこで、その解決策を探ることとなった。即ち1999年と2000年の再会の儀である。ところが、この儀式は、呪縛からの開放と同時に、大変な朗報をもたらすこととなった。

　「静の瞳」は輝ける歓びの涙に溢れ、これまでの歴史さえ変え得るほどの大きな夢と希望とを運んで来たのである。人々は、もうこの２人が遠く離れてはいても、いつも互いに一緒に居れるという確信から、いつしか単身赴任者や遠距離恋愛の恋人たちの良きシンボルになり、さらには「縁切り仏」の異名から一転「復縁」の効能も現われ始めているとも聞くようになった。2003年にはこの御堂の前を通る４車線の５㎞にわたる道路は「静御前通り」と命名され、広く市民に親しまれる時を迎えたのである。（「静御前通り」は全国唯一ここだけである。）筆者は更に、同市・逢瀬休石までの延長と訴えている。


　日本史における「義経」と、世界史に残る「成吉思汗」が同一人物である必然性の確証は、実に「静御前」がもたらした愛の力によるものとの結論がここにはある。歴史という「時間」と「空間」のジグゾーパズルの中に、一つひとつあてはまって

行く地方史のパーツは、たとえようもない興奮を私に与えてくれた。そこで、「ボルテ・チノ」とは「静」のことであると冒頭に記したのであるが、その最も根幹をなす書籍からの引用は次の９書から成っている。『義経記』、『元朝秘史』（小澤重男訳・岩波文庫）そして、前者を結ぶ書としての小谷部全一郎著によるその名も『成吉思汗ハ源義経也』、佐々木勝三著『義経は生きていた』それに平取町義経を語る会編の『カムイ義経』、ルイ・アンビス著『ジンギスカン征服者の生涯』そして高橋富雄先生の『東北学』に纏められた奥州平泉に関する諸著書、及び高木彬光著『成吉思汗の秘密』、今泉正顕著『静御前伝説とその時代』。また、重要関連著書として新渡戸稲造著『武士道』それに地元『郡山市史』などである。なお、参考文献の一覧は末尾に記したのでご参照頂きたい。この他にも沢山ある。

　室町時代に書かれた『義経記』は作者不詳、なぜか「よしつねき」とは読まず「ぎけいき」と呼ばれた。『元朝秘史』はモンゴルの国史で13世紀にウイグル語で書かれたものが15世紀、明の時代に漢訳され『永楽大典』に収録、その写本が19世紀末になってようやく公にされたと言う文字通り「秘」なる謎深い史書である。約800年前のことが意外と近世に至るまで、その資料が揃わなかったのであるが、概略で述べたようにその後多くの研究家によってこの論議は進められて来た。中でも井上靖著『蒼き狼』は、戦後の日本人に成吉思汗への理解を大いに高めさせた。勿論この小説は『元朝秘史』を基に著されたものだが、氏は強い興味を抱きながらも、彼を義経だとは最後まで語ってはくれなかった。しかし、井上氏が拘った最大の謎として、成吉思汗のあの底知れぬ征服欲は一体どこから来たかと言う秘密である、と記している点である。これはナポレオンも同じよ

うなことを言っているが、確かにそこには深い要因となるただ
ごとでない、何かがあったのである。前記の2冊を重ね合わせ
てみた時、私はそこに1本の貫かれた「魂の糸」のようなも
のが見え隠れするのを感じ、その糸こそ「ボルテ・チノ（静）」
の存在であり、さらに「滅びし奥州への報恩」だと感じた次第
である。

　しかし、歴史学からみた専門の諸先生の目からは、恐らく嘲
笑されるか、厳しいお叱りを受けることは充分に覚悟しなけれ
ばならない。ただ、先に述べたように、私の出身が「静御前堂」
を代々護ってきた家系にあったこと、私の父がそれが機縁で早
世した（地元の伝承？）ことなどから、この課題は他人事では
なく、これに関わらざるを得なかったというのが本音である。


## 法華経の極意

　静御前の「しずやしず賤の苧環くりかえし、昔を今に成すよ
しもかな」の歌は文字通り「今に」繰り返し、馴染み深く私た
ちに語りかけて来る。よくぞ詠んだものと思えるこの歌には、
法華経の真髄である「当起遠迎、当如敬仏」所謂「因果具時（未
来と過去が今と言う尊い一瞬に納っている）」の法則「昔は今」を
語り、その「くりかえし」が「現当二世（現在と未来のため）」
であることを、易しく明確に表現している点である。事象にお
ける経緯とは、すべてにその原因があって、それによって起こ
された事象はその結果を生んで行く。出た結果は次の要因とな
り、新しい因果を作る。歴史理論における法則性もここにあり、
歴史の流れのすべてがこの法則に従っている。政治の世界など
では「一寸先は闇」とよく言われたり、或いは「奇跡だ」など
と言われたりもするが、それらはただ見えなかっただけのこと

であって、常識では考えられない不思議な事象と思えるものも、実はこの法則性から照覧すればすべて「必然性に貫かれていた真実」という訳である。

　歴史自体には何一つ無理なことはなく、因果の法則にのみ動いていると説く。このことは、比叡山延暦寺の天台座主であり、中尊寺とも縁深い慈円がその書『愚管抄』においても同じように述べている。仏典に「過去の因を知らんと欲せば其の現在の果を見よ、未来の果を知らんと欲せば其の現在の因を見よ」とはこのことなのであろう。また日蓮も「過去と未来と現在とは三なりと言えども、一念の心中の　理　なれば無分別なり」と「今」という一瞬の生命の中に、過去も未来もすべて含まれていると述べている。さらに付け加えるなら「わが人生において、現時点が１番若いという発見である」確かにすべての人にとって、否、万物にとってすべてが老いに向かって生きているのだから、「今こそ」が、各々の生命で１番若い時である。奇しくも、義経の同母の長兄・全成は、幼い頃「今若」と言った。これも一つの縁と言えるかも知れない。

　以上が法華経における時間的極意である。同時に空間的極意としても「二人静」に象徴される「不二一体」は、「生死不二」「依正不二（環境と自身が一体である）」との広がりを持ち、より深遠な仏教哲学の時空的極意に到達するのである。


### 東北と言う国土世間

　また本書は、「東北」という地がこれまでの歴史の中で、どれほど、中央と言われる権力機構から不条理な扱いを受け、それに耐え犠牲を払って来たかの検証を試みると同時に、そのような環境下でも、したたかに生き抜き、時には国家存亡の危機

あとがき

を幾たびも救い、かつ、偉大な足跡を遺した人物を幾人も育んできたことも述べた。非戦・平和・共存への祈り、東北の魂は奥州平泉において完成された「永遠の都」であり、佐治芳彦氏もその著で語っているが「平泉のように黄金と美と、しかも、優しさをもった高度の文化は、史上どこにも生まれなかった。またそれは縄文以来のアイヌや沖縄の人々に通じる優しさであった」と。この東北の輝かしい大地に育まれた「静・義経」を主人公とした物語が「成吉思汗」として、世界へと連なって行ったロマンの背景には「世界全体が一つになって、初めて真の平和が訪れるのである」とする、宮澤賢治の魂にも通じるものがある。

　今、世界は苦悩に満ちている。しかし、徐々にではあるが一つになろうともしている。勿論、そのための努力を私たちは続けなければならない。果たして「ボルテ・チノ」この仮説が、証明される日はやって来るのであろうか。否、その日は結果の是非を問わず、必ず訪れることは確かである。その時、審判は下される。私だけではない、むしろこれまで命がけで、この説の研究を進めてこられた先人たちの血の滲むような魂にも係っている。一方、歴史学とは過去を語っていながら、所謂「温故知新」未来を思考する学問とも言われる。素人歴史研究家であったシュリーマンは、多くの心ない人々の嘲笑を受けながらも、子供の頃に読んだホメロスの詩から、トロイの遺跡を発見した。信じて夢みることのいかに大切かをここでは教えている。

　なお本書は、紙数の関係で掲載できなかった年譜、また記載されても説明不足や、誤り、不備な点多分にあることを、深く恐れるものであるが、読者の方々には適宜、必要と思われる年譜や指摘修正を加えて頂けるならば、これに勝る喜びはない。

一方、本書を編むにあたって私は、大変多くの方々の暖かい
励ましとご協力を頂いた。何ものにも替え難い激励である。こ
こに厚く感謝の意を捧げます。諸先生方の貴重なる著書の数々、
東北・北海道における義経研究家、義経神社の三上宮司様、同
平取町の義経を語る会の皆様、インフォメーション・ネット
ワーク福島の渡会専務、郡山文化協会長の今泉正顕先生には、
特にお力添えを頂いた。また、静御前堂奉賛会の国分庄司会長
他会員の皆様、詩人の浜津澄男氏を始めとする友人各位、歴史
春秋社の阿部隆一社長、植村圭子さんのご指導なくしてはなら
なかったものである。ここに衷心より感謝と御礼申し上げます。

2004年10月15日　　　著　者

# 付 録

『清和源氏の系図』『藤原氏略系図』『桓武平氏の系図』
『天皇系図』『元朝秘史』成吉思汗系図及び関連地図
「東北」「日本」「ユーラシア大陸」

清和源氏の系図・藤原氏略系図

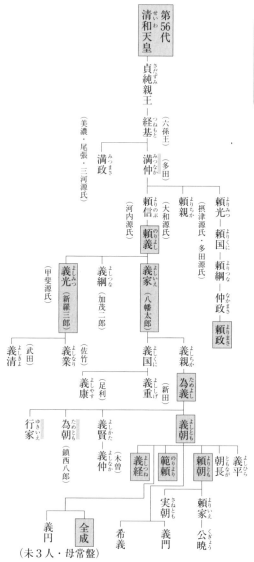

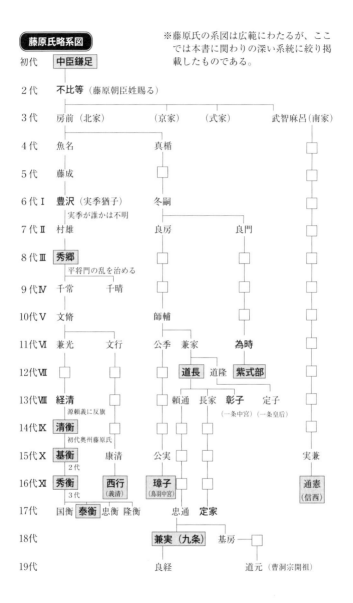

# 桓武平氏系図・天皇系図

桓武平氏の系図

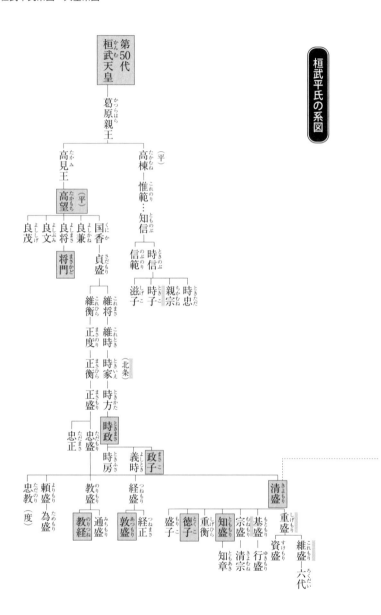

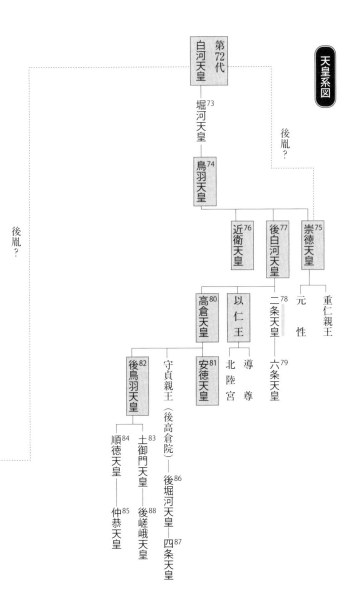

## 『元朝秘史』成吉思汗系図

1　ボルテ・チノ（蒼き狼）＝コアイ・マラル（薄紅色の雌鹿）

2　バタチカン

3　タマチャ

4　コリチャル・メルゲン

5　アウチャム・ボロクル

6　サリ・カチャウ

7　イエケ・ニドウン

8　セム・ソチ

9　カルチュ

10　ボルチギダイ・メルゲン＝モンゴルジン・ゴア（妻）

11　トロゴルヂン・バヤン＝ボログヂン・ゴア（妻）

　　　ドブン・メルゲン＝アラン・ゴア（妻）＝日月の精（Ⅰ）

※ここでこれまでの蒼き狼を祖とする、父系の血統は絶えることになる。

（Ⅱ）　ブク・カダギ　ブカトウ・サルヂ　ボドンチャル・モンカク
　　　（長男）　　　（二男）　　　　　（末子）

（Ⅲ）　　　　　バリム・シイラドウ・カビチ

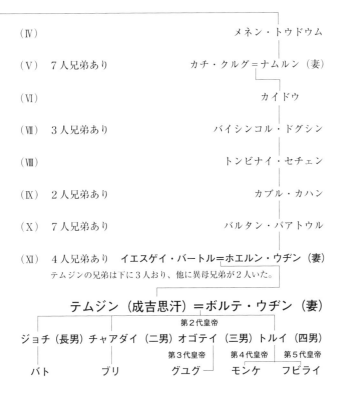

※上記は『元朝秘史』小澤重男訳（岩波文庫）より、成吉思汗誕生までの系図を、本流に絞り転載したものである。ここで注目されるのは、「ボルテ」なる名称が、初代の蒼き狼と、肝心の成吉思汗の妻にのみ用いられている点である。また、「11代毎」になぜか大きな転機を迎えていることである。これは「源氏の系図」さらには「奥州藤原氏」の血統にも共通している謎である。単なる偶然であろうか。なお、筆者はこの特殊な発音になる人名の意味を、モンゴルの通詞（訳）に聞いてみたが、そのほとんどが「古代チベット語音」とのことで一部を除いては、確認することができなかった。これらの名を持つ意味が判ればかなり謎が解明されるはずである。

関連地図「東北」「日本」

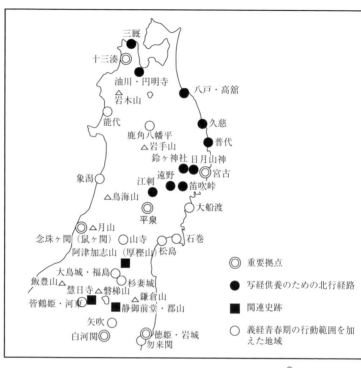

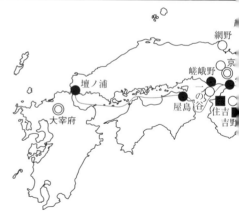

関連地図「ユーラシア大陸」

- ◎ 4つの重要な箇所。義経1159年「京都」生〜1189年「平泉」にて姿を消す／成吉思汗1206年「オノン川河畔」で即位（鉄木真が生まれた地とされる）〜1227年「六盤山」に死す。

- ● 鉄木真から成吉思汗となって、訪れた地域・世界の各都市

352

歴史ある巨大都市も飲み込まれた。

当時世界一の智者といわれた山東半島・莱州に住む長春真人を、成吉思汗は遥か西方のバーミヤンまで呼び寄せた。真人は74歳の年齢を押して5000kmの長途に応じた。

# 復刊に寄せて

　21世紀に入った2002年、私は「成吉思汗」調査の為モンゴルを旅しました。そして、2年後の2004年8月に初版『ボルテ・チノ　―真・義経記―』を出版、この年今日の英雄、岩手・奥州市出身の大谷翔平選手は未だ10歳（小学4年生）。当著は「21世紀の眼で語る義経＝成吉思汗説の快作・黄金の国（東北・北海道）が今ここに蘇る。」を帯に『倫理史観による大汗建国物語【ボルテ・チノ―真・義経記―】七海晧奘著』として初版、そして当本執筆の2年後の2006年は、当地国モンゴルにおいて盛大に「チンギス・ハーン即位：モンゴル建国800年祭」が催され、私も縁あって「中日旅行社の講師」とし招請を受け参席させて戴きました。そして、18年が流れ、歴史判定は大きく変わりました。ところで、当書が「復刊」の運びになりましたのは、これまで当説は「伝説」の域を出ずにおりましたが、歴史アカデミアの先生方が「史実」であるとし、且つ「全国・義経チンギス・ハーンの会」の結束を見るに至ったからであります。

① 　歴史アカデミア学者の「日本国史学会会長・東北大学名誉教授：田中英道氏による『やはり義経はチンギス・ハーンだった』が昨年（2023・10）出版され同時に「全国・義経チンギスハーンの会」結成・発足されたこと。

② 　当説のかねてから原点といわれて来た岩手・奥州市出身の「大谷翔平選手」は、その名の由来から800年前、奥州に

戻った源義経、その後世界制覇を成し遂げて行った成吉思汗の如く、出現した。歴史のtransmigration（輪廻転生）であること。

③　僭越ながら私論は、2009年（平成21）鎌倉屈指の文化団体「山波言太郎総合文化財団」様から「義経と静の会」の結成を見、当論の専門誌『ボルテ・チノ日本の心』として2022年（令和4）まで10冊、以後タイトルを『サムライ・平和』として20号、総計30冊の出版を仰いで今日となりました。

　しかし、かの成吉思汗は日本人・義経であったとする史実を、世界史的に認定されるには当事国である中国ロシアの政治家・学者の多くは認めたがらないと存じます。日本の歴史アカデミアの誠意ある認識と啓蒙がこれからの世界に向けた責任になるのではないでしょうか。

2024　9.9　七海晧奘

《参考文献》

『ボルテ・チノ（蒼き狼）を語る』

| ①牛若時代 | 1159〜1174 | 母・常盤（今若・乙若）、再嫁（藤原長成）、鞍馬山、金売吉次 |
|---|---|---|
| ②義経時代 | 1174〜1189 | 元服、奥州平泉へ、兄・頼朝旗揚げ、源平合戦、再び奥州へ… |
| ③鉄木真時代 | 1189〜1206 | 平泉陥落、義経北行、懺悔経唱、北海道から大陸（モンゴル） |
| ④成吉思時代《蒼き狼》 | 1206〜1227 | 成吉思汗「蒼き狼」即位『元朝秘史』国設立。ユーラシア制覇。臨終時の言葉「ふるさとの山に帰りたし」と。果たして…。 |
| ⑤孫フビライ時代 | 1215〜1294 | 元寇の役、北へ謎の船団。盛岡・報恩寺（フビライ・マルコポーロ） |

■義経・牛若に関した書籍「義経生誕　保元4年2月1日　1159年」

『玉葉集』（九条兼実日記：1164〜1200）

『吾妻鏡』（史書52巻：1180〜87の記録）

『平家物語』（平曲：1219〜1222・作者不詳）

『義経記』（軍記8巻：室町・作者不詳）

『源平盛衰記』（軍記48巻：鎌倉後期・南北朝）


■義経北行《鉄木真》に関した書籍

『陸奥話記』（主に前九年の役を記す、古奥州の記録）

『奥州合戦記』（奥州後三年記：序・上・中・下　陸奥話記に次ぐ書）

『平泉旧蹟誌』（宝暦十年1760　相原友直　別に「平泉雑記」5冊）

『平泉実記』（宝暦元年1750　相原友直　東鏡の後に記す処を前に…）

『奥州南部封域記』（明和二年1765　高橋子績　義経北行・杉目太郎行信を記す）

『御伽草子・御曹司島渡』（室町1392　九郎判官が蝦夷・千島のカネヒラ大王より）

『松前征略』（貞治二年1363　松前弘次著　昔、九郎判官が蝦夷に渡りし…）

『続本朝通鑑』（寛文十年1670　林羅山：義経衣川で死せず、逃れて蝦夷島に渡る）

『大日本史』（元禄元年1688　水戸光圀：海風丸を蝦夷に派遣、オキクルミを報告）

『蝦夷史』（宝永六年1709　新井白石：義経手を拱いて死に就く人にあらず…と）

『樺太探検記』（文化六年1809　間宮林蔵：竜江流域住民の言・漢土の王、日本人と）

『NIPPON』（天保三年1832　シーボルト：蘭・ライデン出版　義経＝成吉思汗？）


■成吉思汗《蒼き狼》に関する書籍
『元朝秘史』（1228～1323頃）明：乾隆帝が漢訳《蒼き狼》19世紀発見
『蒙韃備録』（元朝時代：趙瑛著）備忘録形式「成吉思汗1154年生」
『アルタン・デプテル』（黄金の史書）ペルシャ1303年頃　作者不詳
『集史』（総合史）イル汗国宰相ラシード・アッディーン著「1155年生」
『アルタン・トプチ』（蒙古年代記・説話集）作者年代不詳　元朝中期
『聖武親征録』（漢文・元朝時代の書：作者不詳）「1167年生」
『元史』（中国における元朝正史・宋濂編）1369年作「1162年生」
『蒙古源流』（十七世紀）汗の末裔サナング・チェチェン著「源の実史綱」
『元朝史』（大唐史綱）（1750年：フランス人イエズス会士ゴービル著）
『鉄木真用兵論』（1875年：ロシア人　イワニン著）
『義経再興記』（1885年：末松謙澄）伊藤博文娘婿　イギリス留学先で

## 参考文献

『成吉思汗実録・支那通史』（1907年：那珂通世）『元朝秘史』翻訳

『成吉思汗は源義経なり』（1924年：小谷部全一郎）モンゴル現地調査

『成吉思汗の秘密』（1958年：高木彬光）青森県出身

『義経伝説の謎』（1958年：佐々木勝三）岩手県宮古市

## 著者略歴

# 七 海 晧 奘 NanaumiKousou

1942　東京都生まれ

1945　戦争のため父母の故郷である福島県郡山市に疎開、父の死に伴い、
　　　そのまま郡山市に在住。

1961　安積高校卒業・電々公社（現NTT三春局）入社

1972　郡山局〜白河局（電報・法人営業）に勤務

1974　佐藤三郎氏らとワンステップフェステバルを開催

1984　作画：安積歴史博物館（国指定文化財）に収蔵
　　　題「軍事工場」p12　他　詩誌・機関紙挿絵担当

1999　北海道平取・義経神社にて義経・静再会の儀
　　　「特殊回線の総合受付台」を発明・開発・納入
　　　◎災害時優先電話対応通信機　「ソナエック」特許取得：
　　　　JP第2899532号　商標登録（号略）
　　　（※特許権は現在NTT東・西日本が所有）

在職中　海外出張含む、外遊12回　絵画個展12回
　　　ヨーロッパ各国、ロシア、中国、韓国、イギリス、オーストラ
　　　リア、トルコ、ギリシャ、エジプトなど巡る

2000　静御前堂に平取から「義経像御分霊」奉納さる

2001　『郡山市における静御前物語』出版・他に寄稿多数
　　　※　国立国会図書館NDC（9）388．126登録
　　　　（要約本　JP：20310545　伝説―福島県）

2002　NTT退社　モンゴルを旅し、義経＝成吉思汗の確証を得る

2003　「静御前通り」（郡山市大町大槻線）　名称決定

2004　8月『真・義経記ボルテ・チノ』出版（歴史春秋社）

現在　福島県美術家連盟会員・福島県南美術協会会員・郡山文化協会
　　　理事・郡山市立美術館友の会理事・静御前堂奉賛会参与・静ミ
　　　レニアムの会代表

現住所　〒963-0723　福島県郡山市田村町桜ヶ丘2-256
　　　　E-mail　kousou@orchid.plala.or.jp

## ボルテ・チノ　真・義経記

平成16年 8 月15日　　初版第 1 刷発行
令和 6 年11月26日　　第 2 刷発行(改訂新版)

著　者　七　海　晧　奘

発行者　阿　部　隆　一

発行所　歴史春秋出版株式会社
　　　　〒965-0842
　　　　福島県会津若松市門田町中野
　　　　TEL0242-26-6567　FAX0242-27-8110

印刷所　北日本印刷株式会社

JASRAC　出 2407906-401

©2024 Nanaumi kousou
Printed in Japan ISBN 978-4-86762-051-9
無断転載・複製を禁ず